ENIGMAS DE LA HISTORIA

Hechos de gran interés ocurridos en diferentes épocas

Prof.
Jeremy Taylor Woots

ISBN 84-8403-303-1
Depósito Legal: M-1894-2002
Diseño de cubierta: *Juan Manuel Domínguez*
Impreso en Gráficas COFAS, S.A. (Móstoles)

IMPRESO EN ESPAÑA - PRINTED IN SPAIN

PROLOGO

No puede cabernos la menor duda acerca de que la Humanidad es, por sí misma y valga la redundancia, *el gran misterio de la propia Humanidad;* más incluso, el insondable misterio de la universalidad.

Pero no pretendemos envolver a los lectores en la «cuadratura del círculo» ni rodearle de misterios tan inconcretos como imposibles de resolver. Vamos a referirnos en esta obra a enigmas, llamémosles mucho más «asequibles» al intelecto humano y que, muchas veces por la intervención directa del propio intelecto humano siguen siendo, y algunos lo serán hasta el fin de los tiempos, enigmas irresolubles.

Jeremy Taylor Woots, uno de los notables de la Universidad de Oxford, hace en esta obra un meticuloso recorrido por la historia poniendo en evidencia una serie de «obras inconclusas» que la inteligencia de los hombres por una parte, la negligencia de los mismos por otra, los intereses creados, las presiones políticas o fácticas y otros muchos factores y conceptos, han dejado, desde tiempos inmemoriales hasta la actualidad, sin aclarar.

Es este libro un cúmulo de misterios y enigmas que han llenado en su momento las páginas de esa Humanidad a que nos referíamos al principio y de los cuales el profesor Taylor Woots nos habla con un exacto criterio, aportando datos (muchos de ellos desconocidos hasta ahora por la gran mayoría), sugiriendo hipótesis, aportando posibilidades, apuntando conclusiones lógicas... Es, en suma, un desfile actualizado de las secuencias de la historia que ayer, hoy, mañana y siempre, mantendrán el interés, y al mismo tiempo, el desconcierto de los humanos.

Así, pues, nos complace presentar a nuestros lectores este magnífico volumen surgido del prolífico intelecto y la fértil pluma del profesor Jeremy Taylor, obra que por otra parte ha sido traducida con gran éxito de ventas a diferentes idiomas.

SÓCRATES ¿POR QUÉ FUE CONDENADO?

La historia no se resigna a aceptar como causa de su muerte la fría y escueta acusación que emitió contra él el Tribunal del Pritaneo: «Sócrates delinque al no creer en los dioses en que cree la ciudad». Este cargo y además el de corromper a la juventud han dado lugar a una serie de mitos y de audaces cuestiones que rozan la calumnia unos y la ingenuidad otros. Sobre Sócrates todo es tan extraño, tan paradójico, tan fuera del uso corriente, que no se está de acuerdo ni siquiera acerca de cuál fue el veneno que tomó. Añádase a esto que el «padre de la Filosofía» no escribió jamás filosofía ninguna; no se posee de su mano una sola línea. No falta quien, desafiando la ira de los mismos filósofos, sustenta que la auténtica doctrina de Sócrates se desconoce. En estas cosas comenzamos, sin embargo, a encontrar una pista conjetural para reconstruir poco a poco la verdadera personalidad del individuo. Un hombre que no escribe, y además pretende tener discípulos, es un huésped inquietante. No se condena a muerte, y con tanto apasionamiento como se hizo, a un vulgar emborronador de papel. Menester era que Sócrates fuese todo lo contrario. En el siglo pasado se pretendió ver en aquella condena un acto de intolerancia religiosa. Pero posteriormente se ha comprendido que el móvil de la sentencia fue político. Atenas había sufrido, después de su derrota total en 404, el gobierno de los «treinta» impuesto por Esparta. Sócrates no tenía ninguna culpa de ello; pero fue peor que si la tuviera, pues muchos de esos «treinta» colaboracionistas habían sido sus discípulos. La democracia, herida en lo más hondo de su amor propio, que no perdona, se sentía cada vez más dispuesta a acusar al maestro. Si éste hubiese sido además un hombre popular, un fanfarrón, un ricacho influyente, un demagogo o un bebedor abierto de genio, el pueblo le habría perdonado cualquier cosa, sólo por verle hecho a su imagen y semejanza. Si hubiese sido al menos un atleta del Estadio, un primer premio de los Juegos Olímpicos, un Apolo cuya profesión consistía en jadear y sudar para divertir a la multitud... Pero no era nada de eso. Algo de razón tienen los que dicen que Atenas condenó a Sócrates por el pecado de la fealdad; pues el ser feo implicaba también para él ser incomprendido.

Un elemento más viene a sumarse a las incógnitas. El concepto de «amor socrático», de que algunos autores franceses han abusado dándole un significado perverso, se ha identificado con las palabras textuales de la acusación, en el misterioso proceso del filósofo, y ha surgido una nueva y falsa interrogante: la de la homosexualidad. En los diálogos de Platón es muy frecuente el tema de las relaciones unisexuales; pero esto no prueba nada contra el maestro. Lo que ha planteado las dudas no es el sentido objetivo de las palabras de Sócrates al rozar estos temas, sino la forma de expresarlo. Por ejemplo, en los *Recuerdos socráticos,* de Jenofonte, este autor cuenta que Critóbulo, habiendo dado un beso al hijo de Alcibíades, fue reprendido por Sócrates en estos términos:

«¡Desgraciado! ¿Sabes lo que te sucederá si te acostumbras a besar a los muchachos hermosos? ¿Ignoras que, de libre, te transformarás en esclavo?... No tendrás ya valor para buscar lo que es bueno y bello... Quizá se da el nombre de arqueros a los Amores porque los hermosos muchachos hieren desde lejos. Así, Jenofonte, a ti también te aconsejo que, cuando veas una persona bella, huyas sin volver la cabeza. Y a ti, Critóbulo, te aconsejo viajar un año entero; con esto apenas podrás curar, si tienes suerte, de tu mordedura.»

Un escritor moderno no habría empleado jamás este estilo para tratar de tan escabroso tema, ante el cual es más plausible manifestar indignación que objetividad. Pero el ambiente ateniense era distinto, y no se encuentran jamás en los diálogos de Platón rudas invectivas como en los poetas y dramaturgos griegos, ni menos aquellos diluvios de insultos que abundan en la literatura latina. Sócrates, en el citado diálogo, está hablando con un homosexual sabiendo que lo es y trata de ponerse en su punto de vista. No le rechaza con brusco e indignado aspaviento, sino que pretende curarle. Un médico ha de hablar de manera distinta de un juez y, más aún, de un verdugo. El especialista en cuestiones socráticas G. Sorel, en su tesis *Examen critique du procès de Socrate,* sostiene que el maestro no pretendía manifestar él mismo su estado de ánimo, sino explicar el de los demás. Y de paso fustigaba un vicio muy corriente en Atenas.

«No tan corriente, sin embargo –prosigue Sorel–, como lo fue más tarde en el Imperio romano.» La perversión se extendió andando los siglos y llegó a hacerse intolerable. Como botón de muestra encontramos en la *Historia Augusta* un elogio del emperador Trajano en que se dice como la cosa más natural del mundo que, siendo Trajano un hombre tan valiente y virtuoso, que mereció tanto bien de su patria, «se le podrían perdonar algunos pequeños defectos, como por ejemplo el ser aficionado a *los jóvenes»* (!). Ignoramos si el señor Sorel logró reunir alguna estadística de casos textuales, en los distintos autores griegos y latinos, para sustentar su afirmación de que este vicio estaba más difundido entre los romanos que entre los griegos. Pero como se deduce de la lectura de los diálogos de Platón y de las *Vidas* de Plutarco, que hacen referencia a Alcibíades y otros personajes que rodearon a Sócrates, la sodomía estuvo extendida en la antigua Grecia en proporción suficiente para que los clásicos hablen de ella como de paso. Más aún: Plutarco acostumbra incluir en un mismo párrafo de cada *Vida paralela* los amantes de ambos sexos que tuvo tal o cuál de sus héroes. Esta naturalidad es significativa.

La infundada sospecha de homosexualidad que para algunos pesa sobre Sócrates se ha engendrado gracias al estilo en que están redactados los diálogos de Platón. Pero ¿este estilo es de Sócrates o es de su discípulo? He aquí otro término del problema. Sócrates no escribía, y Platón sí. Por otra parte es inverosímil que el lenguaje de Platón exprese un estilo de conversación real. Ningún comensal de aquellos banquetes hubiese resistido tan simétricos períodos y, sobre todo, habría sido incapaz de expresarse con tan estudiada perfección. Esto aparte, la sospecha injusta, basada en el ficticio lenguaje del discípulo, parece decirnos: *Hay temas de los que es un delito tratar serenamente*. Esta serenidad socrática forma, pues, una parte importante del misterio que envuelve a la esfinge. No se perdona a Sócrates haber hablado «en abstracto» de los vicios de sus discípulos, aunque fuese para fustigarlos. Por ejemplo, cuando Sócrates quiere apartar a Critias de perseguir al joven Eutidemo, le dice: «Es indigno de un hombre libre y amigo de la virtud ir como tú, como un mendigo, *a solicitar una cosa del objeto amado.*» No sabemos si habla de un hombre o de una mujer, porque «el objeto amado» no tiene sexo, al menos por definición. Sin embargo, más realismo y más comicidad tiene otro párrafo, digno de figurar en el teatro de Aristófanes: «Se pretende que Sócrates dijo, ante una numerosa asamblea y en presencia del mismo Eutidemo, que Critias tenía cierto parecido con los puercos, pues deseaba frotarse contra Eutidemo, como los cerdos contra las piedras.» (Jenofonte, *Recuerdos,* I, 2). Y este famoso Critias fue después, no hay que olvidarlo, uno de los «treinta tiranos» encumbrados por Esparta.

Contribuye a mantener el equívoco la tesis de Fouillée, que en su *Philosophie de Socrate* pretende expresar el pensamiento del maestro con esta fórmula: «Sócrates pretendía dar al cuerpo su pasto para devolver al alma la libertad. Cínicos y estoicos dirán, más tarde, que lo material no importa y que, por tanto, las funciones físicas son indiferentes.»

Fouillée es único en esta interpretación, que no comparte nadie más que él.

La conducta de Sócrates desmiente por completo este sofisma del «abandono del cuerpo». En el terreno de las realidades Fouillée aparece como indiferente al problema de si Sócrates era o no homosexual. La filosofía no interesa, pues, al esclarecimiento de este problema, porque es inhumana y a menudo queda enredada en sus propios argumentos. Además Sócrates estaba casado, tuvo tres hijos –Lamprocles, Sofronisco y Menexeno– y vivía normalmente con su mujer, la regañona Jantipa, acerca de cuyas riñas conyugales se ha elaborado toda una leyenda. El filósofo, que no era ningún timorato, como lo había demostrado su comportamiento en la guerra, soportaba el mal carácter de su media naranja, pues ello le servía como de gimnasia espiritual, de entrenamiento contra la ira. El hombre que en el ataque a Olinto se cargaba a hombros al herido Alcibíades y volvía la espalda a los enemigos prestos a traspasarle con sus dardos, para poner a salvo al compañero, con aquella misma serenidad pasmosa no abría la boca para replicar a los dicterios de su mujer. Ciertos vicios que, por aberración extraordinaria, la sociedad consideraba de buen tono, no eran compatibles con la personalidad de aquel varón reflexivo y entero, a quien los políticos llegaron a temer, aunque había cumplido siempre exactamente con todos sus deberes de ciudadano. Le temían porque conocían su capacidad, su competencia para poder juzgarlos a todos.

PLATÓN ¿FUE CULPABLE?

Cuenta Platón, en su diálogo *El banquete,* VI: «Para el joven la mayor felicidad consiste en que un hombre valiente le ame, y para este hombre no hay dicha mayor que un efebo valiente de quien estar enamorado». Así traducen, al menos, la mayor parte de los helenistas. Se impone, sin embargo, una nota indicando que tal enamoramiento debe ser tomado en sentido *platónico,* puesto que de Platón se trata. El mismo autor aclara en su tratado de las *Leyes* (III, 5) que la homosexualidad es «una aberración contra la naturaleza» y «detestable fruto de un temperamento desenfrenado». En su *Política* (III, 12) el mismo Platón vuelve a precisar que este amor entre un hombre valiente y un efebo –es decir, un joven ateniense recién ingresado en la edad militar– debe quedar limitado al terreno de lo puramente elevado y espiritual. Tales amistades surgían, en la antigua Grecia, en los campamentos, sobre todo en los ambientes de Esparta, que era considerada por algunos como el Estado ideal, por su disciplina de lo más semejante al comunismo o socialismo de Estado. A causa de este socialismo *sui generis* surgen dos factores que han venido a embrollar el enigma socrático: primero: el testimonio de Aristóteles sobre Sócrates; segundo: la leyenda de la perfección espartana. Añádase a este el estilo demasiado directo con que a veces se ha traducido a Platón, creyendo que una traducción literal era más necesaria que una parafraseada y con aclaraciones de concepto. Se ha traducido por «amor» lo que a veces significa «amistad» y otras «camaradería».

En cierto modo puede afirmarse que el mito de Sócrates homosexual, como el mito del Sócrates «socialista», se debe a Aristóteles, a Platón y a los malos traductores de ambos en romance. Se debe también al ambiente de la pederastia griega, que se remonta a la propia mitología, aunque con atenuantes poéticos. Este vicio reclamaba su heráldica del propio Minos, legendario rey de Creta, y de Ganimedes, raptado por Júpiter bajo la forma de una águila. Por su parte Aristóteles, que no creía en los mitos, pero sí en las estadísticas –por lo cual resulta el más «británico» de los griegos–, considera la pederastia como un medio para evitar el exceso de población.

Contra lo que parecería natural, la acusación de «corromper a la juventud» formulada contra Sócrates no tiene la menor relación con las cuestiones del llamado «amor socrático», cuyas consecuencias para la sociedad no preocupaban a los antiguos. El vicio nefando no estaba entonces proscrito, sino tan sólo regulado por las leyes, como hoy la ley, en tanto que mundana y humana, no proscribe, sino que regula otros vicios. El texto de la acusación contra Sócrates hace, pues, referencia solamente a esta moral oficial que encubría los intereses de la democracia, tan amenazada en aquellos trances, en el año 399 antes de Jesucristo en que tuvo lugar el proceso. «Corromper a la juventud» significaba en realidad apartarla de reverenciar ciertas formas de la elección de magistrados, que más adelante precisaremos. Otro factor más psicológico y humano debió influir en la condena: un hombre como Aristófanes, el autor de comedias, podía haber sido acusado por los demócratas de delitos cien veces más flagrantes, más textuales, más abiertos contra el régimen, pues desde las tablas llama a la Asamblea «turba de perjuros» y «mendigos asalariados». ¿Por qué no condenaron a muerte a Aristófanes? Tal vez para que acabe de ser verdad aquella frase de Erasmo en su *Elogio de la locura:* «Las mismas palabras que pronunciadas por un sabio le llevarían a la horca producen, en labios de un bufón, contentamiento indecible.» Aristófanes es el bufón de gran estilo. Exponer las ridiculeces, las lacras del sistema político imperante, podía ser tomado a broma; pero exponerlas solemnemente, en actitud de maestro que enseña, con el ceño grave: he aquí lo intolerable, lo que «no se podía» perdonar. En la historia del proceso socrático hay un hecho monstruoso. La acusación fue comenzada en realidad por el mismo Aristófanes, que no sabía que acusaba a un hombre que hubiese podido figurar en su mismo partido, si Sócrates hubiese sido capaz de entrar en partido ninguno y si Aristófanes hubiese sido lo bastante serio para figurar en él. La injusticia del comediante aparece en su obra *Las Nubes,* donde pinta a Sócrates con absoluta falsedad: le identifica con los sofistas –contra los cuales éste luchaba–; hace de él un pedante perverso, un vividor que enseña a sus discípulos a hacer pasar el raciocinio injusto por justo y viceversa; un pícaro que, so capa de elocuencia, enseña a ganar pleitos de mala causa. En ciencia es materialista. El Sócrates de Aristófanes es «presocrático». Pero esta leyenda negra forjada por el comediante es un documento para que conozcamos lo que el pueblo ignorante pensaba de Sócrates y debió tener no poca influencia en su acusación. El pueblo comprende pocas veces, pero juzga siempre. De una parte su rencilla y de otra el rigor de los jueces, apoyándose en la letra de la ley: he aquí el resorte, la causa real y humana que ocasionó la pérdida del grande hombre.

Cuando se discute un problema histórico las abstracciones son peligrosas, porque conducen a la esterilidad. Sócrates no fue un mito inventado para edificar a los hombres, sino un «caso» judicial y un hombre de carne y hueso. Pintándole como se acostumbra, como la personificación del sabio y del justo, condenado por el ignorante y el malvado, cometemos una abstracción, hacemos un sermón moral; pero no ponemos en claro una incógnita. Como se trata de un filósofo, los que han escrito sobre ello se han ocupado especialmente de la cuestión doctrinal y han olvidado la figura del *hombre*. Sócrates, nacido hacia 469 antes de Jesucristo, era uno de los últimos representantes de aquella generación que asistió a la grandeza del siglo de Pericles y a la catástrofe de la guerra espartana. Su vejez estaba ahora amargada por las traiciones de Alcibíades, las bajezas de Critias y las humillaciones de la patria. Sus enseñanzas sólo eran conservadoras en apariencia. Sócrates no mató, ni corrompió, ni robó, ni asesinó a nadie. Su actitud ante la sentencia de muerte fue la de un mártir. Pero en esto estriba precisamente el motivo de su condena. Mártir ¿de qué? Es mártir el que como Sócrates muere por afirmar una cosa, no el descuidero a quien encarcelan a la fuerza, porque no ha tenido tiempo de escapar, y muere pataleando y jurando que el culpable es otro y no él. Este es una víctima vulgar.

Cuando un abogado defensor tiene que demostrar que el reo no ha robado, la causa es defendible. *Pero Sócrates no admitía defensa, porque estaba satisfecho de ser él mismo.* Para nosotros Sócrates es inocente porque sus actividades hoy no constituirían ningún delito penado por la ley. ¿Y qué sabemos? Imaginemos un hombre que comienza por negar, en un régimen, los principios fundamentales en que se basa. ¿No se le considera enemigo público? Y éste era precisamente el núcleo de la cuestión. Los demás filósofos griegos habían tratado temas que dejaban indiferentes a los gobiernos: la naturaleza del sol y de los astros, la permanencia o transitoriedad del ser, el sofisma de Aquiles y la tortuga, o los principios originarios del Cosmos. ¿Qué les importaba a los políticos de Atenas si el Cosmos había comenzado por ser agua, fuego o aire? Sin embargo, Sócrates, dejando a un lado todas estas cuestiones de la «sabiduría» *(sofía)* quiso plantear otras para los «aficionados a la sabiduría» *(filo-sofía)*. El Cosmos no le interesaba, sino el Hombre, la moral y la sociedad. Hasta aquí habría sido tenido por inocente en la misma Atenas; pero dirigió la lupa de su intelecto a la política, y con su lógica rigurosa, con su claridad insoportable, planteó una cuestión acerca de la soberanía popular que aún no ha sido solucionada, porque está en la misma base de los principios democráticos.

Esta cuestión es *el argumento técnico* en la política. Lo que descomponía a quienes discutían con Sócrates era la sencillez de sus palabras, que parecían envolver sólo cosas de sentido común ingenuo, infantil; pero cuando el interlocutor se daba cuenta se hallaba en un callejón sin salida; y no había en ello «sofisma» ni juego de ingenio, sino un problema insoluble que le acusaba, a él y a todo el cuerpo político a que pertenecía, dejándole sin poder responder. Y como la política no es lógica, sino voluntad, entonces estallaba el odio.

Veamos una de las herejías de Sócrates contra la democracia: «Cuando estás enfermo, ¿a quién pides auxilio? ¿Al médico? ¿Y por qué no sorteas entre varias medicinas, como sorteas los magistrados que han de gobernar la ciudad? ¿O por qué no sometes tu curación a votos en la Asamblea? ¿Por qué los votos no pueden decidir cuál es el remedio que más conviene a tu cuerpo, y en cambio debe hacerlo un hombre que *sabe bien* su oficio? Entonces la salud de tu cuerpo te importa más que la de tu ciudad en peligro, porque no sometes su gobierno al sabio, sino al sorteo o a una multitud de ignorantes.»

No tomaremos nuestro partido ante este razonamiento. Las democracias modernas necesitan, en el siglo XX, más técnicos en diversas cuestiones que la democracia de la antigua Atenas. Sin embargo, someteremos a votos la decisión. Que cada lector, español, francés, inglés o americano, absuelva a Sócrates o le condene a beber la cicuta.

Quedaría incompleto este artículo si nos limitásemos a exponer la cuestión en forma objetiva: *quot capita, tot sententiae.* Digamos algo ahora del proceso que tuvo lugar en Atenas, en el *Dikasterion* o tribunal de Justicia, y veamos quiénes eran los acusadores, aunque la cosa no tenga una importancia demasiado esencial. Ya hemos visto que Sócrates atacaba el principio de la elección mayoritaria. No era precisamente que los socráticos despreciasen al pueblo, sino que pedían *el gobierno de los que saben*. Peligrosa fórmula, sabia por una parte, pero ingenua o infantil por otra. Sócrates habría *destruido*, pero no *construido* todavía. Si el pueblo no puede gobernar, ¿quién ha de gobernar entonces? Y aquello era lo que los griegos no podían tolerar, y menos aún en principio: lo que ellos llamaban el elogio de la tiranía. Sócrates tuvo dos acusadores directos: Anytos y Melitos, y dos defensores: sus propios discípulos, Platón y Jenofonte. Pero los argumentos de estos dos últimos eran filosóficos, mientras que Anytos y Melitos –un oportunista y un casuista–, aunque uno de ellos era poeta, daban golpes bajos, conocían las realidades humanas del tribunal que había de juzgar, tomaban el pulso al ambiente político y manejaban la propaganda.

Sócrates, por su parte, *no deseaba en absoluto salvar su vida*, lo cual le eleva a una categoría sublime. Por esta misma sublimidad aceptaba con su actitud los golpes de sus adversarios, no se defendía de ellos, parecía tener interés en que lograsen su propósito, porque su victoria consistiría en morir para hacer resaltar su verdad.

Descartada la cuestión homosexual y las tosquedades populacheras de Aristófanes, que escribía para ignorantes, los motivos políticos de la acusación pueden reducirse a cuatro:

Primero. Motivo de sospecha indirecta: los antiguos miembros del régimen colaboracionista espartano habían sido discípulos de Sócrates.

Segundo. Era necesario hacer un escarmiento que sirviese de propaganda contra la clase de los sofistas –injustamente identificada con Sócrates–. El régimen quería aterrorizar a los sofistas, como indica Sorel, porque antaño habían estado «al servicio de la tiranía».

Tercero. Cuestiones de principio: «Corromper a la juventud» significaba para los acusadores una cosa bien precisa y concreta: criticar el funcionamiento de las elecciones, el sorteo de los arcontes y el principio de votación en la asamblea de plebeyos. En esta cuestión política podemos involucrar una acusación «religiosa»: el *demos,* el pueblo soberano aparece en las monedas personificado en un dios. Aristófanes le personifica en un viejo chocho; pero esta blasfemia del bufón no fue tenida en cuenta. Sólo se castigó al sabio.

Cuarto. Carácter de secta y de cosa profética que las enseñanzas de Sócrates adoptaban. Salomón Reinach se ve obligado a reconocer que Sócrates, «con su rostro de sátiro y su retorcida dialéctica, fue sin embargo una cosa muy distinta de un librepensador». En este sentido los demócratas le temían. Era para ellos como su conciencia, adivinaban en él fuerzas interiores y secretas que no llegarían a comprender jamás.

Para concluir: de la condenación del «padre de la Filosofía» puede desprenderse esta serie de verdades, que ofrecemos modestamente a toda posible investigación y discusión:

A) La inocencia de Sócrates debe entenderse sólo en cuanto afecta a delitos comunes. Su moral fue irreprochable. Pero los jueces sabían por qué se le condenaba, aunque el pueblo y Aristófanes lo ignorasen.

B) Los argumentos de sus discípulos fueron siempre, jurídicamente, más débiles que los de sus acusadores, aunque los de éstos eran calumniosos por basarse en hechos falsos.

C) Los jueces y los acusadores odiaban al acusado.

D) La tolerancia ideológica de los griegos es un mito moderno. Pero, esto aparte, los atenienses, tanto aristócratas como demócratas, no podían haber admitido jamás que la tolerancia fuese una virtud. No es que no fuesen capaces de practicarla, sino que no la comprendían, ni siquiera en principio. Si el caso de Sócrates constituye un martirio como fin en sí mismo y él era ya un enigma para los que le conocieron, ¿cómo hemos de descifrarlo por completo los que estamos tan lejos de él por las insondables edades?

CONCLUSIÓN

¿QUÉ VENENO TOMÓ SÓCRATES?

Los clásicos y la tradición parecen estar de acuerdo en que Sócrates fue obligado a morir bebiendo zumo de cicuta. El tópico de «beber la cicuta» es desde entonces tan universal que a pocos se les ha ocurrido ponerlo en tela de juicio. Pero la medicina aplicada a la Historia, a pesar de tener ilustres representantes, es ciencia difícil y que cuenta con pocos datos precisos, por la vaguedad y la leyenda que envuelven lo pasado. Algunos sabios, comparando los síntomas del envenenamiento socrático con los que se observan en nuestros días en los de la cicuta, notaron importantes disparidades, y así por ejemplo, en el *Diccionario francés de Ciencias Médicas,* citado por el doctor Cabanés *(Les indiscrétions de l'Historie,* t. III, pág. 126), se llega a dudar en absoluto de que la cicuta figurase entre los componentes de la pócima que bebió Sócrates. Esto era ir contra la opinión unánime, pues poetas, filósofos, historiadores y pintores de asuntos históricos no habían discrepado todavía en este punto. Es obvio, sin embargo, comprender que si no habían discrepado era por no haberlo examinado de cerca.

Apoyándose en el texto de Platón en el *Fedón* sobre la muerte de Sócrates, los médicos Sauvages y Bulliard –de fines del siglo XVIII– se habían pronunciado ya, sin embargo, en contra de esta creencia. Por su parte Orfila, especialista en cuestiones médico-legales, también del siglo pasado, si no niega enteramente la identidad de la planta, concluye que, por los síntomas que produjo en su víctima, se diferenciaba grandemente de la especia de cicuta conocida actualmente en el norte de Europa *(Conium maculatum).* Esta planta se ha considerado, sin embargo, en general, como idéntica a la cicuta de los griegos.

Un nuevo elemento viene a terciar en la cuestión, pues la técnica farmacéutica de todos los tiempos en la preparación de drogas, tanto curativas como venenosas, se ha visto obligada siempre a suministrarlas en forma de mezcla, bien para regular sus efectos, para evitar sufrimientos, o por otras dificultades que pudieran oponerse al fin propuesto. Es conocido de todos que en farmacia ninguna droga suele suministrarse en estado puro. Para poderla injerir, sea cual sea el fin que se persiga, necesita un excipiente y además la combinación de otras sustancias que hagan más eficaz su resultado. En el caso de los condenados a muerte, el *beber la cicuta* era un suplicio reservado a los reos de delitos especiales, sobre todo políticos. Los césares romanos sustituirán esta pena por la de abrirse las venas o, simplemente, darse la muerte en la forma que se considerase menos molesta. Esta clase de ejecuciones, o mejor dicho, de suicidios sentenciados, se reservaban a los grandes señores, mientras otros suplicios más infamantes se infligían a los reos de delitos comunes. La diversidad de penas y suplicios es lo que caracteriza a los códigos antiguos, aunque los modernos hayan conservado también una diferencia esencial entre penas infamantes y penas más «nobles»: entre estas últimas figurarían, antaño, la decapitación y, hoy, el fusilamiento. Entre aquéllas, antaño figurarían el ser descuartizado o crucificado; modernamente, la horca y la silla eléctrica.

Existía, pues, en Atenas toda una farmacología destinada a los condenados por delitos no comunes. Guibourt, en su *Histoire naturelle des drogues simples* (1820), afirma que es el opio y no la cicuta el veneno cuyas propiedades concuerdan más con los síntomas de la agonía de Sócrates. No pretendemos cansar al lector enumerando, por sus nombres latinos, las diversas especies de plantas venenosas que otros médicos –Bonastre, Casaubon, Guainerius, Steger y varios más– proponen identificar con la cicuta de los atenienses. Los textos griegos una vez emplean la forma vaga *fármakon* (que significa *droga)* y otras *koneion* (latinizada, *conium).* Este mismo nombre emplea Plutarco al hablarnos de la muerte de Foción, condenado también por los atenienses en circunstancias parecidas a la de Sócrates, aunque se trataba de un general, no de un filósofo. Dioscórides, Hipócrates y Galeno identifican el *Koneion* con la cicuta. Generalmente se admite la opinión de que la mezcla de opio en el brebaje es un hecho innegable y tenía por objeto evitar sufrimientos al paciente. Así como hoy existen unas formas del lujo cuyos detalles ponen la carne de gallina a las personas sensibles –los de las funerarias–, en Atenas había algo más horrible aún: las propinas, regateos y tratos de favor que los discípulos de Sócrates tuvieron que seguir con el semiverdugo que se encargaba de preparar la pócima. Había clases en la agonía. Había reos ricos y reos pobres. Unos sufrían más; otros, menos. Antes de entrar en la imponente igualdad del reino de la muerte, que es la misma para todos, la vida se despedía del infeliz mostrándole, como una mueca de escarnio, la faceta más horrenda y grotesca de sus últimos favoritismos e influencias, tan necesarias entonces para vivir como para morir. Y así como hoy se necesita un temperamento especial para ejercer el oficio de verdugo, en tiempos de Sócrates había también en Atenas un empleado que debió tener sin duda una mentalidad especialísima: el tabernero de la muerte. El zumo de cicuta debía, según el doctor Marmisse, constituir el componente principal del brebaje hasta el punto de darle su propio nombre. ¿Cuál era la virtud propia de aquella sustancia, que la había hecho elegir entre los demás venenos? Consistía, según todos los autores, en procurar una muerte rápida, exenta de dolor. La otra droga que componía la ponzoña, y que se ha conjeturado como opio, se encargaba de impedir los vómitos, las convulsiones, los calambres de estómago que acompañan ordinariamente a la intoxicación por cicuta. Esta planta no es nombrada por Platón, porque éste recordaba precisamente que las gestiones y entrevistas con el verdugo-farmacéutico tenían por objeto obtener que proporcionara al maestro otras cosas menos terribles, menos desagradables que el veneno puro. En la mente del discípulo quedaba grabada la idea del compuesto *(to fármakon)* y no de su elemento más cruel *(to koneion)*. Por su parte Cabanés, después de citar las autoridades que hemos mencionado y otras, se muestra partidario personalmente de la tesis del doctor Marmisse. Es irrefutable que el veneno era compuesto; tal vez se empleó en él la misma fórmula que en el *venenum cicuta temperatum* a que alude Valerio Máximo. Según Teofrasto, el químico Tráseas de Mantinea había hallado el procedimiento de mezclar la cicuta con el opio y otras sustancias estupefacientes. Pero no sabemos si la receta de Tráseas había sido aceptada por la justicia ateniense. Los medios oficiales suelen ser lentos en adoptar la inventiva privada. El bebedizo se asemeja a la guillotina, inventada por los franceses de la Revolución y cuya finalidad consistía también en abreviar los sufrimientos del penado, pues cuando el verdugo no era hábil la decapitación por hachazo resultaba a veces un suplicio largo y horrible. Así mismo había precedentes crueles en el género de muerte por «cicuta», y varios reos anteriores a Sócrates tuvieron que beber dos o tres veces para acabar de morir.

A Sócrates se le aconsejó al ponerse el sol –hora prescrita para estas autoejecuciones– que tomase el veneno a continuación de una buena comida. Parece ser que la droga actuaba a través de la sangre, y un individuo en ayunas y más aún un anémico estaba insensibilizado, como le ocurrió más tarde al desventurado Séneca, que quiso rematarse con la cicuta después de abrirse las venas de las cuatro extremidades. Viendo que su agonía se prolongaba –cosa por demás muy extraña y que debemos tomar sólo a beneficio de inventario– Séneca quiso morir como Sócrates; pero perdió el tiempo. La cicuta no le hizo efecto y no murió hasta que se hizo llevar por sus esclavos a un baño de vapor, donde pereció asfixiado.

La planta venenosa y las drogas iban mezcladas con vino. Cuando Sócrates la hubo injerido, el verdugo le aconsejó que paseara hasta sentir que se le dormían las piernas y que se acostara luego. Así lo hizo el maestro. Cuando los efectos del fármaco se dejaron sentir el verdugo apretó los pies y piernas del paciente preguntándole si sentía algo, y Sócrates dijo que no. Sobrevino en el acto un notable enfriamiento del cuerpo, síntoma que la moderna clínica ha clasificado como típica de los envenenamientos por cicuta. Tuvo después unos escasos movimientos convulsivos y la fijeza de la mirada, debida a una dilatación de la pupila –como ocurre también con los envenenamientos por arsénico–: aquel síntoma era fatal y denunciaba la proximidad de desenlace. La experimentación moderna no ha desmentido el relato de Platón en su diálogo *Fedón,* donde asistimos al último momento del maestro y sus respuestas, siempre socráticas, que llevaron hasta el umbral de la eternidad el sello de su entereza marmórea: «¿Lloráis porque muero inocente? ¿Preferiríais que muriese culpable?», dice el sabio, respondiendo a las exclamaciones y gemidos de Apolodoro y de los demás, que no pueden ya retener sus lágrimas.

«¡Sócrates, fealdad adorable! ¡Con la mitad del cuerpo ya convertido en piedra nos hablabas el lenguaje propio de un dios!» Así ha dado Paul Valéry una imagen casi intuitiva de la grandiosa escena.

Al fin, como diría Homero, «la noche le cubrió con su manto», y Platón, fuente de poéticos mitos, dio a su doctrina el ataúd de cristal de la escritura, que nos lo presentará para siempre luminoso, pero metamorfoseado, irreal, cual si se hubiese transformado, como Hércules, en un dios destinado a habitar perpetuamente en un Olimpo de las Ideas.

CLEOPATRA
LA VÍBORA
DEL NILO

[illegible]

[illegible] América [illegible]

[illegible] Cleopatra [illegible]

[illegible]

Raramente se da en la Historia una situación tan dramática y novelesca como la muerte de dos amantes, aunque en este caso él, Marco Antonio, anduviera rondando los sesenta, y ella, la reina de Egipto, tuviera cincuenta cumplidos. Ambos estaban decididos a perecer: él, después de su último fracaso militar; ella, después de su última derrota femenina, en que trató de seducir también al joven Octavio César, como había seducido a Marco y al gran Julio. Antonio sabía que la muerte más digna de un soldado era el acero. En cuanto a ella, siempre preocupada de belleza y de coquetería, parece ser que su mayor obsesión era ahora morir en belleza, escoger un género de muerte que no la desfigurase ni alterase la tersura del cutis. ¿Qué exquisitez macabra, qué refinamiento podía dictarle su sutil imaginación? La fealdad y el sufrimiento le daban igualmente horror. Si había que decidirse por un tóxico, debía ser tal que no produjese convulsiones ni muecas. Cleopatra tenía un profundo conocimiento de los venenos, como lo muestra la tradición clásica contándonos que, en cierta ocasión, Antonio temía que ella le envenenase y le hacía el ultraje de mandar probar a un esclavo, a su misma mesa, todos los manjares que le servían. Un día, durante la comida, la reina ciñó su propia frente y la de Antonio con flores venenosas y al terminar el ágape invitó a su amante a beber el jugo de aquellas flores, según tenían por costumbre con otras que no tenían ponzoña. El triunviro no sospechó nada; pero cuando iba a beber Cleopatra le detuvo la mano y le dijo: «¡Aprende a conocer a la mujer de quien sospechas! Si pudiese vivir sin ti, no me habrían faltado ocasiones para deshacerme de tu persona, como en ésta en que tienes en tus manos una copa envenenada.»

Este rasgo, aunque pueda ser legendario, es al menos una prueba de que la reina de Egipto sabía manejar las ponzoñas y no le sería difícil lograr el suicidio perfecto. Así Cleopatra pudo comprobar, mediante muchos experimentos hechos en la persona de condenados a muerte, que los venenos de acción más rápida causaban crueles dolores y desfiguraban horriblemente, mientras que los de acción lenta producían menos alteraciones. Entre otras cosas, según se ha creído, adquirió la certidumbre de que la mordedura del áspid es la única que, sin causar convulsiones antiestéticas, sumerge en un sopor acompañado de ligera humedad del rostro y, mediante una progresiva debilitación de los sentidos, conduce a una muerte parecida al sueño. Relatemos las circunstancias del drama siguiendo, para comenzar, la versión más generalizada, la de Plutarco, a la que se harán luego las oportunas reservas:

«Después de comer Cleopatra tomó sus tablillas, sobre las cuales había escrito una carta para Octavio César, y una vez selladas se las envió. Luego mandó salir a todos los que estaban en sus habitaciones, exceptuando dos sirvientas, y cerró la puerta por dentro. Cuando César hubo abierto la carta, los vivos y conmovedores ruegos que en ella leyó, y en los cuales la princesa le rogaba ser enterrada al lado de Antonio, le revelaron lo que Cleopatra había hecho.» Es decir, le revelaron que, mientras él leía, ella agonizaba. De esta manera, excepto las dos criadas encerradas con la reina bajo llave y que se suicidaron con ella llevándose el secreto a la tumba, nadie presenció el momento de la muerte.

«Después del baño –continúa Plutarco– la reina se sentó a su mesa y le sirvieron una comida magnífica, durante la cual vino a su presencia un campesino con un cesto. Los guardianes le preguntaron qué llevaba en él, y el rústico, separando las hojas que lo cubrían, les mostró que estaba lleno de higos. Los centinelas admiraron el tamaño y la hermosura de aquellos frutos, y el hombre, sonriendo, los invitó a probarlos. Su aspecto de sinceridad apartó toda sospecha de los guardianes y le dejaron pasar.»

Este párrafo nos indica que Cleopatra se hallaba bajo la vigilancia de Octavio César. Los centinelas eran romanos. César quería a toda costa conservar la vida de la reina, para que figurase encadenada a su carro de triunfo en Roma, y había dado las órdenes más severas para que se ejerciera con su persona la mayor vigilancia. ¿Cómo es posible que la reina se las ingeniase para tener, fuera de su dorada prisión, contactos con el campesino que le trajo los higos debajo de los cuales se ocultaba la víbora del Nilo? La versión del envenenamiento por la víbora tiene visos de leyenda, y además en ella se encuentran contradicciones. Unos historiadores pretenden que el áspid venía oculto no bajo los higos, sino bajo flores; otros hablan de racimos de uva. Se dice también que la reina guardaba el áspid en un vaso, en su palacio. También hay discrepancias sobre cuál fue la parte del cuerpo de la reina que ésta ofreció al mordisco letal. Cabanés dice que Shakespeare «coloca la víbora en los labios de la reina». El ilustre doctor, que tan sagazmente plantea los términos de este problema, parece no recordar, al decir esto, el texto del drama *Anthony and Cleopatra:* «Pobre loco venenoso –dice la reina aludiendo al áspid–, entra ya en furor y apresúrate... ¡Silencio! ¡Silencio! ¿No veis que *la nodriza tiene el niño en el pecho y le da teta para dormirle?*» («Dost thou not see my baby at my breast, –That sucks the nurse asleep?»). No entraremos, sin embargo, en la superflua discusión de los doctores Moreri y Ségur, que pretenden haber determinado incluso si fue en el pecho derecho o en el izquierdo. También se dice que la reina tuvo que pinchar al áspid perezoso con un huso de oro, para excitarlo, y entonces el animal la habría trabado del brazo. Esto coincide con la versión plutarquiana de que en la comitiva de triunfo de Octavio se paseó una efigie de la reina del Nilo llevando una víbora enroscada al brazo; y así se la ha representado después tradicionalmente.

Cuando Octavio, furioso al ver que habían fracasado sus medidas de seguridad, hizo registrar sistemáticamente la habitación donde había muerto la reina, no se encontró víbora alguna, ni en la cámara, ni en el sepulcro, que estaba practicado en el interior del mismo palacio. El propio Plutarco, después de haber transmitido muchos detalles de la versión, añade de un modo ingenuo y desconcertante: «No sabemos, en verdad, cómo murió.» «Se dijo también –prosigue el de Queronea– que había llevado consigo el veneno en un alfiler hueco y éste lo tenía escondido entre el cabello. *Pero no se notó mancha ni cardenal alguno en su cuerpo ni otra señal de veneno...»* En cuanto al reptil, después de atestiguar Plutarco que nadie logró encontrarlo –una víbora no se escapa como un ratón–, prosigue: «Se dijo que se habían visto algunos vestigios de él a orillas del mar, por la parte del edificio que miraba al agua, y donde había ventanas abiertas.» (Los reptiles diminutos no dejan fácilmente huellas). «Algunos dijeron que se habían notado en el brazo de Cleopatra dos punzaditas sumamente pequeñas y sutiles, a lo que parece que dio crédito César.»

En la Antigüedad –exceptuando a los poetas, que por su oficio prefieren admitir versiones para dramatizarlas que investigar su verdad– ningún autor ha considerado segura la versión de la víbora. Suetonio dice: «Creían que murió de la mordedura de un áspid.» La cosa se complica cuando se ha querido investigar si en Egipto había realmente áspides. Muchos zoólogos modernos lo niegan, aunque otros lo afirman, porque en los paquetes de reptiles que se sepultaban con las momias, en algunas pirámides, por motivos de ritual, al tratar de analizar las diversas especies por el estudio de los huesos se ha creído encontrar un tipo correspondiente al famoso áspid del Nilo.

Las sospechas más comunes recaen sobre la *naja hajé,* cuyo veneno está considerado como actuante en forma de narcótico. En cierto modo resulta inverosímil que el reptil tuviese aún veneno al salir de la cesta de higos, pues al sentirse oprimido por el peso de éstos y prisionero en la cesta debió morder a diestro y siniestro, gastándolo antes de ser aplicado al brazo. El veneno del áspid tiene que ser segregado con cierto ritmo y no se improvisa después de varias mordeduras sucesivas. Y no sólo habría mordido el áspid los higos o las hojas que venían en el cesto, sino que, según la leyenda, mordería primero a Cleopatra y después a sus esclavas Iras y Carmiana, cosa poco menos que imposible, según los científicos, para causar la muerte. Por último, el doctor Viaud-Grand-Marais, fundándose en que las habitaciones de Cleopatra estaban cuidadosamente, casi herméticamente cerradas cuando se producía la tragedia, propone que las tres se habrían asfixiado sometiéndose voluntariamente a las emanaciones de un brasero. El óxido de carbono deja sobre el organismo tan pocas trazas como fueron halladas en el cadáver de Cleopatra. Lo más divertido de esta hipótesis –y que no pertenece ya a Egipto, ni a Roma, sino al París de principios de siglo– es que estos suicidios solían emplearlos en la «Ville Lumière» las heroínas de melodrama de Montmartre, o como dice con elocuencia local Grand- Marais, «una lavandera engañada por un sargento en cambio de guarnición». Esto para los sabios franceses es un inconveniente, por parecerles impropio de una reina el suicidarse como una lavandera; pero para nosotros no ha de serlo. ¿Qué sabía Cleopatra acerca de cómo se suicidarían en lo futuro las modistillas de Montmartre?

SÉNECA ¿DOBLE PERSONALIDAD?

¿Es posible que un hombre tenga una doble vida? ¿Puede llegar a ser, en las dos formas de su existencia, igualmente eminente? El problema de Séneca es análogo al que ciertos eruditos quieren ver en Shakespeare, identificándole con el canciller Bacon, lord Verulam: por una parte, prosa, abogacía, sentencias, erudición, ideas filosóficas; y por otra, una labor poética y humana que nos muestra las pasiones del mundo dejándolas que hablen por sí mismas. La doble labor del Séneca filósofo y a la vez ministro complaciente de Nerón es tan desconcertante que no excluye la posibilidad de que un mismo hombre haya sabido hablar dos lenguajes diversos: no el griego y el latín, sino el lenguaje de un pedagogo y el de un poeta.

Si la cuestión se redujese a distinguir y analizar géneros literarios, carecería de interés hondo. Pero con ella van ligadas una serie de interrogantes sobre la personalidad del famoso hombre de letras cordobés, cuya vida, en lo que conocemos de ella, fue un drama, y en lo que desconocemos es fácil intuir otro drama aún mayor. Séneca, como el Arcipreste de Hita, parece haber sido una gran personalidad y al mismo tiempo un gran pecador, en perpetua lucha consigo mismo. Sus paradojas, sus autoconfesiones, aquellas interrupciones que rompen a veces su tejido retórico y que parecen llamadas de angustia, todo ello acompañado de su estilo castigado y personalísimo, que alguien ha querido comparar con el de nuestros místicos del Siglo de Oro, contribuye a que veamos en el desgraciado aunque acaudalado ministro de Nerón una vida que no se sintió jamás satisfecha de sí misma. Un hombre que erró mucho, pensó intensamente y sufrió aún más.

Lucio Anneo Séneca pertenecía a la nobleza de rango ecuestre o caballeros de la *Corduba* romana. Su padre, llamado Séneca el Retórico, vivió alternativamente en Roma y en Córdoba, donde fue abogado y tal vez desempeñó cargos públicos. Provenía, pues, Lucio de una familia de intelectuales, y además en Córdoba había un ambiente literario que el mismo Cicerón conocía. El Séneca que aquí va a ocuparnos tuvo dos hermanos que se dedicaron también a las letras: él era el segundo. Su hermano menor, Lucio Anneo Mela, fue padre del poeta Lucano.

Nació nuestro Séneca en Córdoba hacia el año 4 antes de Jesucristo y desde muy niño fue llevado a Roma. Tenía la salud delicada. Como Goethe, se parecía a su padre en lo físico y moral y a su madre en lo intelectual. Helvia, que así se llamaba ésta, representa en la formación del hijo una especie de oposición a las ideas de su marido, que era republicano y pompeyano, o como diríamos hoy, de *derechas,* amante de la tradición y partidario de apartar a su retoño de la filosofía. Fue Helvia quien fomentó en el joven Séneca el cariño hacia estos estudios. El joven, reaccionando sin duda con el apasionamiento propio de su temprana edad, a poco de haber comenzado sus clases con los estoicos Atalo y Papirio Fabiano, experimentó una crisis de exaltación y austeridad: se quiso hacer vegetariano y acostumbrarse a dormir sobre unas tablas. El padre intervino a tiempo y Helvia debió quedar, siquiera provisionalmente, convencida de que se había excedido en lo tocante a la vocación del muchacho. Desechado el primer maestro por demasiado rigorista, ejercieron definitiva influencia sobre su formación las enseñanzas del segundo, cuyo estilo retórico tiene con el de Séneca significativas semejanzas.

A pesar de la poca precisión de los datos clínicos en

aquel tiempo y de la poca confianza que deben inspirar los supuestos retratos de Séneca, parece ser que éste padecía una afección de tipo tuberculoso. A los veinte años tuvo que pensar en cuidar seriamente su salud. Tampoco tenía el corazón muy firme. Data de entonces su viaje a Egipto, en busca de un clima seco y cálido, donde permaneció cuidado por su tía materna. Hacia el año 31 de Jesucristo regresó a Roma, ejerció de abogado y entró en la carrera política. Se dice que Calígula, envidioso de él, le ordenó quitarse la vida y que se salvó por influencias de una cortesana. Parece que fue desgraciado en su primer matrimonio, por el extraño silencio con que el escritor se obstina en envolverlo. Habla de dos hijos suyos, pero no nombra para nada a su esposa. Hasta el año 41 Séneca vivió sumergido en la vida de sociedad de Roma. No se sabe nada de su existencia en este período: ¿por qué motivo fue desterrado, bajo Claudio, a la isla de Córcega? Todo fue obra de Mesalina; pero ¿cuál fue el móvil? La emperatriz acusó a Séneca de adulterio con Julia Livila, hermana del difunto Calígula. El filósofo guarda el más riguroso silencio sobre el particular. A pesar de lo mucho que ha escrito, su biografía es un enigma. Al caer Mesalina, su sucesora Agripina hace que Claudio perdone a Séneca el destierro. Y aquí aparece ya uno de los rasgos *realistas* en la personalidad del escritor: para congraciarse con Claudio no ha retrocedido ante las mayores adulaciones, que no serán obstáculo, cuando Claudio muera, a que la misma mano que las trazó forje la cruel e injusta sátira contra el emperador representando su metamorfosis en calabaza. Es importante hacer notar que la vuelta de Séneca del destierro fue una medida de Agripina para atraerse la opinión pública, lo cual indica que Séneca había logrado ya entonces gran predicamento y fama.

Una vez ministro de Nerón, Séneca se nos aparece en toda la magnificencia –escandalosa– de sus cualidades realistas. Parece como si quisiera recuperar los ocho años de destierro pasados en la inhospitalaria Córcega. Preceptor primero, ministro después, llega a reunir una fortuna de trescientos millones de sestercios. Tal vez el grande hombre no haya abdicado aún ninguno de los principios de su moral estoica; pero no lo parece. En cuanto a los crímenes de Nerón, Séneca considera un mal menor hacer la vista gorda, para evitar a la República mayores males que si el César dirigiera su vesania contra gentes que no son de su familia. Este parece haber sido su punto de vista, que tratamos solamente de expresar, no de justificar. Es casi seguro que ni Séneca ni Burrho tuvieron participación en el envenenamiento de Británico. En cuanto a Agripina, es seguro que ambos hicieron cuanto estuvo en su mano para evitar su muerte; pero al final se hicieron culpables al menos de encubridores. La locura sanguinaria de Nerón no debía tardar, sin embargo, en arrastrar consigo a sus colaboradores más o menos responsables, y el viejo maestro, sospechoso de haberse mezclado en la conjuración de Pisón, recibió, como el mismo Petronio, la orden de abrirse las venas. Es clásica la escena de su muerte a los setenta años, dictando, mientras agonizaba, sus últimas sentencias a un escriba.

Aquella vida, que no debe ni puede compararse con la de Sócrates –pues éste no fue ministro, ni millonario, ni adulador–, había de tener, por fuerza, un contenido de realidades humanas, de conocimiento de las ocultas traiciones de la vida, más propio de un dramaturgo que de un filósofo. La filosofía puede adquirirse en los libros; pero el sentido de las realidades, no. Y en esta conjetura descansa la *prima causa* lógica de que Lucio Anneo Séneca pudo haber tenido una doble personalidad y haber sido el autor de las tragedias que se le atribuyen *(Medea, Fedra, Hércules, Oeteo,* etc.). Veamos ahora el primer obstáculo a esta hipótesis: ningún escritor antiguo cuenta a Séneca entre el número de los autores trágicos. Por otra parte, aislada de sus datos biográficos, de la cronología de su existencia, se nos ha transmitido una colección de diez tragedias atribuidas más o menos a un Séneca, o a un Anneo Séneca, o –en datos escasos– a un Lucio Anneo Séneca. Estas tragedias han llegado hasta nosotros en ocho códices distintos, en cuya filiación y detalles no nos es dado entrar aquí. Un enigma apasionante lo constituye el hecho de que se atribuye a Séneca, entre otras tragedias de asunto mitológico, una titulada *Octavia.* Se trata de la primera esposa de Nerón, mandada asesinar por éste después de un ultraje proceso por adulterio. Es evidente que la tragedia de Octavia no podía haberse representado en la corte de Nerón. Las pruebas de que esta obra se deba a Séneca no son concluyentes; pero hay quien se la ha atribuido: la tragedia de *Octavia* figura, en efecto, en varios códices senequistas, como por ejemplo el *Parisinus* y el de la biblioteca de El Escorial. ¿Es justificable que resistamos difícilmente a la tentación de atribuírsela? Séneca se habría distraído de la difícil situación, de las forzadas adulaciones, de las cotidianas bajezas a que se vería obligado en su vida palaciega, inmortalizando con su pluma la figura de Octavia, cuando de regreso a su palacio se encontraba solo en el silencio de su villa, ante el mudo testigo de la oscuridad y de su propia conciencia torturada. Entonces es muy posible que el grande hombre, sintiéndose débil para reaccionar contra aquella farsa que había de sostener ante su monstruoso discípulo, pensara que lo único que le quedaba verdaderamente digno era la pluma, y con ella intentara desagraviar a la posteridad. El paralelismo con Shakespeare, que se hallaba en un caso parecido –aunque de ello tengamos menos datos biográficos–, se impone cuando pensamos en que la única persona respetable que aparece en la tragedia de *Enrique VIII* es Catalina de Aragón. Catalina y Octavia nos plantean, no por ellas mismas, sino por los misteriosos autores que cantaron a su virtud, una de las más oscuros interrogantes de la literatura.

¿El autor de las *Epístolas morales* y de las *Tragedias* es acaso una misma persona? ¿O se trata de un engaño? Pero ¿cómo podría producirse un engaño semejante?

En el siglo V de Jesucristo el obispo galo Sidonio Apolinar nos habla de dos Sénecas: uno filósofo y otro autor de tragedias. Pero este argumento, que serviría para apoyar a los que niegan la unicidad del autor, tiene escasa base. Sidonio Apolinar estaba poco informado y seguía una tradición desprovista de fundamento. Más tarde grandes eruditos del Renacimiento se mostraron divididos en sus opiniones. Petrarca y Erasmo renunciaron a discutir la oscura cuestión: estaban cansados de oír hablar de ello sin ningún resultado. En cambio Escalígero creía que ambos Sénecas eran una misma persona. Es evidente que la repetición del *cognomen* Séneca en todos los manuscritos prueba, al menos, que el autor pertenecía a la familia del filósofo, si no era el filósofo mismo. Además del silencio de los contemporáneos está el silencio absoluto del mismo Séneca filósofo acerca de sus supuestas obras teatrales. Quintiliano y Tácito aluden vagamente a que Séneca había escrito versos *(carmina)*. ¿Podían ser versos dialogados para un teatro? Si se abandonan los testimonios externos, por insuficientes, y se recurre a la semejanza estilística, ésta es ya más elocuente. Como dice el doctor Valentí con mucho acierto, «podría hacerse –con las sentencias contenidas en las tragedias– un florilegio que fuese un resumen de la moral del pensador cordobés». Esta moral que él, en prosa oratoria, habría expresado tan elegantemente.

Las aficiones de Nerón a la poesía parecen facilitar por una parte la explicación: es evidente que Séneca, temiendo quizá la envidia del César, no quiso imitar a Lucano y renunció a cacarear sus versos, manteniéndolos como un fuego sagrado, pero oculto. En cuanto a la tragedia *Octavia,* el final al menos no pudo haber sido compuesto por Séneca, pues alude con detalles concretos a la muerte de Nerón, la que el filósofo había precedido en la tumba. No solamente se duda de su paternidad respecto a la tragedia *Octavia,* sino respecto a otras, de las diez a que se ha aludido; pero no trataremos aquí de este problema de pura erudición filológica.

Y para terminar diremos que existe una pregunta torturadora, que no puede menos de desconcertar a los admiradores del ilustre pensador: ¿era ateo Séneca? El interrogante está apoyado no sólo por ciertos datos, sino por lo que en general se sabe de la doctrina estoica, que Séneca profesaba, y que se parece a su enemiga la epicúrea en más de un punto. Tanto una como otra escuela niegan la participación de los dioses en la vida humana. Conocida es la doctrina del suicidio, que los estoicos propugnaban, no a capricho, pero sí al menos cuando el honor estaba amenazado. Séneca practicó él mismo lo que enseñaba, obedeciendo la orden de Nerón de abrirse las venas. Pero además, en los últimos versos de la tragedia *Medea,* Jasón se despide para siempre de la terrible maga que ha sido su esposa y que ha acabado por matarle a sus propios hijos, diciéndoles estas terribles palabras: «Sí, vete por las altas regiones del éter más elevado y sirve de testigo de que no existen dioses en ese espacio por donde diriges tu vuelo.» («Per alta vade spatia sublimi aetheris –Testare nullos esse, qua veheris, deos.»).

¿Es Séneca el que habla? ¿O se ha limitado a hacer hablar a Jasón, desesperado ante la muerte de sus hijos? No es fácil responder a esta pregunta, que pone siempre en tela de juicio la opinión de un dramaturgo cuando se expresa por boca de uno de sus personajes. Cualquiera que pueda ser la solución del enigma, hay un hecho evidente: la moral que predicaba Séneca era del orden más digno que en el paganismo, decadente ya, podía existir. Su doctrina constaba de palabras razonables; sólo les faltaba que, con el tiempo, viniese a llenarlas el Espíritu que vivifica. No en balde el filósofo había muerto en la misma época en que unos hombres oscuros derramaron su sangre en el circo neroniano, puesta la esperanza en un Dios distinto de aquellos ídolos en cuya existencia no se creía ya, ni en el teatro.

PETRONIO
¿EXISTIÓ?

En la época de Nerón, «alguien» que se supone haberse llamado Petronio *arbiter elegantiae* creó una cosa que no tiene precedentes en la literatura latina ni tampoco en la griega: la primera novela de costumbres, la primera «novela picaresca» en el sentido españolísimo de la palabra, o en el más español posible, cuando menos. Una creación tan genial que parece surgida del caos; porque el caos sería, en este caso, el inmenso fárrago de poesía artificial y mala, de prosa pedante y de mitología trasnochada que, en el año 60 de Jesucristo, era lo único que quedaba en pie sobre el colosal naufragio de la cultura antigua. Tenemos, pues, dos geniales creaciones: la del *Satiricón* por Petronio y la de Petronio por Sienkiewicz. En la apreciación literaria de las dos, la primera es más importante que la segunda. El autor polaco hizo una magnífica novela histórica; pero tenía antecesores y tuvo discípulos: desde Walter Scott, Víctor Hugo y Nodier hasta Pierre Luys y Blasco Ibáñez, no faltó nunca ese carnaval de trajes de época, esa ronda de cruzados, templarios, césares y gladiadores de guardarropía, con más o menos brillantez y erudición improvisable. Era la prehistoria de Hollywood, y cuando el cine se apoderó de *Quo vadis?* se sucedieron las versiones, escalonadas en unos cuarenta años. Sienkiewicz no representa más que una etapa intermedia en esta evolución de puro escenario. Nadie podrá negarle, sin embargo, el mérito de haber hecho la última y genial falsificación de Petronio, apoyándose en los textos de Tácito, en la lectura del *Satiricón* y en muchas cosas más.

Pero enfoquemos ahora el objetivo hacia la Antigüedad. Un genio no nace nunca aislado. Petronio tuvo maestros –con algunas reservas–, pero no discípulos, hasta el siglo XVII español, hasta Quevedo y Guzmán de Alfarache. La Antigüedad parece no haberle comprendido. Su novela carecía de unidad, de clasicismo y, por tanto, de «interés». Los españoles de su tiempo –Séneca, Lucano– escribían poemas y dramas de asunto griego y latino. ¿Por qué él, que solamente se ha querido situar en Marsella, fue capaz de producir un asunto en prosa, sin mitología ni pedantería, y además tan rabiosamente español, tan genuinamente quevedesco? ¿Acaso por esto en su novela Sienkiewicz le atribuye amores con la esclava ibera Eunice? ¿Fue Eunice la musa del *Satiricón?* ¿Conocía a España Petronio? ¿Y para qué iba a conocerla, y qué hubiese ganado con ello si el ambiente de España estaba entonces calcado sobre el romano? Era un ambiente aprendiz; y en cambio Petronio nos retrata a Roma como Madrid o Toledo serán retratadas en el Siglo de Oro por nuestros prosistas picarescos. Decididamente la picaresca, como el barroco, es una *constante* artística. Con el *Satiricón* se han hecho experimentos muy interesantes, que consignaremos a su debido tiempo, y que hacen posible traducir a nuestras lenguas de hoy la enigmática personalidad del Arbitro de las elegancias.

Se tienen tan pocos documentos acerca de Petronio que, en primer lugar, se comienza por dudar de si el cortesano de Nerón y el autor de la famosa novela son una misma persona. Tampoco se conoce la fecha y el lugar de su nacimiento. Los datos escasos suministrados por Tácito se limitan a decirnos que, «así como otros van a la celebridad por el trabajo, éste llegó a ella por la molicie. No se le confundía con la caterva de disipados vulgares que solamente saben devorar su fortuna. Era mirado como hombre voluptuoso, muy entendido en toda materia de placeres. La misma indiferencia y el abandono que todos echaban de ver en sus acciones prestábale un aire de ingenuidad candorosa que le hacía más agradable». Y, sin embargo, aquel hombre casi afeminado era, cuando llegaba el caso, enérgico y laborioso. «Siendo procónsul en Bitinia, y poco después cónsul, dio pruebas de vigor y estuvo siempre a la altura de sus cargos.» Después de aquel esfuerzo volvió a su existencia de ocio y voluptuosidades. Nerón se sentía atraído hacia aquel hombre original que había hecho del placer un arte y que no tardó en adquirir tal preponderancia en aquella sociedad frívola que fue considerado en breve como el maestro del buen gusto, si bien Schanz *(Gesch. der römische Litteratur),* citando a Bücheler y a otros especialistas en el personaje que estudiamos, sostiene que *Arbiter* es un *cognomen,* un apellido personal, como *Escipión o Cicerón,* y se le dio el nombre de *arbiter elegantiae* glosando su propio apellido. En cuanto a su *praenomen,* incierto como hemos apuntado ya, Plinio y Plutarco se pronuncian por *Tito* y Tácito por *Cayo.* La versión de que era originario de Marsella se debe a Sidonio Apolinar, escritor galo de los tiempos de Atila (siglo V), y es por tanto muy tardía, aunque pudo estar documentada. La costumbre, tan elegante como lamentable, de los antiguos de no decir nunca de dónde sacaban sus datos no ha permitido investigar del todo la verdad. Hacia el año 66 de Jesucristo el *praefectus vigilum* Cayo Offonio Tigelino vio en Petronio un rival temible y comenzó a intrigar contra él con testigos falsos acusándole ante Nerón de amistad con Scevino, la figura prominente de la conspiración de Pisón. La corte se hallaba entonces en Campania y Petronio se encaminaba allí para justificarse, cuando en Cumas le dieron la noticia de que su causa no tenía esperanza y determinó suicidarse epicúreamente. Antes de morir, sin embargo, escribió su célebre «carta», de la que Sienkiewicz ha hecho una simple sátira de exquisiteces literarias: «Asesina, pero no cantes; envenena, pero no bailes; incendia, pero no toques la cítara. ¡Pobre poeta de suburbio!» La auténtica carta de Petronio no ha llegado hasta nosotros; pero se sabe que en ella se hablaba de algo más que de versos. Se denunciaban los vicios del régimen y los nombres de los cómplices que habían tomado parte en los asesinatos de Agripina, de Octavia y de Británico y en el incendio de Roma. Es verdaderamente lamentable que se haya perdido este importante documento, que Tácito menciona sin transcribirlo. ¿Podemos acusar de cinismo a Petronio por descubrir estas tardías verdades, cuando ya estaba con un pie en la sepultura? Si le acusamos, ¿qué habremos de decir entonces de Lucano y de Séneca, que no sólo se beneficiaron en su día del régimen neroniano, sino que a diferencia de Petronio, menos sinceros y más solemnes, cometían la inmoralidad de lucrarse con cara muy seria, cantando *Farsalias* gloriosas y escribiendo severas epístolas morales? ¿Cuál de los tres nos es más simpático?

Antes de enterrar definitivamente el cadáver de Petronio volvamos sobre nuestros pasos. Boissier, en su *Oposición bajo los Césares* (pág. 240), trata de analizar la polémica o rivalidad entre Lucano y el autor del *Satiricón*. Petronio odiaba a los pedantes y a los declamadores, y al no gustarle Lucano puso el dedo en la llaga. La *Farsalia*, a pesar de sus indiscutibles méritos literarios, tenía políticamente unos sospechosos tornasoles cutáneos que nos recuerdan a los camaleones. Cuando Lucano comenzó el poema se hallaba en pleno favor de Nerón, y la obra es por tanto un halago al partido de Julio César. Pero al final había comenzado ya a caer en desgracia, y ensalza al partido de Pompeyo. En cuanto a Séneca, el injusto detractor de Claudio, el moralista teórico que cantaba a las recias virtudes bajo un emperador benéfico, pero que no tuvo después escrúpulos en ser ministro de Nerón, no escatimándole elogios, Petronio le hace bajar también de su pedestal infalible: «Video meliora, proboque, deteriora sequor.» «Veo lo que es mejor, lo apruebo, pero sigo lo peor», dice el ilustre moralista en un arrebato de sinceridad, como si se confesara. Si no fuese por estos rasgos de autoconfesión, la obra de Séneca carecería de significado humano y sería, simplemente, una retórica aplicada a la terminología de la ética. Petronio escribió una parodia contra él, representándole como uno de los maestros de retórica de su novela. Por respeto a Séneca renunciamos a dar detalles.

La interrogante no resuelta acerca de si el cortesano de Nerón y el autor del *Satiricón* fueron una misma persona puede contestarse diciendo que es casi inconcebible que pudiese haber dos personas del mismo nombre, de la misma edad y tan parecidas en genio y sentimiento, en la Roma de Nerón. Pero hay un enigma mayor todavía: ¿por qué se hizo el silencio sobre la obra de Petronio? Una vez visto de qué trata y entre quiénes, podremos explicarnos en parte este silencio. Fue sin duda una convención social. Una cosa de común acuerdo, preestablecida, como arrancan el vuelo, todas a la vez, las gaviotas. Del mismo modo todas las personas de buena o mala familia que leyeron el *Satiricón,* en su tiempo, se sintieron unánimes en que «era peor meneallo». Los protagonistas de la novela son tres jóvenes indeseables: ladrones si se tercia; pícaros siempre; pero además –a diferencia de los personajes de nuestra picaresca española, que siempre es mucho más decente –son homosexuales. El *Satiricón* parece una respuesta: tiene el descaro de un retrato sin maquillar. A la epopeya de Lucano, a los sermones de Séneca, Petronio parece decirnos: «No; la verdadera Roma de Nerón no es ésta, sino la que yo pinto: las aventuras de Encolpis, Ascyltos y Gitón.» Por ella desfilan toda clase de personajes de distinto rango: caballeros, financieros, damas adineradas, mendigos y filósofos. Pero todos son iguales; todos tienen la misma calidad moral. El centro de la novela lo ocupa Trimalción, el nuevo rico. El es el amo de Roma, y Roma lo es del mundo. ¿Y César? ¿Dónde está? No se le menciona, naturalmente. Boissier pretende que el *Satiricón* se compuso en una época en que el autor gozaba del pleno favor neroniano. La obra habría sido escrita para divertir a Nerón. Pero si le divirtió no consiguió una propaganda de acuerdo con la importancia que se le ha dado después. Cuando desaparece el paganismo de la faz de la Historia, Petronio resucita como por arte de encantamiento. La Edad Media se acuerda de él tanto como de Virgilio y de Homero. En 1180 Juan de Salisbury cita fragmentos de la *Cena Trimalchionis* en sus *Florilegia.* En 1693 un falsario de genio muy inferior al de Sienkiewicz, el francés Nodot, contaba que un soldado también francés al servicio de Austria le había vendido un manuscrito de Petronio, adquirido en Belgrado en 1688. Así nació el *Pseudo Petronio* de Nodot, que iniciaba la serie de «Autores latinos para uso de las señoritas», o como dice Tailhade con su impetuosidad típica: «Aux Juvenal pour dames, aux Suetone châtrés, aux Martial vérécondieux.» En 1863 el filólogo de Breslau F. Haase editó un estudio sobre las parodias petronianas contra Séneca. Pero la traducción más original que conocemos del *Satiricón* es la del citado Laurent Tailhade, que hizo con el enigmático novelista el siguiente experimento: traducción literal, empleando, para dar una idea de la jerga de los hampones de Roma en el siglo I, la jerga de los apaches de París hacia 1920. El efecto es impresionante. Petronio, o al menos el hombre que compuso el *Satiricón,* resulta un novelista moderno. El mismo ensayo hecho con cualquier otro autor latino, empachado de retórica, de mitología y de estoicismo libresco, llevaría indiscutiblemente al fracaso.

Petronio fue un gran novelista, pues por su genio es digno de ser todo un personaje de novela.

EL FIN DE LOS TEMPLARIOS

La historia suele dividir la Edad Media en dos mitades: *la alta y la baja.* La primera es la más antigua. Quienes inventaron estos términos no sospechaban quizá qué significado profundo, casi de índole moral, podrían tener las dos. Con un poco de espíritu consecuente y simbólico podemos afirmar que en la «alta» Edad Media predomina la cruzada del ideal, el gótico y el Santo Sepulcro. En la «baja» predomina lo bajuno: escepticismo, escolástica que degenera en charlatanería sofística, más cultura y menos fe. La política se descompone; la cruzada se atrofia. Los famosos Templarios, como botón de muestra, se han convertido, de héroes en banqueros y terratenientes. El rey de Francia les debe quinientas mil libras. ¡«Baja» Edad Media! Un enviado del rey, poco antes que comenzase el misterioso y discutido proceso del Temple, penetró en Agnani, residencia de verano de Su Santidad Bonifacio VIII, y dicen que puso su mano sacrílega en el Papa. Ultraje de Agnani, ese bofetón que se oyó en toda la Cristiandad, era prólogo de graves sucesos. Muerto Bonifacio sus sucesores no le igualaron en energía. No tardaría en comenzar el «cautiverio de Babilonia», el traslado de los Papas a Aviñón, y después el cisma, que dividió a la Cristiandad durante cuarenta años.

En estos tiempos de terremoto espiritual en toda Europa la caída de los Templarios no es más que un episodio. Un edificio más que se derrumba. Pero su ruidoso proceso ha dado lugar a enconadas polémicas, de las que no salió muy bien parada la memoria del Papa –un hombre personalmente débil– y menos la del rey –que tenía, con el debido respeto, pésimos antecedentes–. La cuestión es grave. En estas líneas quisiéramos hacer estricta justicia, y para ello no debe olvidarse que si los Templarios no son inatacables, tampoco lo fue Felipe IV el Hermoso de Francia, uno de los gobernantes más violentos, maquiavélicos y duros de la Historia.

Tratándose de Francia es necesario acudir como preámbulo a los libros de público que han contribuido a formar la cultura general de este país. Así, como ejemplo significativo, en la edición del *Petit Larousse Ilustré* (1954) se dice que Felipe el Hermoso, deseando apoderarse de las inmensas riquezas de los Templarios, mandó detener a Jacques de Molay, Gran Maestre de la Orden, y a todos los caballeros de la misma que se encontraban en Francia, y a continuación de un proceso inicuo los hizo perecer en la hoguera. Desde 1312 el papa Clemente V había abolido la Orden por instigación del rey de Francia. Este juicio resume la opinión de muchos historiadores sobre el asunto. El tópico de que la supresión y condena de la Orden fue un «negocio» de Felipe y de sus legistas se usa frecuentemente en los manuales de divulgación franceses. Según C. Cantaloube, en un artículo publicado en el diario católico francés *La Croix* sobre el proceso, a través de los archivos locales de Nimes (núm. 21.785, de 19 de septiembre de 1954), incluso en el *Dictionnaire apologétique de la foi catholique* se usa esta versión, y en tono de convencimiento. ¿Fueron los Templarios, en general, las víctimas inocentes de la codicia de Felipe el Hermoso y de la debilidad del Papa respecto al rey francés? El proceso de los Templarios, cuando se observa en los documentos y no en obras de segunda mano, no aparece tan limpio y claro como ha parecido. La cuestión está muy embrollada. Sin salirse del campo de los escritores católicos es fácil encontrar, a cada paso, desacuerdos. Que la cuestión no estaba «limpia», como dice Cantaloube –o incluso en discordancia con las culpas que él estudia en el proceso local de Nimes–, lo prueba el hecho de que Clemente V vaciló. A pesar de su debilidad, a pesar de saber de lo que el rey de Francia era capaz, trató de evocar ante su propio tribunal romano el asunto y suspendió los poderes de los inquisidores de Francia. No se fiaba de ellos, ni menos del rey. Este intento de resistencia tuvo una respuesta muy «filípica». El rey, que había atropellado a Bonifacio VIII, se propuso meter en cintura también a Clemente V, y según su costumbre de inveterado chantajista emprendió por medio de su legista Pierre du Bois una campaña de difamación contra los Templarios... y contra el Papa. Después haciendo caso omiso de su prohibición, encarceló a los caballeros y comenzó un proceso acompañado de torturas. El 12 de mayo de 1310 tuvo lugar la primera ejecución: cuarenta y cinco templarios fueron quemados vivos.

Esta prisa en destruir a una Orden religiosa, esta prontitud agresiva, es un hecho histórico que demuestra que Felipe IV estaba personalmente interesado en la caída del Temple. Sin embargo, no debe ser tomada como una prueba en favor de la inocencia absoluta de los Templarios. Algo más sucedía: la Orden necesitaba una reforma, hecha indispensable por sus desórdenes interiores, y en la que se pensaba ya desde los tiempos de San Luis, hacía casi un siglo. Estas circunstancias facilitaron al rey los mortales golpes que se proponía dar. El 1 de octubre de 1311 Clemente V abría un Concilio en Vienne del Delfinado; era el decimoquinto Concilio Ecuménico y debía tratar diversas graves cuestiones. Felipe aprovechó la estancia del Papa para coaccionarlo y por la bula *Ad Providam* obtuvo que la Orden del Temple quedase disuelta. Sus bienes pasaban, en teoría, a la Orden de los Hospitalarios. Pero el rey, alegando como pretexto que era *acreedor* de la Orden –no *deudor*–, echó mano de casi todo lo que poseían. Después el gran maestre Jacques de Molay y el visitador de Normandía, cuyas confesiones de culpabilidad habían sido arrancadas por el tormento, se retractaron de ellas afirmando que su orden era pura y santa, por lo cual fueron declarados herejes relapsos y quemados a fuego lento en París, el 12 de marzo de 1314. Edmond Cazal, en su obra *L'Inquisition en Italie et en France* –por demás tendenciosa–, nos transmite la versión de que desde la hoguera Molay «emplazó» a Felipe el Hermoso, como juez inicuo, a comparecer ante el tribunal de Dios. Y en efecto, al cabo de poco tiempo fue encontrado el rey muerto en su lecho. Aparte esta historia melodramática existe la cuestión de cuál fue la enfermedad que acabó con «Philippe le Bel», sin fiebre y en plena juventud. Esta misteriosa enfermedad no ha podido aún ser diagnosticada.

¿Pueden servir estos datos, dramáticos sin duda, pero envueltos en leyenda, para probar la inocencia de los Templarios? Difícilmente. Si lo probasen, no encontraríamos otros autores católicos empeñados en sacar pruebas de su culpabilidad. No hay duda de que Felipe el Hermoso no retrocedía ante la calumnia para lograr sus fines, pero esto no es una prueba directa para acabar con la cuestión. Se hace difícil creer que Felipe el Hermoso pudiese erigirse en defensor de la fe, «más papista que el Papa», el cual vacilaba siempre. Si los Templarios hubiesen tenido un enemigo más honorable que Felipe IV, su rehabilitación ante la Historia estaría irremisiblemente perdida. Y no obstante...

Cantaloube, que ha estudiado directamente los documentos del proceso de Nimes, se hace una vez más transmisor de la horrible versión. Ante la comisión regia de Aigues-Mortes, según este investigador (interrogatorio del 8 al 12 de noviembre de 1307), *sin tortura* si hemos de creer a los documentos en cuestión, tres caballeros, un capellán y treinta y nueve sirvientes hacen todos sustancialmente las mismas declaraciones: al tomar el hábito para ingresar en la Orden la ceremonia se efectúa en el mayor secreto, presidida por el gran maestre provincial. El postulante pide el pan y el agua a la sociedad de los

Hermanos. Inmediatamente el gran maestre se lo lleva aparte, lejos de la vista de los asistentes, y una vez a solas con él le presenta un crucifijo invitándole a renegar de Cristo tres veces y a escupir sobre el crucifijo otras tantas. Y no es eso todo: el postulante tiene que dar tres besos al maestre, uno de ellos en el mismo trasero. Después se los invita a entregarse al pecado nefando. A continuación, afirma Cantaloube –renunciamos a toda responsabilidad personal en estas afirmaciones–, grandes dignatarios de la Orden, interrogados por el Papa, le confesaron los mismos horrores. Así mismo el caballero de Selgues declara que en un capítulo de la Orden celebrado en Montpellier adoró al diablo, al que vio en forma de una cabeza cortada. Alrededor de ella daba vueltas un gatazo negro. La cabeza hablaba a los asistentes y les prometía buenas cosechas y pingües negocios.

El expediente de los Templarios de Nimes es, por tanto, un documento de suma gravedad; pero de ello sólo no es posible ni justo inferir la culpabilidad de la Orden en general. ¿Se trataría, en último término, de un *affaire* exclusivamente francés? Lo cierto es que en aquel tiempo, por fortuna, no había en Europa muchos reyes como Felipe el Hermoso. Al leer el tono en que está redactado el artículo de Cantaloube creeríamos de momento que se trata de un detractor declarado de los Templarios. Es una ilusión. Aunque adopta su punto de vista, su actitud es muy objetiva. Ha estudiado no solo los documentos, sino las tesis que de ellos pueden desprenderse. Así transmite la opinión de Marcel Lobet *(Les Templiers,* Bruselas, 1954), que comenta: «Estamos en presencia de un misterio de iniquidad.» –No aclara *de quién* es la iniquidad susodicha–. Pero, ansiando *localizar* y sobre todo *humanizar* el relato de tales abominaciones, este autor apunta que en los castillos y conventos del Temple se habían reclutado muchos elementos indeseables, e incluso tenían recluidos en sus claustros, en calidad de penitentes, a numerosos herejes cátaros. ¿El mal ejemplo, quizá? ¡Buen «abogado defensor», señor Lobet! Hay otra tesis, la del duque Lévis-Mirepoix, según la cual la Orden se componía de dos clases de Hermanos: iniciados y no iniciados. Estos últimos, con su buena fe, ignorando los abominables ritos de los demás, dieron un barniz exterior de honorabilidad que hizo que perdurase, a espaldas de todo el mundo, lo que hemos expuesto. Para Lévis-Mirepoix, Felipe IV habría actuado con fanatismo, pero de buena fe, contra los autores de tales delitos. Tal sería la causa inicial del proceso y no la codicia real.

Dejando aparte los debates de estos especialistas, el P. Llorca, S.J., en su *Manual de Historia Eclesiástica* (Barcelona, 1942, pág. 459), se pronuncia categóricamente en favor de la inocencia de los Templarios: «Es el acontecimiento más triste de este pontificado. Felipe IV, ciego de ambición y celoso del poder de los Templarios, no descansó hasta acabar con ellos. La debilidad del Papa le sirvió a las mil maravillas para obtenerlo. La amenaza de Felipe IV, que intentaba a Bonifacio VIII un proceso, fue el medio favorito para arrancar al Papa las concesiones más exorbitantes... Está probado que el gran maestre fue sometido a la tortura y concedió todo lo que se le puso en la boca, y aun mandó a los suyos que lo concedieran todo. El Papa trató de encauzar tantas arbitrariedades e injusticias; pero Nogaret se dio maña, por medio de memorias y otras industrias, para hacer ver la objetividad de las acusaciones contra los Templarios, y siempre con la amenaza de procesar al pontífice anterior, a quien habían abofeteado cobardemente en Agnani, obtuvo de Clemente V la orden expresa de que no sólo en Francia, sino en todo el mundo, se iniciara el proceso formal contra la Orden. De nada sirvió que el gran maestre, con otros muchos, se desdijeran de lo confesado en el tormento; tampoco sirvió de nada que en Aragón y en otros países la conclusión de los procesos de los Templarios les fuera enteramente favorable».

Un colaborador de una revista católica francesa, y no nada sospechoso de favorecer a los Templarios, ha reconocido que «la tortura era una especie *de droga de la ver-*

dad –habla irónicamente– que las leyes medievales administraban con *generosidad»,* es decir, con abundancia. Edmond Cazal –para citar lo contrario de un escritor católico– dice, refiriéndose a Jacques de Molay y al visitador: «Los torturaron de tal manera que lo confesaron todo: sacrilegio, besos impúdicos, sodomía, diabolismo. Pues los tormentos que se les aplicaban los volvían medio locos.»

Hay aquí dos formas, muy distintas, de expresar el mismo hecho: que la tortura era empleada en este caso no para buscar la verdad, sino para perder a los Templarios, con razón o sin ella. Una cosa resalta objetivamente, de modo irrebatible, cualquiera que sea el juicio que se adopte: si la Orden estaba interiormente corrompida, si ya en tiempos de San Luis necesitaba una reforma, y el Papa –no obstante la coacción de que fue víctima– obraba al suprimirla según una necesidad que tarde o temprano debía afrontar, no deja de ser enfadoso para la justicia que los ejecutores del castigo fuesen precisamente unos intrigantes, avarientos, hipócritas y sacrílegos, como los legistas de Felipe el Hermoso: unas gentes, en fin, de la categoría moral de los verdugos de Juana de Arco. Si los Templarios debían ser ejecutados, lo fueron por jueces inicuos. Quisiéramos, para ver limpia la cosa, que quienes los condenaron y quemaron hubiesen sido, por otros conceptos, personas intachables, honorables; pero no lo eran. Existe un grabado de la época romántica que, a pesar de su falsedad, tiene una potente fuerza evocadora porque se apoya en hechos reales. Pinta el cementerio de los ajusticiados, en Montfaucon. Fue reproducido por Víctor Duruy en su manual de Historia Universal para uso del bachillerato francés, a fines del pasado siglo. El estilo de esta composición recuerda las de Gustavo Doré y representa el momento en que uno de los legistas de Felipe el Hermoso fue ahorcado por orden del rey.

Montfaucon era un lugar siniestro: una torre de cuatro pisos destinada a almacén de carne humana. Los aleros, tejados y ventanas están negros de cuervos. De los alféizares, travesaños y arcos de soporte penden como racimos los ahorcados. ¿No se almacenan hoy los cadáveres en los nichos? Pues con la misma macabra naturalidad colgaron los antiguos los cuerpos ajusticiados uno junto a otro. Si el cementerio moderno con sus bloques de nichos tiene el aspecto de un fichero, Montfaucon tuvo el aspecto de una colección de perchas. El estilo ojival del monumento lo hacía aún más tétrico, más teatral, como si hubiese sido inventado por un artista bohemio, en vez de serlo por un enigmático señor de antaño.

Los legistas de Felipe el Hermoso dieron y recibieron del rey muchos favores. Este, como dice *Hamlet*, «los guardaba como el mono a las nueces, en el hueco de sus fauces, y cuando deseaba que devolviesen lo que les había regalado no tenía más que exprimirlos». No tardaban en devolver las riquezas mal adquiridas, en verse a su vez envueltos en una cinta procesal, que los asfixiaba, como ellos habían envuelto a Bonifacio, a Clemente y a todas las víctimas que deseaban perder. El que maneja espada, a espada morirá. Los legistas de «Philippe le Bel» morían casi todos procesados y ahorcados con su propio balduque. Era el nuevo estilo de la «Baja» Edad Media, burocratizada, maquiavélica antes que naciese Maquiavelo. Como el rey era de tendencias absolutistas y centralizadoras, el país prosperó a costa del feudalismo. En vísperas de estallar la guerra de los Cien Años era Francia un país rico. Pero ¿concluiremos que la mano de Dios estuvo siempre al lado de la política de «Philippe le Bel»? Tenemos casi siempre la evidencia objetiva de que no fue así. Después de morir el rey quedaba Francia sin sucesores de la línea directa de los Capetos, y ello dio motivo al rey de Inglaterra para hacer su reclamación dinástica y declarar la guerra. Francia iba a verse envuelta en una crisis en que peligrarían no sólo su economía y las vidas de sus súbditos, sino hasta su misma unidad nacional. La prosperidad adquirida mediante los expedientes de los legistas desaparecía en un abismo, como tragada por la tierra. Santa Juana de Arco, un siglo más tarde, venía al mundo no sólo a derrotar a los ingleses, sino también a santificar la prosperidad de aquella monarquía, que por sus ultrajes al papa había estado a punto de anticiparse en dos siglos al luteranismo. Los Templarios habían sido ahorcados, *ajusticiados,* según muchos; pero lo fueron en un árbol al que por sus malos frutos se lo conoce.

EL PRÍNCIPE DE VIANA ¿MURIÓ ENVENENADO?

Un príncipe joven, melancólico y con madrastra se libra a duras penas de la peligrosa simpatía de la posteridad. Nos es difícil incluso hoy emanciparnos de la sugestión romántica de su imagen, según el cuadro de Moreno Carbonero, ese gran escenógrafo de los pinceles, que nos lo muestra como un *Hamlet* redivivo, sepultado a solas con sus pensamientos, en su gran silla de prior, rodeado de vetustos códices y, echado a sus pies, un enorme perro que dormita, imagen de la fidelidad conmovedora de los humildes, lo único que le quedaba después de haber sido vejado y abandonado por su propio padre. Si la muerte del príncipe es un enigma, hay por otra parte un hecho histórico claro: que sus derechos de primogenitura estorbaban a la política de Juan II de Aragón y se anteponían a los derechos familiares de la madrastra, doña Juana Enríquez. La guerra civil que siguió a la muerte del joven heredero, su extraordinaria duración –doce años– y los rencores y alianzas que contrajeron ambos contendientes prueban el fondo de pasiones sobre que se desarrollaban los hechos, cosa nunca propicia a la historia imparcial. Los catalanes, que idolatraban al de Viana, le dieron incluso fama de santo y las crónicas registran los milagros que su cuerpo hacía, las curaciones y prodigios que, según los divisiones y bandos, ya en aquellos tiempos fueron enjuiciados de diversa manera. El espíritu unitario de Juan II y sus tendencias absolutistas, juntamente con la fatiga que en sus pueblos habían despertado los desastres experimentados en Nápoles, excitó, como dice Jiménez Soler, el espíritu de aislamiento de los catalanes, y el motivo para el conflicto armado lo dio el príncipe de Viana, hijo del primer matrimonio de Juan II con doña Blanca de Navarra. El príncipe heredaba de su madre este último reino; pero ella le había encargado que no tomara posesión de él en vida de su padre, cosa que el joven no se mostró dispuesto a seguir, y en ello el derecho, si no la prudencia, estaba de su parte. Estalló la guerra entre padre e hijo, y el de Viana, derrotado en la batalla de Aibar (1451), quedó solo frente a Juan II, que le desheredó, así como a su hija doña Blanca, la mujer repudiada por Enrique IV, el llamado «impotente», de Castilla.

Si Juan II de Aragón es bastante odioso, el príncipe de Viana no fue impecable, ni mucho menos. Después de su derrota había solicitado la ayuda extranjera en Nápoles y en Portugal. Pero también es cierto que fue el primero en tener la iniciativa de contraer matrimonio con una princesa castellana, en lo que fue predecesor de su hermano Fernando el Católico. Aún vivía entonces en Nápoles Alfonso V, el hermano mayor de Juan, y al morir aquél el padre del príncipe de Viana, que detestaba a su hijo, se halló con las manos libres para proceder en contra suya. Con una política maquiavélica, muy propia de los tiempos, le reconoció la soberanía en Cataluña, que le correspondía por ser el primogénito, pero le quitó el derecho de convocar las Cortes que hubiesen podido hacer efectiva su autoridad. Lo que le daba con una mano se lo quitaba con la otra. Después de haber atraído a don Carlos con añagazas a Lérida, Juan II le secuestró, y la generalidad de Cataluña se declaró en sesión permanente, exigiendo la libertad del príncipe (1461). Este estaba de antemano condenado en el ánimo del rey, si no a muerte, al menos al decaimiento político, pues constituía un peligro para su autoridad. Examinemos qué clase de peligro: ¿eran sus aptitudes diplomáticas y militares? No. El de Viana fue un hombre de estudio, no de acción, y había demostrado ser lo contrario de un gran general. Objetivamente *el peligro para la ambición del rey aragonés era la propia vida del príncipe.* Téngase en cuenta que esto no prueba nada acerca de si fue o no asesinado; no es más que una consideración política, no moral, ni tampoco psicológica. Nada nos autoriza a suponer que Juan II ni doña Juana Enríquez, aunque ambiciosos y expeditivos, fuesen capaces de un asesinato semejante. Pero la actitud de los catalanes hacía que la propia vida del de Viana fuese peligrosa, y para que la paz fuese un hecho el príncipe debía quedar o muerto o conde de Barcelona. El enigma que ahora nos ocupa fue el verdadero resorte de la guerra.

Don Carlos, para prepararse a la lucha, había buscado el apoyo de Enrique IV de Castilla y del entonces delfín de Francia, Luis XI, que se hallaba respecto a su padre en situación análoga a la del príncipe navarro respecto al suyo. La negativa de Juan II de entregar su hijo a los catalanes lo puso todo en el disparadero. El rey acusaba a su hijo de conspirar contra él. Juan II tuvo que escapar de Lérida, de noche y a caballo, para no caer en manos de los revoltosos.En Fraga se unió con la reina, que tenía en su poder al príncipe de Viana. Doña Juana Enríquez era tan aborrecida de los catalanes que en anterior ocasión le habían prohibido poner el pie en Barcelona. Tampoco podían sufrirla los navarros, pues veían en ella una amenaza para sus libertades. Catalanes y castellanos marcharon aliados contra Juan II, que, siguiendo el prudente consejo de la reina, ordenó la libertad del primogénito, y éste fue recibido en Barcelona el 12 de marzo de 1461 con entusiasmo delirante. Cataluña parecía querer en él un soberano propio, independiente del rey aragonés, y aquella política no podía estar de acuerdo con la tendencia cada vez más centralizadora que tenía no sólo Juan II, sino todos los reyes de la Baja Edad Media. Por las llamadas Capitulaciones de Villafranca (28 de mayo de 1461) los catalanes presentaron a Juan II sus condiciones y éste accedió a todo menos a lo más importante: dejar que el príncipe administrase a Cataluña. Antes que esta condición pudiese ser conocida, sin embargo, la propia doña Juana Enríquez llevó en persona la respuesta, con orden de entregársela directamente a la Diputación. Entonces Cataluña le cerró sus puertas. Aunque ella estaba decidida a llegar hasta Barcelona, la actitud de las ciudades fue hostil a su paso: echaban las llaves y tocaban a somatén, como si se aproximase el enemigo. Si doña Juana hubiese sido una malvada, ¿no habría sido aquello motivo para incitaria a cometer un desmán? Y si hubiese sido una santa. ¿no habría sido también aquello motivo de grave tentación de su amor propio? Al ver que la reina iba acercándose, en Barcelona estalló un tumulto contra ella. La reina se detuvo y comunicó por escrito sus condiciones, y por este tiempo parece que su hijastro, el de Viana, lejos de mostrarse conciliador, procuraba el rompimiento. Los catalanes nombraron por fin al príncipe gobernador general, antes que el rey lo autorizase. Legalmente era un caso de rebeldía. A fines de junio de 1461 la guerra se hizo inevitable. Se hubiera hecho quizá «de cien años» si don Carlos hubiese vivido, porque la energía moral que comunica a un pueblo su *príncipe deseado* es prácticamente ilimitada. Pero el príncipe murió en Barcelona tres meses después, el 23 de septiembre de 1461, no tan joven como le pinta Moreno Carbonero, pero a una edad en que no era natural dejar este mundo: tenía cuarenta años.

Las versiones de envenenamientos, en la corte aragonesa, tenían precedentes. Se decía que la misma doña Blanca de Navarra había muerto envenenada. Sin embargo, un autor tan poco sospechoso de favorecer a Juan II como Ferran Soldevila (*Hist. de Catalunya,* 1935, t. II) se pronuncia por la interpretación de que el príncipe murió tuberculoso. Las fuentes deben ser consultadas con extrema precaución, debido a la fama de santidad y a las manifestaciones apasionadas a que se entregó el pueblo. El propio vizconde de Rocabertí, en la carta en que corresponde a la notificación de la muerte del príncipe, le llama «l'ilustríssim Sant Carles» y habla de sus «grans e meravellosos miracles». Por la parte contraria, el rencoroso Gonzalo García de Santa María, en su *Ioannis Secundi Vita* (vol. LXXXVIII de *Colección de documentos inéditos para la Hist. de España),* se muestra indignado de la devoción del pueblo, que se acerca al cadáver del príncipe como a una reliquia. Compara sus transportes a los de las ménades del paganismo: «more baccantium in templo salientes». Recíprocamente los catalanes llamaban a Juan II «más Nerón que el propio Nerón» («ipso Nerone neronior»). La pasión actuaba, pues, como una cortina de humo, que si no vestía a la desnuda verdad, la velaba. Es preciso huir de ciertos estudios, modernos pero preconcebidos, como el artículo de Andreu Balaguer en la revista barcelonesa *La Renaixensa:* «De la mort de l'infant Carles», que se atiene escuetamente al texto del cronista Despuig, acérrimo sustentador de la fama del asesinato, aunque como confiesa él mismo no lo vio, ni estaba presente en la muerte del heredero (revista cit., vol. III, 1873, págs. 297 y sigs.). Balaguer afirma que don Carlos fue envenenado, pero no dice cómo lo ha descubierto.

El célebre hispanista francés Desdevives du Dézert, en su obra *Don Carlos d'Aragon, prince de Viane* (París, 1889, págs. 390 y sigs.), dice, con exageración a nuestro parecer: «La muerte del príncipe de Viana ha sido atribuida a crimen por *la mayor parte* de los historiadores españoles», y cita a continuación a Moret, La Piscina, Favyn y De Mayerne Turquet, que no representan ni con mucho toda la opinión de la historiografía española a este respecto. Además estos autores han compuesto historias de Navarra, que no era imparcial en la contienda contra Juana Enríquez. Ahora bien: la princesa Blanca era la primera en creer, según Moret, que su hermano había sido envenenado. Mayerne-Turquet se hace vínculo de la leyenda de que, en castigo de su crimen, doña Juana fue víctima de un cáncer de seno algún tiempo después de la muerte del primogénito. Prescott no se pronuncia concretamente y se limita a una vaga conjetura sobre el maquiavelismo de los tiempos. El propio Desdevives dice que «si se dejan de lado los hechos puramente legendarios, sólo se encontrarán suposiciones»; pero sostiene que Juan II había abrigado al menos el pensamiento de deshacerse de su hijo y no lo había ocultado a los diputados catalanes. En una carta amenazadora escrita en 1468 a la princesa Leonor, en rebeldía también, el rey le dio a entender que podría terminar tal vez *como terminó el príncipe de Viana.* Esta insinuación cae por su base si proseguimos leyendo el contexto: «siguiendo el mismo camino que su hermano, *el cual acabó perdiendo la sucesión del reino»*. No se aclara que la consecuencia de la rebelión fuese perder la vida, sino la sucesión solamente. Los cargos dirigidos contra la reina no parecen tampoco más serios. Es difícil admitir que un veneno administrado antes del 10 de marzo deje a la víctima en pie durante seis meses y no acabe con ella hasta el 23 de septiembre, plazo en que el príncipe habría estado lejos de su madre: él en Barcelona y ella en Aragón. Habríamos de recurrir a la explicación de los fabulosos «venenos lentos» de los Borgia, cosa enteramente improbable y legendaria. Claro está que existe la versión de que el príncipe pudo haber sido envenenado *por orden* de su madrastra y no directamente por mano de ella. Prosigue Desdevives: «El príncipe, de carácter muy suspicaz y que en sus últimos tiempos sólo vivía rodeado de enemigos de la reina, no tuvo sin embargo la más ligera presunción de que pudiesen envenenarle. Todos los síntomas de su enfermedad presentan un carácter muy natural...» ¡Alto! No opinaría lo mismo el doctor Cabanés, y es de lamentar que no poseamos su opinión acerca del caso. Para Cabanés la incorruptibilidad de Alejandro Magno, por ejemplo, favorece la tesis del envenenamiento con ácido sulfúrico. Desdevives lo interpreta como una prueba de muerte natural.

pero ¿hay algo más natural que la descomposición de un cadáver? Y sin embargo el del príncipe parece ser que no sufrió rápidamente este proceso. ¿Lo embalsamaron? Según Despuig le sacaron «lo que se acostumbra», palabras muy vagas. No habla de autopsia. Parece, sin embargo, que doña Juana pidió que la autopsia se hiciese, cosa que la favorece. La autopsia, dice Desdevives, no reveló ninguna cosa extraordinaria, salvo una putrefacción del pulmón (tuberculosis). Se cuenta que Juana Enríquez habría exclamado más tarde, torturada por los sufrimientos del cáncer: «¡Oh Fernando! ¡Qué cara le cuestas a tu madre!» Pero esto no prueba absolutamente nada. Para Desdevives es un instante de temor supersticioso: la reina, debilitada moralmente por el sufrimiento, habría interpretado como castigo de la Providencia el que, llevada de su amor al hijo, perjudicase los intereses del hijastro. No demuestra que se declare culpable de envenenamiento. Además es posible que la reina no pronunciase jamás tales palabras. Hay una serie de versiones gratuitas que ennegrecen la memoria de ambos reyes para quienes quieran prestarse a creerlas, por ejemplo, la de que en los últimos días de su vida la reina llamó a su lado a su esposo, le confesó su crimen y Juan II salió aterrorizado de la habitación, rehusando volver a verla hasta que murió. Es difícil comprobar la veracidad de esta versión, que por su dramatismo es teatral. Desdevives cree que la salud del príncipe se debilitó en el viaje a la calurosa y húmeda Nápoles desde sus sanas montañas de Navarra, y añade que además del clima de paludismo estaba en una corte depravada, de cuyos placeres debió participar. Pero no podemos asegurarlo. Ya en Sicilia (1458-1459) viaja en litera de una ciudad a otra, no a caballo. En 1460, hallándose en Mallorca, abandona la isla por motivos de salud; se encuentra cansado y el trabajo se le hace imposible. Cuando después de su cautividad llega a Barcelona, los diputados catalanes le encuentran pálido y enflaquecido. Moreno Carbonero le pinta, en su famoso cuadro, con la nariz aguileña, «chopiniana», semejante también a la de Pascal. Es un tópico subsistente en la imaginación del célebre pintor, formado con el recuerdo de dos tuberculosos ilustres; una cosa de puro romanticismo, pero nada más. El físico del príncipe de Viana es un enigma y no nos permiten aclararlo ni la imagen rígida y convencional que de él se conserva en el códice del Archivo de la Corona de Aragón, ni tampoco su estatua sepulcral, en que aparece con el rostro cubierto hasta la boca con un paño. El príncipe había vivido y galanteado, sin duda alguna, como lo prueba el billete amatorio que reproduce en su biografía don Manuel Iribarren *(El príncipe de Viana,* Barcelona, 1947, pág. 231) y que dice así: «Yo, el príncipe, doy mi buena fe a vos, doña María de Armendáriz, que aviendo de vos alguna criatura o criaturas, yo vos tomaré por mujer mía: e por ende fize aquesta mi propia mano, firmada en mi nombre en Artajona, a dos de mayo de mil CCCC L uno. *Charles.»* Iribarren, que le aprecia, le califica no obstante de «hombre sensual y sensitivo». Su mujer legítima, doña Inés de Gleves, murió sin dejarle sucesión, y varias hembras se mezclaron en su vida.

Una vez salido de la prisión de la Aljafería de Zaragoza, su amigo don Juan de Beaumont le encontró tan inapetente que creyó un deber obligarle a alimentarse; pero perdió el tiempo. Su dolencia se agravó con la proximidad del otoño, lo cual hace verosímil localizarla en el aparato respiratorio. «El día 21 de septiembre –dice Iribarren–, temiéndose ya por su vida, se hizo pública su enfermedad. La fiebre se le había recrudecido...» El doctor autor no sigue aquí la versión de Zurita, quien *(Anales de Aragón,* C. 24, folio 97, sol. 3, de la edición de 1668) manifiesta que el día 20 de septiembre el príncipe se sentía ya convaleciente y fuera de peligro, *y el 23 moría después de un rápido empeoramiento.* ¿Nos hallamos en presencia de dos fuentes contradictorias? Oficialmente don Carlos moría de pleuresía. Es muy probable que estuviera tuberculoso. ¿Fueron enteramente gratuitos los rumores de envenenamiento que circulaban entre el pueblo?

Se basaban tal vez en que el repostero del príncipe falleció *a los pocos días de morir su señor.* Parece ser también que el médico de su propio padre, en los tiempos ya lejanos en que le tendieron la trampa de Lérida, le había advertido de que no le diesen «algún bocado de mala digestión». Las sospechas recayeron directamente sobre un alquimista judío; pero estos datos están tan *enterados* que precisan incluso lo que costó la pócima: tres mil onzas de oro. Con sólo tres gotas bastaba para quitar la vida a una persona. Créalo Fierabrás. Antonio de Bofarull, en su *Historia crítica, civil y eclesiástica de Cataluña,* citada por Iribarren, sospecha que un tal Juan Vezach, protomédico, que identifica con un personaje del mismo nombre y que fue detenido por el conde de Pallars, capitán general del ejército catalán, el 15 de junio de 1462, como presunto asesino del príncipe. El rumor era algo más que una conseja popular, puesto que hacía actuar a grandes personajes.

Pero en 1462 las cosas habían llegado a un punto en que el rumor no era ya una noticia, sino una bandera, un símbolo, un dogma. Y los ejércitos que ensangrentaron el suelo del reino en una larga lucha fratricida lo obedecían como se sigue una consigna que no se ha hecho para discutirse, sino para obedecer. La historia de la corona aragonesa terminaba, con la Edad Media, en una aurora de sangre, pero que presagiaba el amanecer de nuevos tiempos.

DOÑA JUANA ¿ESTABA LOCA?

Abundan las publicaciones que hacen referencia a los llamados estigmas degenerativos de las razas reales. Existen numerosas monografías; entre ellas no son las menos abundantes las que hacen referencia a la desdichada doña Juana, esposa de Felipe I el hermoso. Un estudio de conjunto sobre todos estos problemas, útil por lo sintético –pues comprende la época de los Austrias y la de los Borbones–, en España y fuera de ella, lo constituye la obra del doctor Cabanés *Le mal héréditaire* (París, ed. Michel, dos vols.), que interesa por muchos conceptos, aunque no es en absoluto imparcial, ni demasiado objetivo, y está muy lejos de agotar el tema, como veremos al hacerle referencia respecto a la misteriosa enfermedad de Felipe II. *Le mal héréditaire* es ahora para nosotros más que un título un símbolo, pues Cabanés comienza con notoria vaguedad su estudio en los primeros Habsburgo medievales, haciendo resaltar dos «estigmas» que él declara hereditarios y degenerativos cien por ciento, el uno físico y el otro psíquico: la mandíbula inferior saliente, que se percibe claramente en los retratos, medallas y monedas de los príncipes y princesas de esta dinastía, y después la llamada *tanatofilia* o complacencia en cosas macabras. Este complejo lo padecieron según él Maximiliano I de Alemania, su nieto Carlos V, Felipe II después, y desde luego doña Juana la Loca, que tardó mucho tiempo en consentir en desprenderse del cadáver de su idolatrado esposo, tan poco merecedor de la frenética pasión que había despertado en la débil princesa. Pero aquí debemos hacer alto: Cabanés nos presenta la tanatofilia como una tara psíquica de los Habsburgo, y doña Juana la Loca no era Habsburgo. Tenemos, pues, ya, en primer lugar, que el caso más patente de supuesta tanatofilia conectada con aquella historia no habría tenido nada que ver con los precedentes que Cabanés indica como propios de los Habsburgo medievales.

Señalada esta primera inconsecuencia procedamos a examinar de cerca el mito: ¿puede llamarse tanatofilia la obsesión de doña Juana de no querer desprenderse del cadáver de su esposo? Aparte los autores que califican la cosa de pura leyenda, debemos admitir, por una parte, un hecho: doña Juana sorprendía a todas las gentes que hablaban con ella por la admirable lucidez de su juicio, por lo inesperado de sus respuestas siempre que no se trataba, naturalmente, de don Felipe y de su hermosura. Esto puede ser no sólo un argumento en favor de que estaba cuerda, sino también, para algunos psiquiatras, una prueba irrefutable de que estaba loca, pues es frecuente en ciertos dementes –del arquetipo de don Quijote– decir verdaderas sentencias cuando se trata de cualquier tema, e izquierdear tan sólo cuando se trata de sus libros de caballerías. El primer problema que se nos presenta a propósito de doña Juana es el de su herencia de melancolía, que, si bien no tiene nada que ver con la de los Habsburgo, provenía de su antepasado Juan II –el de don Alvaro de Luna–. También la esposa de este rey y abuela materna de doña Juana, doña Isabel de Portugal, murió aquejada de un doble padecimiento mental y físico. ¿Llegaron a estar auténticamente locos Juan II y doña Isabel? No es probable. Se trataba más bien de abulia, atrofia de la voluntad, rasgo que hallamos con especial distinción en la supuesta locura de doña Juana. Cuando esta princesa se hallaba bajo la garra de su melancolía permanecía largas horas sin articular palabra, indiferente a todos los estímulos. Su inteligencia estaba perfectamente clara; era tan sólo su voluntad la que permanecía inerte. Aunque el naturalista Geoffroy Saint-Hilaire haya dogmatizado que «los anormales lo son en su organización entera», no era así en el caso de doña Juana, y sus contemporáneos no parecen haberla visto bajo el mismo prisma en que la vemos nosotros, después de cinco siglos de historiografía francesa y belga y leyenda negra internacional.

La causa de la muerte de Felipe el Hermoso son bastante mal conocidas. Se pretendió que había bebido agua helada hallándose acalorado y que esto le produjo una pulmonía. No falta la consabida hipótesis de envenenamiento; pero carece de base y de verosimilitud. Durante la corta enfermedad de su marido no se movió Juana de su cabecera ni de día ni de noche, imponiéndose las fatigas más duras, arriesgando con tales excesos el fruto de seis meses que llevaba en sus entrañas. Felipe agonizaba ya y ella aún le exhortaba a tomar los remedios que los médicos habían aconsejado. Incluso –conmovedor detalle maternal– tomaba ella una parte de las desagradables pociones que los galenos preparaban para el real enfermo, a fin de que le resultasen más llevaderas. Era una mujer completa; no sólo amaba a su marido con frenesí, sino que deseaba compartir sus sufrimientos. Pero cuando la muerte dejó ver que venía de un modo inexorable, aquella mujer que había nacido para amar se derrumbó interiormente. La energía específica de sus solicitudes y hasta la de sus celos siguió ejerciéndose sobre su cadáver. Cuando el cortejo fúnebre que la acompañaba a todas partes se aproximaba, a través de los grises páramos castellanos, a algún poblado, quedaba terminantemente prohibido a las mujeres acercarse a la comitiva. Cuenta Pedro Mártir de Anghiera que un anochecer, a la luz del crepúsculo, los acompañantes de la reina y del féretro vieron a lo lejos las murallas de un convento y acordaron solicitar allí asilo para no pasar la noche al raso, pero doña Juana, enterada de que el monasterio estaba habitado por monjas y no por frailes, dio orden inmediata de alejarse de allí más que de prisa. No se detuvieron hasta la aldea de Torquemada, a catorce leguas de Burgos.

Los cronistas de la época, cuando tratan de las frecuentes intervenciones que Fernando el Católico tuvo que hacer en los asuntos públicos después de la muerte de Felipe el Hermoso, dicen que «la reyna no estava en su juyzio». Ha sido fácil a los historiadores desaprensivos trasladar esta afirmación, más jurídica que psicológica, a los mismos tiempos anteriores a la muerte de don Felipe. Pero una observación honrada de la personalidad de doña Juana no nos permite definirla como loca en los tiempos de su felicidad, sino todo lo más como una mujer extraordinariamente apasionada, que tuvo la desgracia de nacer reina. La posición que ocupaba en la sociedad de su tiempo la ha hecho comparecer ante un abigarrado tribunal de jueces interesados en infinidad de asuntos y agitados por infinidad de pasiones, distintas de la que a ella la agitaba. Han tenido que enjuiciarla políticos, protestantes, católicos, antiguos, modernos, comuneros, absolutistas, liberales y fabricantes de anécdotas. Pero como quedó sola con su tragedia entre las frías paredes de la fortaleza de Tordesillas, queda sola también ante la torre de Babel de los diversos escritores. Cada uno pensaba en su tema; ninguno de ellos ha tenido la iniciativa de hacer un rato de compañía a la pobre demente, de ponerse en su punto de vista, como deben hacer los buenos médicos, sobre todo cuando la enfermedad es del alma, y dejándose de entelequias, de teorías sobre la herencia y sobre la tanatofilia, tratar de comprender un caso más, en que, como admiten comúnmente los psiquiatras, no existen fronteras absolutamente cerradas entre la locura y la normalidad. Recordemos, pues, con doña Juana, los tiempos llamados de su felicidad, cuando vivía don Felipe. ¿Puede decirse que fue alguna vez auténticamente dichosa? Sus excentricidades –que en caso parecido una mujer más enérgica que ella, por ejemplo doña Isabel la Católica, hubiese sabido reprimir– debieron comenzar ya a granjearle fama de anormal. La pasión de los celos, que durante su matrimonio fue la reacción dominante en la princesa, adoptó formas morbosas y particularmente agudas durante la ausencia de don Felipe en los Países Bajos. El monarca no había sido fiel a doña Juana, y los motivos de sus celos, estuviese o no loca, eran fundados. Cuando se vio por fin lejos de su marido, que se dirigía a Flandes pasando por Francia, donde pensaba tener una entrevista con Luis XII, cayó en profunda melancolía, de la que nada lograba distraerla, ni siquiera el nacimiento de su hijo, el futuro emperador de Alemania. No tenía cabida en su mente más que la idea fija de volver a ver a su esposo adorado. Un texto francés de la época, que Cabanés transcribe sin decirnos de dónde procede y que no hemos podido identificar (ob. cit., t. I, pág. 115), insinúa que las exigencias sexuales de doña Juana con su marido iban más allá de lo que éste podía dar: «Su marido era hermoso, joven y muy bien nutrido *(fort bien nourry),* y le parecía que podía cumplir las obras de la naturaleza aún mejor que no lo hacía.» Dicho texto añade que, sin embargo, estaba en compañía de gentes obsequiosas que, para adularle, le proporcionaban compañías disolutas, lo cual tenía a la princesa en la consiguiente desesperación. Esta versión es muy verosímil. La vida privada de la corte germánica –de cuyo ambiente procedía Felipe el Hermoso– dejaba mucho que desear. Los señores de Flandes, sus modales libres, paganos, desenvueltos, y hasta su manera de presentarse en público, chocaron siempre con el estilo de vida de los españoles, como se echó de ver más tarde en los primeros años del reinado de Carlos I, antes de estallar la revuelta de los comuneros.

Después de dar a luz a su hijo doña Juana se encerró en un mutismo y melancolía tan profundos que la reina madre doña Isabel se sintió gravemente preocupada. Consideremos los cuidados especiales que requiere hoy una mujer después de tan crítico trance y comprenderemos fácilmente que si al quebranto físico del puerperio se une la depresión moral motivada por la ausencia del esposo, no era de extrañar que doña Juana se comportase como una loca. Para no hacerlo así se hubiese requerido que su nacimiento, su vida y hasta su edad fuesen distintos de lo que eran. Necesitaríamos ser muy puritanos o muy picapleitos para calificar de locura clínica aquella crisis de celos y melancolía juveniles. Después de la catástrofe psíquica y moral creada en la princesa por la muerte de don Felipe, el tiempo y la dureza de la vida van haciendo su obra. Doña Juana da en los primeros años de su viudez, pero sólo entonces, cabales muestras de no hallarse en su sano juicio. En cuanto a sus últimos y largos años, pasados en el encierro de Tordesillas, son ya un misterio para los biógrafos, porque desaparece del escenario de la historia, al menos de la historia oficial, y esto es lo peor que le puede pasar a un personaje cuando esta historia oficial es heroica, deslumbrante, apasionante, como lo fue la de aquel siglo. El estruendo de Tenochtitlán, del Cuzco, de Argel y de Mühlberg borra, con su dinámico esplendor, la figura sombría de aquella reina nacida para ser joven, para ser hija mimada durante toda su vida, pobre planta de invernadero tronchada por la tempestad y convertida ahora en algo menos que en una reina madre: en una sombra de reina, jurídicamente *alienada*. Esta dura palabra es romana, es legal, pero no biológica.

Interpretemos ahora el mito de la tanatofilia de doña Juana. En primer lugar ya hemos visto que, por herencia, esta supuesta tara psíquica no podía tener nada que ver con la tanatofilia de los Habsburgo, que hacía llevar consigo a Maximiliano I un cofrecillo en forma de ataúd. Esta complacencia ante el *memento mori* no tiene nada que ver con el hecho de que doña Juana no quisiera separarse del cadáver de su marido, pues en una mentalidad débil y abúlica como la suya esto debe interpretarse en el sentido de que no quería consentir que la alejasen de él. Para esta separación era necesario un esfuerzo de voluntad. Ya que no se había podido librar del horror de la muerte, existía ahora otro horror menos inexorable, más infantil, absurdo si se quiere, pero no por ello menos real: ese momento cumbre en que los parientes y amigos de una viuda, de un viudo o de un huérfano penetran en la habitación mortuoria y obligan a salir de ella al que queda, para que éste no tenga que presenciar cómo se llevan para siempre al ser querido. Es algo que dura unos segundos, unos minutos según los casos; pero es siempre un instante delicado, un momento en que parece que algo se rompe. La muerte los ha separado ya; pero ahora es la sociedad quien los separa. Aquello que queda allí no es más que un cadáver. En nuestros tiempos, en nuestro siglo burgués, práctico, de asepsia, de vecindad y de mecánica regularidad, no sería difícil conjeturar que a quien pierde un ser querido le pasa siquiera un instante por el magín, al aproximarse este momento del último adiós, la idea de aquellos reyes antiguos que hacían embalsamar los cuerpos y gozaban del privilegio de tenerlos enterrados en donde les placía, no en un cementerio público y de incómodo acceso, sino en la capilla propia, en la misma casa, en una tumba familiar; y en tiempos más remotos, en una urna que se puede llevar colgada del cuello, si así se desea.

Ahora bien: doña Juana no puede compararse a una viuda común y corriente de los tiempos modernos. No tenía por qué obedecer convenciones ni imposiciones de la sociedad. Era dueña de seguir su regio capricho con aquel cuerpo. Si no tenía en sus manos las llaves de la vida, al menos tenía las de la sociedad que estaba a sus pies. Y cometió la más solemne, la más romántica y novelesca de sus locuras: hacer que la acompañase a todas partes el féretro de su marido. La muerte los había separado, pero nadie más los separaría. Por unos momentos la pobre loca debió creer que aquella muerte no era en realidad una cosa tan grave como se dice. La había privado de la sonrisa, del placer, de la mirada del esposo..., pero no de su presencia; este lazo mudo y misterioso de la *dulce presencia,* como ha dicho un gran escritor italiano, era lo único que la muerte no le podría arrebatar. Y así, durante largo tiempo, el Rey Católico, el rey de Inglaterra, que aspiraba a la mano de doña Juana, y un sinfín de diplomáticos y cancilleres anduvieron preocupados por la peliaguda cuestión de cuándo se decidiría doña Juana a permitir que se procediese al entierro de su marido. ¿Cuándo? Prácticamente nunca. Enrique VII se cansó de esperar, «viendo –como dice Cabanés– que un cadáver era preferido a su persona», y acabó por renunciar a su deseo. Cuando en 1509 Fernando conducía a su hija a Tordesillas, entierro en vida de donde no volvería a salir, doña Juana exigió que el ataúd que contenía los restos de Felipe el Hermoso fuese depositado en cierto lugar del monasterio de Santa Clara, donde ella pudiese siempre verlo desde las ventanas de su habitación.

Para terminar, una conjetura sensacional ha sido hecha por el investigador Bergenroth, el cual, después de explorar los archivos de Simancas y los de Madrid, ha creído descubrir que doña Juana, aparte su pasión por su marido, estaba en pleno y perfecto uso de sus facultades mentales. Su reclusión habría sido el resultado de un secuestro, obra del propio Fernando el Católico (!) para continuar personalmente la regencia de los Estados en nombre de su hija. Este secuestro, prolongándose indefinidamente bajo el propio hijo de doña Juana, Carlos I, habría creado una situación *de hecho, sin respuesta,* además de una de las mayores injusticias de la Historia...

Prescindiendo de que doña Juana estuviese o no mentalmente incapacitada para gobernar, existen serias razones para creer que no le interesaba en absoluto gobernar. ¿Había pensado en hacerlo alguna vez? ¿Era verosímil que lo pensase, a pesar de la muerte de don Felipe el Hermoso, que acabó de arruinarla física y espiritualmente? Además, cuando muriese don Fernando y Carlos llegase a su mayor edad, había de terminar de modo casi automático el plazo de su regencia. La interpretación de Bergenroth, por muy «documentada» que pueda estar, es inverosímil y no concuerda con la silueta psicológica de la infeliz princesa, quien si tuvo un hijo que representa, dentro del tronco de los Austrias, la máxima genialidad política de la estirpe, ella a su vez representa su máxima genialidad como heroína novelesca.

AMÉRICA ¿CUÁNTAS VECES SE HA DESCUBIERTO?

Uno de los infortunios de Colón –y no el menor– es el grado en que se ha discutido, por parte de algunos doctos, hasta la realidad de su descubrimiento. Hay un criterio intermedio, lógico, de sentido común, que es el que suele adoptarse en todos los manuales de Historia. Prescindiendo de ciertas enormidades, como las hipótesis que aquí vamos a exponer sobre el posible predescubrimiento de América por los fenicios, israelitas, griegos, romanos, germanos, árabes e irlandeses, está demostrado que los vikingos, en sus correrías de Islandia a Groenlandia, llegaron en el siglo X a América. Pero las relaciones entre aquellas tierras y Europa se interrumpieron en el siglo XIII. También se ha creído modernamente que los chinos tuvieron noticia de un continente situado a oriente de su tierra y al que llamaron Fu-Sang. Veremos por su orden todo este impresionante desfile de ideas o, tal vez, de hechos.

Tanto fenicios como cartagineses enviaron sus navegantes en dirección al océano. Atravesaron las columnas de Hércules y la imaginación de doctos e indoctos se ha visto tanto más excitada con las navegaciones audaces de aquellos marinos cuanto que las mantuvieron siempre en un voluntario secreto. Más todavía: el secreto era tan hábil que no se limitaban a callar, sino que se valían de la poca audacia de los griegos en la navegación de altura para propalar, por boca de ellos mismos, terroríficas leyendas. En la segunda mitad del siglo XVIII se descubrió en el Estado de Massachusetts en Norteamérica una inscripción que fue examinada en 1783 y que el pastor Ezra Stiles consideró fenicia. Compartió su criterio otro erudito llamado Court de Gebelin. Hoy nadie cree ya en esa interpretación y se considera dicha inscripción como obra de un falsario. Pero ¿por qué había falsarios que se atrevían a luchar para crear un ambiente propicio? ¿Para qué hacer que la gente fuese creyendo más y más en que los fenicios llegaron a América? Estos hombres no actuaban sin duda movidos por una fuerza caprichosa, por pura travesura, sino para dar realidad –aunque fuese realidad falsificada– a las extrañas tradiciones que flotaban en el ambiente, recogidas en misteriosos textos, acerca de un posible poblamiento de América por los púnicos. El falsificador del siglo XVIII no fue el único. La obsesión de querer *hallar* pruebas palpables del ensueño se continuó más adelante, con apasionada obstinación. Que podía tener una extraña realidad objetiva, en el fondo, ayuda a creerlo que también los mismos jeroglíficos egipcios habían sido «descifrados» por así decirlo ilusoriamente por soñadores como el padre Athanasius Kircher, que quiso hallar en ellos un contenido simbólico. Pero ¿cuál era la base de tradición en que podían apoyarse los que intentaban fabricar los pretendidos monumentos fenicios de América? Parece ser que el emperador azteca Moctezuma había narrado algo a Hernán Cortés acerca de influencias, en su país, de pueblos misteriosos y remotos, llegados del otro lado del mar. El indígena Ixtlixochitl lo refería en su *Historia de los Chichimecas.* Existen también las tradiciones del jefe extranjero que los aztecas llamaron Quetzalcohuatl y otro héroe llamado Votan. En su moderno trabajo el erudito portugués Jaime Cortesao (*Génesis del descubrimiento. Los portugueses,* vol. III de la *Historia de América,* dirigida por el doctor Ballesteros y Beretta) se muestra escéptico respecto a estas tradiciones indígenas, pero esto no es más que un punto de vista, aunque sea muy autorizado. Hay quienes han declinado toda su vida al estudio de semejantes enigmas relacionados con América, y uno de ellos es el profesor francés Paul Gaffarel, de la Facultad de Letras de Dijon. En su obra *Histoire de la découverte de l'Amerique depuis les origines jusqu'a la mort de Christophe Colomb* (París, 1892, dos volúmenes), dedica a los problemas del predescubrimiento un tomo de 450 páginas. Y no es Gaffarel el único que ha tratado del tema, por lo que hay siempre mucho que investigar: Rutot, Gatefossé, Masson y Richard Henning, con otros muchos que no podemos enumerar aquí, han estudiado la compleja cuestión. Terror inspirado por el mar, imperfección de los medios náuticos, ridículos errores aceptados como verdades demostradas, ignorancia de la verdadera forma de la tierra, tales eran las causas principales que, en la Antigüedad, parecían destinadas a impedir totalmente la relación entre el antiguo mundo y el nuevo. No obstante, los fenicios habían llegado ya hasta el Báltico y hasta Islandia. El mundo se ampliaba de día en día. Se discute incluso si los fenicios habían logrado circunnavegar Africa por occidente, más de veinte siglos antes que los portugueses de don Enrique el Navegante. Lo del predescubrimiento por obra de los chinos –en que más adelante insistiremos– se comentaba ya en los tiempos en que Cortés se encontraba en las costas de California. Allí vio restos de un navío que se decía haber llegado desde Catay, que era como se llamaba a China en aquellos tiempos, según cuenta Gómara en su *Historia General de las Indias.* El buque chino habría ido a parar allí por obra de alguna tormenta, como la barca japonesa que a fines del siglo pasadog según dato de Gaffarel, llegó hasta la desembocadura del río Oregón y su tripulación fue hallada cautiva entre los indios de la bahía de Hudson. Estos datos prueban la posibilidad geográfica de unas relaciones primitivas entre Asia y América, por el Pacífico, aunque los navegantes asiáticos no tuviesen noticia previa de la existencia de las tierras adonde iban a parar. En esta forma descubrió el Brasil Alvarez Cabral, y tales casualidades pueden haber sido frecuentes.

Ya antes de Homero los fenicios habían establecido algunas colonias fuera del estrecho de Gibraltar. Hannón bordeó la costa occidental de Africa e Himilcón la de Europa del Norte. Del mismo modo se ha supuesto que, guiados por sus instintos náuticos y auxiliados por su temeridad, los fenicios fueron descubriendo uno tras otro los archipiélagos sembrados en el océano, como los arcos de un puente gigantesco tendido por la Naturaleza entre el mundo nuevo y el antiguo. La primera estación fue en las Canarias, islas que la Antigüedad conoció con el nombre de Afortunadas, alejadas sólo ciento treinta kilómetros de tierra firme. Por indicación de los fenicios tuvieron los griegos noticia de estas islas y probablemente a ellas se refiere Ulises cuando narra su mítico viaje hacia el ocaso del sol, al reino de los muertos. Pero los helenos no parecen haber llegado hasta allí, mientras que los púnicos fundaron en ellas verdaderas colonias, de que tenemos referencia indirecta por las fuentes antiguas. Las pretendidas inscripciones fenicias halladas en las Canarias deben ser tomadas a beneficio de inventario. Más afirmativos podemos ser en lo que respecta a las islas Azores, que representan ya un salto en el vacío, declaradamente en dirección a América. Mucho se ha discutido para identificar cuáles eran las islas Casitérides, de donde los fenicios sacaban el estaño. Justus Perthes y Besnier las identifican con las *Silurum insulae* o actuales Sorlingas, pequeñas islas en la extremidad de Gran Bretaña. Pero esto no es más que una opinión.

Gaffarel es de los que se muestran partidarios de identificar a las Castérides con las Azores. Plinio el Viejo, en su *Historia Natural* (IV, 36), enumera las Afortunadas y las Casitérides *frente a Celtiberia,* y en efecto las Azores están en el paralelo 40, que pasa por el centro de España. Este dato está confirmado por otros geógrafos antiguos. Del mismo parecer es el cartógrafo Martín Behaim en su globo terráqueo construido en el año crítico de 1492. Las Azores, como las Castérides, son diez, y se han hallado en ellas restos de minas de estaño, pero que habían cesado de ser ya productivas en tiempos de Julio César. Los primeros portugueses que arribaron a esas islas decían haber encontrado en ellas una misteriosa estatua «de un hombre puesto a cavallo en pelo... sennalando a poniente» (FARIA y SOUZA, *Historia del regno de Portugal,* 1730). Esto es un poco fantástico. Tiene demasiado simbolismo para ser verdadero, y más aún la suposición de que la estatua fuese fenicia. ¿Un fenicio señalando con el dedo una ruta marítima? ¡Imposible! «Prohibido reproducir la patente.» No obstante, hay pruebas de la llegada de estos audaces navegantes a las Azores. Conocemos indirectamente que habían visto el mar de los Sargazos, que comienza mar adentro del archipiélago y llega hasta el de las Antillas. Los fenicios señalaron la existencia de estos bancos de algas flotantes, y los griegos nos sirven de eco. Scylax de Carianda habla de ellos en su *Periplo,* diciendo: «No se puede navegar más allá de Kerné, pues el mar está obstruido por posos y fucos.» También Aristóteles conocía la dificultad de la navegación en estos parajes. Teofrasto habla también de los sargazos, «planta que crece en el mar, más allá de las Columnas de Hércules». Avieno así mismo lo menciona al hablar del Periplo de Himilcón.

Pero... ¿se detuvieron los fenicios ante el pretendido obstáculo? ¿O habían exagerado la magnitud de éste, según su costumbre, para levantar una cortina de humo que pintase a los griegos la empresa como imposible, sin tener en cuenta que éstos no tenían la menor intención de ir a comprobarlo? Diodoro de Sicilia y el autor anónimo del *Libro de las Maravillas* hablan de una gran «isla» atlántica adonde los fenicios habrían sido empujados por una tempestad. Esto tal vez no prueba nada, aunque la creencia en la *isla de Antilia* haya dado nombre más tarde a las *Antilias* o Antillas. El impresionante relato de Diodoro Sículo viene a confirmar, sin embargo, de un modo extraño, el relato de los indígenas de Méjico, como veremos, porque dice: «En el mar que se extiende más allá de las columnas de Hércules se cuenta que los cartagineses han descubierto una isla desierta. Estaba cubierta de bosques de variadas esencias, recorrida por ríos navegables, fecunda en producciones de todo género y alejada a muchas jornadas de navegación. Los cartagineses, atraídos por la fertilidad del suelo, hicieron allí frecuentes viajes y algunos incluso se establecieron en el país; *pero el Senado de Cartago amenazó con el último suplicio a todos los que en adelante emigrasen a aquella isla.»* (Hemos subrayado estas últimas palabras por ser de gran interés para lo que diremos luego.) Según se desprende de un testimonio de Estrabón, muchas factorías fenicias prosperaban sobre la costa occidental de Africa. Sus habitantes tuvieron que sostener interminables luchas contra las poblaciones indígenas y acabaron por perecer en aquella brega desigual; pero no todos: unos quedaron en el país a título de esclavos y aliados –se ha creído que sus descendientes son los Boobi, de Fernando Poo–. Los demás fenicios subieron a sus barcos y buscaron una nueva patria. El Atlántico se abría ante ellos y por aquel mar se habían aventurado ya varias veces... ¿Cómo nos explicaríamos, si no, la súbita desaparición de *trescientas ciudades* fenicias de la corta africana y el aniquilamiento de una población civilizada que no habría dejado trazas en el suelo?

Esta última cuestión es un poco exagerada. Los antiguos eran muy aficionados a exagerar el número de ciudades cuando un pueblo dotado de genio colonizador establecía un emporio. Seguramente estas «trescientas ciudades» de que habla Estrabón no sumarían entre todas la mitad de la población de una ciudad moderna de segundo orden, porque una *polis* antigua se componía de un templo y unas cuantas viviendas alrededor, más o menos fortificadas. Lo esencial para formar esta *polis* era el templo, que le daba todo su significado de soberanía política. El cuerpo urbano era muchas veces insignificante. Pero ahora vamos a buscar algo más que el dato, probablemente exagerado, de Estrabón. Vamos a ver lo que narró Moctezuma a Hernán Cortés y que éste recoge en sus cartas dirigidas al emperador Carlos V *(Carta II):* «Hace tiempo sabemos por los títulos que nos han legado nuestros padres que ni yo ni ningún habitante de este país somos originarios de él; somos extranjeros venidos de muy lejos bajo los estandartes de un rey que volvió a su país después de la conquista y permaneció tanto tiempo sin regresar a esta tierra que cuando volvió sus súbditos habían formado ya aquí una numerosa población. El rey quiso llevarse consigo a los hombres que había traido; pero no consintieron ya en seguirle ni tampoco en recibirle como señor. Partió solo, asegurando que volvería uno de los sus descendientes para subyugarnos. Siguiendo ahora el punto de oriente de donde vos decís venir, y siguiendo todo lo que nos contáis del rey que os envía, creemos tanto más firmemente que es nuestro natural soberano, ya que decís que hace largo tiempo que ha oído hablar de nosotros. Estamos seguros de que no nos engañáis y podéis confiar en que os reconocemos por señor...»

En este misterioso texto hay dos cosas: primera, la situación diplomática en que se hallaba Moctezuma –aparte que el mismo Hernán Cortés haya podido añadir algo de su cosecha propia al relato destinado a su soberano–; segunda, la base primitiva –no digamos *legendaria,* pues nadie sabe tanto como para permitirse usar esta palabra– del relato de los aztecas sobre los orígenes de su propia raza. Esto último es lo que más nos interesa. Es indudable que los aztecas podían estar en un error respecto a ser ellos descendientes de los fenicios. Pero no se ha demostrado que sea falso el problema de un primitivo poblamiento de aquellas tierras por gentes venidas de Oriente: cada pueblo primitivo tiene sus leyendas, a las que peligrosamente llamamos *míticas.* Pero los mismos que así las llaman estudian después su posible base histórica. Tal ocurre con los pelasgos de Grecia y con el imperio del rey Minos, que se basa en indudables emigraciones de cretenses y asiáticos hacia Occidente. El mito es, pues, no siempre mentira absoluta, sino a menudo un embellecimiento de la realidad. Y en este sentido los mitos de América precolombina tienen muchas cosas enigmáticas e inquietantes. Moctezuma, entre dos fuegos, prisionero de los españoles y desprestigiado entre sus propios súbditos, debía acabar por muerte violenta en el sangriento episodio de la Noche Triste. Tenía que contemporizar. ¿Eran totalmente «diplomáticas» sus palabras? ¿Eran totalmente insinceras? No hubiese podido, por mucho deseo que tuviera de colaborar con los españoles y de hacer que sus súbditos colaborasen, inventar en aquel momento una leyenda, de la que su pueblo no hubiese oído hablar jamás. Esto sería inverosímil. Habló de una versión ya previamente existente. Esto es lo lógico. Por el resultado se ve que aquella leyenda estaba totalmente desprestigiada, *pero no que fuera históricamente falsa.* Si el partido nacionalista azteca no le hizo caso fue porque el parentesco histórico entre dos pueblos no es un argumento que convenza al uno para entregarse sin resistencia a discreción del otro. Y si germanos o latinos forman naciones independientes, aunque provenzales e italianos, como alemanes e ingleses, sean de origen étnicamente común, ¿cómo no iba a ser una utopía exigir unión o vasallaje de los aztecas, separados de los europeos por el Atlántico y basándose en un relato histórico? Esto aparte que los soldados de Hernán Cortés no eran fenicios, como los que buscamos aquí, y Moctezuma no podía conocer la diferencia que hay entre un fenicio y un europeo.

Todas estas vaguedades se concretan en una precisión: Moctezuma y su pueblo conocían una versión primitiva que hacía referencia a un antiguo desembarco, en América, de pueblos del otro lado del Atlántico que pensaban regresar a su país de origen. Gaffarel, demasiado optimista, exclama: «Ya se habrá notado la singular semejanza que este discurso presenta con la tradición del Pseudo-Aristóteles, según la cual los cartagineses no estaban autorizados a habitar en la isla Maravillosa, por temor a olvidar su propia patria.» Las tradiciones mejicanas son unánimes en declarar que estos remotos extranjeros eran blancos, barbudos, muy industriosos, y habían de llegar un día u otro para someter el país. Los mismos caracteres de industriosidad los posee el misterioso rey Quetzalcohualt, cuya tradición ha recogido fray Bernardino de Sahagún. Aquel personaje es un héroe civilizador, pues enseñó a los indígenas a labrar la tierra y a fabricar diversos objetos, el trabajo de los metales y numerosas industrias análogas a las que ejercían los fenicios. Esta tradición del poblamiento por razas «pálidas» venidas del Atlántico se encuentra en todos los países de América Central. La remota creencia tiene resonancias hasta tiempos relativamente recientes: cuando ocurrió el desgraciado episodio de Maximiliano de Austria, fusilado en Querétaro por los nacionalistas de Juárez, alguien pensó en explotar la superstición de los indígenas indicándoles que aquel hombre de rostro pálido, originario del este, era el que iba a realizar sus quiméricas esperanzas.

¿Cuál es, pues, el enigmático país oriental de donde salieron Quetzalcohuatl y sus míticos compañeros? Numerosos autores se han pronunciado en favor de los fenicios. Hacen notar el color negro de los vestidos que traían consigo los enigmáticos extranjeros, y negros eran también los trajes fenicios de Gades y de las Casitérides. Su industriosidad, a que ya hemos aludido, es otro indicio, como también el tipo étnico –el semita barbudo–. También se ha querido ver en la leyenda de otro héroe civilizador, Votan Chivim, a un descendiente de Givin o Hivim de la Biblia, y ésta es la interpretación de P. de Cabrera *(Description of the ruins of an ancient city, discovered at Palenque)*. Igualmente el erudito Onnfroy de Thoron afirma que Votan es de origen fenicio. Con la lengua de los fenicios, casi desconocida, se han hecho también juegos malabares análogos a los que se hicieron, desde comienzos del siglo pasado, con el vascuence y el ibero. No ha faltado quien intentase encontrar analogías entre este idioma y las primitivas lenguas americanas; pero sólo en palabras sueltas, sin base de semejanzas gramaticales, y esto es siempre una tarea demasiado fácil y demasiado sugestiva. Las religiones del cruel Baal-Moloch fenicio y los sacrificios humanos practicados por los indígenas precolombinos muestran un fácil campo a las comparaciones; pero esto mismo pertenece a un terreno tan general que tiene muy poca fuerza concluyente. Se han encontrado en Carolina estatuas de bronce huecas en las cuales se encerraban víctimas para ser quemadas, a semejanza de lo que se hacía con el Moloch. Pero esta coartada es poco favorable, porque, a pesar de la semejanza del rito, es inverosímil que los fenicios, cuyos supuestos rastros arqueológicos en América han sido demostrados falsos, permaneciesen allí el tiempo suficiente para desarrollar un culto material de tales proporciones como en sus arraigadas y populosas ciudades de Asia y de Túnez. Con todo, los supuestos monumentos arqueológicos «fenicios» en América no bajan de siete. La mayor parte de ellos son considerados manifiestas falsificaciones; pero ello no impide que en el asunto haya muchas cosas enigmáticas, como los monumentos de Taunton River y de Corck (Estado de Iowa). Hablaremos de estos dos últimos por su especial importancia, dejando aparte el comentar la pintoresca pero poco seria aventura de los falsificadores.

En el Estado de Massachusetts, condado de Brístol, territorio de Berkeley, en la orilla oriental de Taunton River, se alza un acantilado de color rojizo de cuatro metros de base y un metro setenta centímetros de altura. Ostenta una inscripción en caracteres misteriosos, que ha ejercitado la sagacidad de los epigrafistas. No faltó quien dijo que aquellos caracteres los habían grabado los atlantes en el año 1902 antes de Jesucristo: algo parecido a si en Europa admitiésemos que las murallas *ciclópeas* en Italia, Grecia o España hubiesen sido hechas efectivamente por cíclopes. Otros arqueólogos vieron en este monumento un fragmento de esfera celeste según la concepción de los astrólogos orientales. Otros decían que se trataba de una inscripción siberiana; el jefe indio Chingswank sostuvo que aquello era una estela de victoria grabada por una antigua tribu; los arqueólogos daneses quisieron ver en el monumento signos rúnicos. Por último, Court de Gebelin, Yates y Moulton quisieron ver signos fenicios, opinión que sostuvo el reverendo Ezra Stiles. Jaime Cortesao, que en su citado libro vulgariza todos estos datos con menos detenimiento que en nuestras líneas, cree que estamos en presencia de una nueva falsificación; pero no puede pronunciarse en definitiva, a pesar de su escepticismo, pues la cosa ha seguido considerándose enigmática.

En cuanto a otro monumento, el *mound* cónico de Corck, fue descubierto el 10 de enero de 1877 por el reverendo F. Gass, en presencia de testigos serios. Se trataba de una tableta de arcilla bituminosa que llevaba grabada en el anverso una escena fúnebre y en el reverso una escena de caza. En la primera aparece un túmulo en cuya cúspide van a ser quemados tres cadáveres. Trece hombres, burdamente representados, danzan alrededor de la hoguera. Sobre la escena hay una inscripción de noventa y ocho signos, de los cuales hay setenta y cuatro diferentes y veinticuatro que se repiten. ¿En qué lengua está redactada esta inscripción? ¿Es fenicia? ¿Es americana? Hay en ello demasiadas interpretaciones discordes y lo mismo ocurre con la inscripción de Grave Creek, en que cada sabio –suponiendo que en ello tenga alguna utilidad su sabiduría– ha querido ver un idioma distinto, perteneciente a grupos lingüísticos que no tienen nada que ver entre sí, como el etrusco, el rúnico, el apalachiano y el celta.

¿Son estos resultados propios para desanimarse? ¿Estamos en los comienzos de una nueva investigación, como en tiempos de Boucher de Perthes, hace ciento noventa años, nos hallábamos ante los primeros balbuceos de la ciencia prehistórica? El descrédito, el escepticismo, los fracasos iniciales, no son siempre una señal de derrota. Estos duros acompañantes rodearon a Champollion en los comienzos de su tarea científica y rodearon también a otros muchos e ilustres precursores de ciencia: Perthes, Cuvier, Grotefend, Schliemann, Evans... Cuando oímos pronunciar estos nombres ilustres y vemos nuestros modernos museos, en que todo se explica, todo está clasificado, todo descifrado, nos hacemos de momento la ilusión de que ya no queda nada por descubrir. Pero esta ilusión es superficial y falsa.

El gran defensor de la creencia de que los judíos habían poblado América antes de Colón fue Horn, en su obra *De Originibus Americanis;* pero ya en el siglo XVII Gregorio García, Montesinos y sobre todo el judío Manassé ben Israel figuran como predecesores en esta curiosa tesis. García afirmaba, después de haber pasado doce años en las misiones (1607), que los americanos descienden de los judíos. Estas afirmaciones comenzaron no por un afán de innovaciones científicas descabelladas, sino por todo lo contrario: por el deseo de continuar la tradición bíblica. La muestra más típica de lo que decimos está en el texto del P. Gumilla, en *El Orinoco Ilustrado,* quien supone que, 131 años antes del Diluvio y 1788 después de la Creación del mundo, algunos descendientes de Cam pasaron de las islas de Cabo Verde a Pernambuco y de allí se esparcieron por toda América. Cristóbal Colón y con él todos los que participaban de sus ideas exegéticas creían ver en los textos bíblicos profecías del descubrimiento; por ejemplo, en Isaías: «He aquí hombres que vendrán de lejos; unos del norte y del mar; aquéllos, del continente austral» («et isti de terra australi»)... «Porque son como cielos nuevos y tierra nueva lo que haré permanecer ante mí, dijo el Señor.» La transcripción de textos semejantes sería demasiado extensa para estas páginas. No han faltado exegetas que han intentado identificar el Ofir bíblico con el Perú (!); pero aplicar esta exégesis a la tesis de un viaje precolombino de los judíos a América sería un disparate geográfico, pues si el ir a América por el Atlántico puede suponerse verosímil, por el Pacífico, hacia las costas del Perú, presupone una aventura mucho más larga e increíble. Prescindiendo, pues, de todos estos testimonios doctrinales, que nos ocuparían numerosas páginas, comentaremos las extrañas semejanzas que los viajeros modernos han encontrado entre los antiguos usos y elementos de civilización judaica y los de la tribu americana de los Dene-Dindjiés, que se extendía sobre enormes espacios geográficos, desde el mar de Hudson hasta los montes de las Cascadas. El P. Pétitot, en su estudio presentado en el Congreso Americanista de Nancy, expone lo siguiente: los Dene-Dindjiés, como los judíos, practican la circuncisión. En la época menstrual encierran bajo llave a sus hijas y mujeres; se les prohíbe casarse fuera de su tribu; la carne de perro es considerada inmunda. Jamás comen ciertas partes del cuerpo de los animales, sobre todo los nervios de las piernas. También siguen ciertos ritos con la sangre de los animales cazados. Simbolizan en la serpiente el espíritu del mal; hablan de la creación del mundo en seis días, afirman la unidad de la especia humana... –sus costumbres son una prueba de ella– y conocen el pecado original, el Diluvio y la dispersión de las lenguas. Sin embargo, la discusión continúa y continuará indefinidamente, por varias razones: la más poderosa se debe a que en el campo de los americanistas es donde hay mayor proporción de opiniones descabelladas, y además porque los sabios que han emitido opiniones tan interesantes están separados por siglos uno de otro, no se encuentran dos que coincidan en una misma tesis en todos sus detalles y cultivan provincias americanas enormemente alejadas entre sí, por lo cual es difícil conciliar sus datos en un todo orgánico.

Relacionar el predescubrimiento con los griegos y romanos equivale a tratar del enigma de la *Atlántida*, cuestión apasionante, pero que, por lo mismo que ha suscitado miles de investigaciones, no es posible agotar en el corto espacio de que disponemos. La base informativa sobre la Atlántida está en los diálogos de Platón titulados *Timeo y Critias.* El primero, conocido ya por una traducción latina de la Edad Media, es uno de los libros más abstrusos de la Antigüedad. El tema central es filosófico; pero lo que a nosotros nos interesa es cuando toca el tema geográfico de la existencia del misterioso continente. El primero en mencionar la Atlántida fue Solón, remoto antecesor de Platón, cuya autoridad cita éste, usando de aquella versión «casi por derecho de herencia familiar», como dice Gaffarel. Aparte la vaguedad del emplazamiento de la Atlántida –«antes del paso que llamáis Columnas de Hércules»–, se dice en Platón que la Atlántida era una isla más grande que la Libia y Asia reunidas. Los viajeros de aquellos tiempos fabulosos podían pasar de esta isla a las otras y arribar al continente en la ribera opuesta de este mar, y que merecía verdaderamente su nombre. La Atlántida se hallaba bajo la soberanía de un solo príncipe. Los atlantes, concentradas todas sus fuerzas, quisieron sujetar a su dominio el oriente de Europa. Platón pasa a describirnos después la catástrofe de la Atlántida: «Por eso, aún hoy, es difícil la navegación en aquel paraje del océano bajo el cual está sumergida, por el obstáculo de los posos de lodo muy espesos que la tierra, al hundirse, ha dejado en la superficie de las aguas.» Modernamente se ha querido ver en este «lodo» una alusión al mar de los Sargazos.

La apasionante leyenda y al mismo tiempo las vaguedades geográficas que la envuelven han suscitado ya desde los más remotos tiempos numerosos comentaristas. Los de la tendencia negativista tienen por más antiguo representante a Aristóteles, el cual dice que Platón, después de haber inventado la Atlántida, la destruyó él mismo. Los neoplatónicos combatieron también la realidad del misterioso continente. Existe la objeción crítica de que Platón suele advertir siempre a sus lectores cuándo se sirve de un mito para suscitar una cuestión filosófica, y que respecto a la Atlántida habla de ella como si la considerase una realidad objetiva. Los negativistas modernos son numerosos, y, dado el problema que a nosotros nos interesa, no nos detendremos en enumerarlos. En cuanto a los que creen en la Atlántida, aparecen en primer lugar los comentaristas de Platón (Eudoxio y Proclo). Estrabón y Plinio no afirman ni niegan. De todos modos puede parecer sospechoso el origen egipcio de la leyenda. La primera pregunta, elemental, sería ésta: ¿qué tienen que ver los egipcios con el océano Atlántico? Pero no debe olvidarse que precisamente fue el faraón Necao quien, en la baja época egipcia, estuvo en contacto con los navegantes fenicios. Necao, con sus grandes proyectos de navegación, habría sido una especie de don Enrique el Navegante de los países orientales, y Solón hizo su viaje a Egipto por aquellos tiempos en que el faraón andaba en tratos con fenicios para realizar una circunnavegación de Africa. Que la leyenda fuese egipcia es, pues, un hecho más interesante, que no el haber sido puramente griega, pues los egipcios estaban en contacto con navegantes de altura y los griegos no. Más tarde, ya en las épocas romana y medieval, Ammiano Marcelino, Arnobio, Tertuliano y Cosmas Indicopleustes son afirmativistas, pero su autoridad en estas materias es muy desigual. En la Edad Moderna, Gonzalo Fernández de Oviedo, Genebrard, el P. Athanasius Kircher, Tournefort, Delisle de Sales, Latreille, Jolibois, Davies, Botelha, Ameghino y más de otras diez autoridades se pronunciaron en favor de la tesis atlantista. Según ellos, la Atlántida existió. Merejkowsky y Braghine siguen la táctica de comparar los mitos griegos con los americanos para poder demostrar así la existencia de la Atlántida. Esto es peligroso y poco probatorio, pues la mitología comparada llevaría el problema a conclusiones cuya lógica no podría extremarse. Todas las mitologías del mundo tienen algo en común, y así del problema de la Atlántida pasaríamos a otro enigma mayor: el de los vestigios de la primitiva unidad de la especie humana. Decimos esto para que se vea que el método, si se quiere romántico, seguido por Merejkowsky y Braghine, se sale del marco que debería seguir la investigación en este problema. No sólo los mitos americanos se parecen a los griegos, sino también en gran parte los mitos finlandeses, germánicos, persas e indos. ¿Qué prueba esto? Sin duda muchas cosas, pero tienen poca relación con la Atlántida.

Se han emprendido así mismo estudios geográficos-geológicos para comparar la fauna y flora americanas con las de las islas situadas entre el Nuevo Continente y las costas occidentales de Europa. Gaffarel, pasando de la teoría a la práctica, pretende señalarnos ya con toda precisión los límites de la tierra desaparecida y afirma que el misterioso continente estaba limitado por las Azores, Canarias, mar de los Sargazos y Antillas. Los archipiélagos serían como vigías indicadores que la Atlántida habría dejado después de sumergirse. No sólo las letras, sino también las ciencias han reclamado para sí su correspondiente papel en la cuestión: en 1860 una misión sueca emprendió los primeros sondeos en el Atlántico. En 1872 el *Challenge* recorrió ochenta mil millas verificando no menos de trescientos setenta sondeos. Otros buques efectuaron trabajos análogos. El dato quizá más interesante fue la extracción de un fragmento de lava basáltica, vítrea, cuya estructura indicaba a los técnicos *que se había enfriado por presión atmosférica normal,* o sea, que cuando aquella lava fue lanzada por su correspondiente volcán, en el espacio que cubren ahora las aguas del Atlántico, *el volcán se hallaba situado al aire libre,* lo cual prueba que allí existió una determinada extensión de territorio que se hundió para siempre en el mar, después de haber permanecido fuera del agua. Este territorio, cuya extensión no podemos precisar, correspondería a la Atlántida y su existencia habría quedado, por tanto, demostrada geológicamente. Aquella región debió desaparecer bajo las aguas en el curso del período cuaternario y *la Humanidad habría podido asistir a este acontecimiento.* La cosa habría quedado registrada en el mito, que no es necesariamente una mentira, sino el subconsciente prehistórico de los pueblos históricos, y envuelve casi siempre una realidad. Llegados a este punto dejamos de ocuparnos de la cuestión, que aquí no nos incumbe, y entramos de lleno en nuestro asunto. Hay numerosos autores que identifican la Atlántida con América: Gómara, Guillermo de Postel (1561), Wytfiet, Bircherodius (1683), Sainte-Croix, Lamothe, Carli y Bacon de Verulamio. En caso de ser cierta la tesis que identifica la Atlántida con América, ¿por qué conductos habrían recibido los egipcios –que después se lo comunicaron a los griegos– noticias de la existencia del inmenso continente? La identificación de la Atlántida platónica con América no sería más que un argumento en favor de la teoría del predescubrimiento por obra de navegantes fenicios. Pero no podría afirmarse jamás seriamente que este descubrimiento hubiese podido ser realizado por los griegos, tan temerosos de internarse por mares desconocidos, a pesar de los datos oceánicos, muy interesantes, que se encuentran en la obra de Plutarco titulada *De facie in orbe Lunae.* Se pretende allí que los griegos habrían navegado, sin embargo, más allá de las islas Feroe, aterradora audacia para gentes que tenían miedo a la inmensidad y que –según Splengler, al menos– no podían dedicarse a la navegación de altura por profundas razones culturales, que les hacían llamar «caos» a lo que los modernos llamamos «infinito». Sin embargo, habrían llegado incluso a América si hemos de creer un texto de Plinio, o al menos la interpretación que le da Gaffarel: el continente Cronio. Ni que decir tiene que la descripción de los detalles seudogeográficos de esta tierra son completamente alegóricos: «Hombres llamados Meropes habitaban en este continente islas numerosas y pobladas. Esta región terminaba en una especie de abismo llamado *Anostos,* o "sin regreso". No era tenebroso ni luminoso, sino lleno de una atmósfera opaca, sombría y rojiza. Corrían por el continente dos ríos: *Voluptuosidad y Tristeza...»* Al llegar aquí vemos que se trata declaradamente de un mito y no precisamente primitivo, sino escolástico, y por tanto sin interés en esta cuestión: una especie de reino de Utopía. ¿Admitiremos con Gaffarel que el «Continente Cronio» o la «Merópida» de Teopompo tienen un fondo de realidad objetiva? Son, en todo caso, manifestaciones de vaga inquietud científica expresada por algunos sabios griegos, convencidos de la esfericidad de la tierra y que se sentían impulsados por simple lógica a «rellenar» con tierras hipotéticas el hemisferio desconocido, no resignándose a considerarlo vacío. *Atlántida, Continente Cronio, Merópida,* tales son los tres nombres alrededor de los cuales se han construido ingeniosas teorías y que al menos afirman la perpetuidad de las tradiciones relativas a la existencia de un gran continente occidental.

Los romanos edificaron un imperio esencialmente terrestre, a diferencia del británico. Aunque existen entre los dos imperios más de un punto de contacto –ambos se hicieron «anónimamente» y descansaron sobre una estabilidad colectiva–, el romano era tan poco marino como el inglés es poco conquistador terrestre. Hasta la época de Augusto no dispuso Roma de verdaderas escuadras organizadas. La victoria de Pompeyo sobre los piratas no fue una victoria naval, sino en realidad un bloqueo del mar por la tierra, que rodeaba al Mediterráneo casi por todas partes. No hay nada tan opuesto a un marino como un campesino, y el romano era esencialmente un payés, un rural. Su superioridad jurídica y su inferioridad filosófica provienen ambas, precisamente, de este modo de ser. La primera victoria naval de los romanos contra los cartagineses, ganada por el cónsul Duilio, consistió en convertir un abordaje en una carga de infantería. Un marino de nacimiento no hubiese tenido jamás la idea que hizo triunfar a Duilio. La marina romana no tuvo nunca tradición: llegó a dominar el Mediterráneo a copia de esfuerzo e improvisación. Eso fue todo.

Estas consideraciones, y además el no existir fuentes narrativas que permitiesen suponer ni remotamente una arribada de navegantes romanos a América, no han sido obstáculo a que, a principios del siglo XIX, se hablase de una fantástica moneda de Octavio César Augusto que, según Horn, habría sido hallada en América.

Tal hallazgo puede considerarse con la misma explicación que nos merece el tesoro de monedas antiguas encontrado en Panamá y que bien pudo pertenecer a un coleccionista que las habría escondido a fines del siglo XVII para salvarlas del saqueo de los piratas. Una pieza arqueológica algo extraña, que no puede dejarse de mencionar, es la sítula de bronce del museo del Louvre, que representa una cabeza humana. Va provista de una asa y sus rasgos, que ofrecen gran parecido con las caricaturas de la comedia atelana, el teatro *guignol* de la antigua Roma, han querido identificarse, sin embargo, con un rostro exótico, de una divinidad americana. El extraño hallazgo estaría relacionado con la hipótesis de que si los romanos no fueron al continente americano, «podría ser muy bien» que los mismos indios americanos hubiesen arribado a las costas de Europa. A esta sugerencia podemos responder que ambas hipótesis son igualmente descabelladas. No obstante, la sítula del Louvre, que a primera vista parece reproducir las facciones de un sátiro o de una especie de demonio, plantea un problema no fácil de resolver con la luz –o la niebla– que nos proporcionan algunos textos clásicos. Vamos a verlo: en primer lugar, la figura de bronce es demasiado grande para ser una caricatura romana de las que solían usarse en la Antigüedad mediterránea. Según algunos arqueólogos se trata del busto de un esclavo; no representaría, pues, una persona determinada, sino una figura geométrica. La parte superior del cráneo se abre por medio de una tapadera curva y tiene una asa historiada para que se pueda transportar cómodamente. Para Gaffarel esa extraña figura «recuerda la raza cobriza *(rouge)* del Nuevo Mundo». Y añade para mayor precisión: «Es el verdadero tipo de un americano, y de un americano de los Estados Unidos». –Quiere decir, naturalmente, un indígena, no una belleza de Culver

City–. El texto clásico que se relaciona con este tema es de Cornelio Nepote, citado por Pomponio Mela, el cual cuenta que «Metelo Celer, cuando era procónsul de la Galia, recibió como regalo del rey de los Boyos algunos *indios* traídos por la tempestad a las costas occidentales y hasta Germania». Lo más curioso es que el texto latino dice: «*Indos* quosdam a rege Boiorum dono sibi datos.» Estas palabras son tanto más extrañas cuanto que en la época romana no se conocían más «Indias» que las auténticas, es decir, las del Viejo Mundo. ¿Era preciso que esos hombres hubiesen llegado por el Atlántico para que, entre gentes convencidas de la esfericidad de la tierra, se considerasen procedentes de la India? La esfericidad terrestre era una teoría ya conocida –al menos como tal teoría– por algunos geógrafos de entonces. Pero aquí no nos hallamos entre geógrafos, sino entre gentes que al llamar «indios» a los prisioneros de quienes se contaba tan fantástica historia los suponían llegados de oriente, no de occidente. En tiempos de Pomponio Mela y de Plinio se creía que el mar Caspio comunicaba directamente con el océano Septentrional y el Báltico. La travesía que habrían realizado estos indios se explicaba naturalmente por la circunnavegación del Asia Boreal. Ahora bien: como estas supuestas comunicaciones entre mares eran inexistentes, aunque los romanos pudiesen creer en ellas, la explicación de la llegada *por mar desde oriente* es totalmente inaceptable. Tales «indios» podrían ser africanos; pero esta explicación no satisface a la mayoría de los geógrafos. Según Vivien de Saint-Martin podrían ser esclavos, wendos, habitantes de Europa oriental... Pero el texto latino dice claramente *indos.* ¿Por qué razón no podrían ser americanos, pescadores o marineros, arrojados a las costas de Europa por una tempestad, como siglos más tarde náufragos chinos y japoneses habrían sido arrojados, navegando por el Pacífico, a las costas de California y de la bahía de Hudson? Si hay navegantes solitarios en el siglo XX, por deporte, ¿por qué no podía haberlos en el siglo I antes de Jesucristo, por alguna misteriosa circunstancia? Y no es éste el único ejemplo que puede aducirse: en 1160, en plena Edad Media, según cuenta el cardenal Silvio Eneas Picolomini en su *Descripción del Mundo,* unos navíos y «mercaderes indios», bajo el reinado de Federico Barbarroja, fueron arrojados por la tempestad a las costas de Germania. Y en su *Historia de Venecia,* Bembo (citado por Horn) cuenta que un buque francés encontró en 1508, no lejos de las costas inglesas, un extraño barco de corteza de árbol y juncos, tripulado por siete hombres de pequeña estatura, «de piel rojiza, rostro largo» y hablando una lengua incomprensible. Seis de aquellos hombres murieron, pero el séptimo sobrevivió y fue presentado a Luis XII. Por estas fechas se había descubierto ya América; pero el viaje de los extraños navegantes se había verificado igualmente que otros análogos venían realizándose de modo esporádico, en los siglos medios y –según la primera conjetura– ya en la época romana.

La sítula del Louvre y las hipótesis a que ha dado lugar nos han hecho, pues, invertir los términos del problema, ya que en vez de hablarnos de un predescubrimiento de América por los romanos parece hablar de un descubrimiento de Europa por los pieles rojas, lo cual es mucho más original.

Por su parte el filósofo Séneca, en su tragedia *Medea,* parece decirnos algo que constituye una auténtica profecía del descubrimiento –o al menos así lo interpretaron Leibniz y otros talentos de la Edad Moderna–. Las palabras de Séneca están concebidas en todo verdaderamente sibilino y han impresionado a muchas generaciones:

Venient annis saecula seris
quibus Oceanus vincula rerum
laxet, et ingens pateat tellus,
Typhisque novos detegat orbes,
nec sit terris ultima Thule.

(«Sucederá, con el lento curso de los siglos, que el

océano relajará las cadenas que lo encierran; el orbe inmenso se abrirá ante los hombres; Tetis mostrará nuevos mundos, y no será ya Tule la última tierra.»)

Esta Tule sería Islandia o Noruega; habría sido descubierta por el navegante griego Piteas de Marsella y se hallaba a seis días de navegación al norte de las Orcadas. Era la tierra más alejada de que los antiguos tuviesen noticia hacia el noroeste. En el Renacimiento el geógrafo Ortelius, recordando precisamente que Séneca era español, interpreta como muy lógico que se tratase de una verdadera profecía del descubrimiento. Gaffarel aprovecha la cita del extraño texto de Séneca para apuntar que precisamente en la época de Nerón estaban de moda los descubrimientos geográficos y los romanos efectuaron una serie de hallazgos y exploraciones: intentaban remontarse hasta las fuentes del Nilo; Cornelio Balbo se dirigía al interior de Africa; se pensaba en revisar el mapa del Imperio levantado antaño por orden de Agripa... Pero ¿no sería forzar un poco las cosas pretender hallar en esto algo más que una corriente utilitaria y práctica en el orden militar? No; los romanos no se lanzarían al infinito viviente, a las tinieblas del océano. Sus puntos de vista eran demasiado realistas para ello. Aunque Homero hubiese hablado del «Río Océano» que rodea la tierra aunque esta teoría fuese una sustitución, bastante útil, del concepto de esfericidad –pues todo lo que *rodea* a algo permite también que se le de la vuelta–, a ningún romano ni griego se le ocurriría ir a comprobarlo. Había en aquellos tiempos, no obstante, una unanimidad en creer que las tierras incógnitas debían de hallarse por fuerza en dirección a occidente. Los sabios se dividían en dos escuelas: una partidaria de la continuidad de los océanos y otra de que cada mar, grande o pequeño, estaba separado del otro. Aristóteles fue de los partidarios de la continuidad oceánica, que es la que coincide con la realidad de los hechos, conocida después por la experiencia. A pesar de lo problemático de las conjeturas del predescubrimiento, el barón de Zach, en su *Correspondencia astro-*

nómica (1826), estaba convencido de que en tiempos de Séneca los viajes de España a América «debían ser bastante frecuentes» (!), pues Solino, geógrafo del siglo III, escribe: «Todo el mar que separa entre la India y Gades *–es decir, navegando por occidente–* se puede recorrer fácilmente, por poco que nos empuje el viento del este.» Y no era él solo en afirmarlo. Lo había dicho también el geógrafo Juba, cuya obra conocemos indirectamente por citas de otros autores. Y el mismo Séneca, en sus *Cuestiones naturales* (V, 56), dice: «Un observador ávido de curiosidades no puede menos de despreciar las estrecheces de nuestro domicilio y preguntarse: ¿Cuál es el intervalo que separa las Indias de la extremidad de España? Este espacio podría ser franqueado en algunos días por un navío que se viese empujado por viento favorable.»

Estas últimas palabras prueban al menos que Séneca era uno de los convencidos de la esfericidad de la tierra; pero nada más. No obstante, representa ya un progreso esa vivencia atlántica, ese encontrarse estrecho *(domicilii prioris angustias)* frente a un mar que nadie recorría y que sin embargo no podía demostrarse que constituyese un obstáculo infranqueable. Tan sólo por haber escrito estas palabras puede considerarse Séneca uno de los predecesores teóricos de Colón.

Parece ser que los árabes conocieron de los chinos el uso de la brújula, pero es muy discutible que llegasen a servirse de ella para descubrimientos geográficos. La vivencia del mar por los árabes parece haber sido aún más limitada, más *bornée* que la de los griegos, aunque la «guerra santa» los llevase hasta las costas atlánticas y por Asia hasta las orillas del Pacífico. De sus autores el más interesante en lo que afecta a innovaciones geográficas es Alfragano (nombre que quiere decir «el de Ferghana», pues este sabio era oriundo de Asia Central). Observando la sucesiva aparición y desaparición de las constelaciones en el horizonte a medida que se viaja de norte a sur o viceversa, Alfragano se atrevió a deducir la esfericidad de la tierra, cuando lo contrario era mantenido como un dogma por sus correligionarios. En el aspecto teórico los árabes se mostraron siempre más geniales que en el práctico, pues sus relatos de viajes no parecen más que una amplificación del cuento de Simbad el Marino. No se repiten en ellos los mismos temas, pero sí la misma ingenuidad y falta de precisión. El océano parece haberles inspirado una especie de terror religioso. No obstante, llegaron a las islas Canarias, si no como invasores, al menos como exploradores. A ellas se refiere Edrisi identificándolas con las Afortunadas que menciona Ptolomeo. Los geógrafos modernos han sugerido, sin embargo, una duda: ¿no se habrían mostrado los árabes, por ser hermanos de raza de los fenicios, tan precavidos como éstos? ¿No sería su tendencia a poblar el océano de monstruos una estratagema para que nadie se atreviese a seguir su ruta sobre el Atlántico? Edrisi guarda el recuerdo de un extraño viaje, el de los hermanos Magrurinos, que se realizó antes del año 1147, fecha en que los musulmanes fueron arrojados de Lisboa. Ocho navegantes, unidos por lazos de parentesco, llegaron a unas misteriosas tierras atlánticas cuyos habitantes eran de alta estatura, sus mujeres de rara belleza, y se adornaban la parte posterior de la cabeza con unas a manera de colas de caballo. Lo más «simbádico» de este relato fue que entre ellos había un intérprete que casualmente hablaba el árabe y los llevó a presencia de su rey. Pero éste no quiso que continuasen el viaje y los maniató, obligándolos a reembarcarse en dirección opuesta, con los ojos vendados para que no pudieran orientarse. Sólo más tarde supieron, habiendo llegado a las costas occidentales africanas, que estaban en país bereber. El investigador De Guignes, en su traducción del autor árabe Ibn Al Uardi, pretende que esos indígenas de rostro encendido y cabellos largos son pieles rojas, y que por consiguiente los Magrurinos habían llegado a las costas de América. Otros autores menos ambiciosos se contentan con identificar las misteriosas tierras con las Azores o las islas de Cabo Verde. Los indígenas serían guanches, habitantes también del archipiélago canario. Humboldt piensa, en fin, que las misteriosas islas eran las mismas Canarias. Pero este archipiélago era perfectamente conocido por los árabes, que lo llamaban *Khalidat.* En ellas se hallarían unas columnas que llevarían grabada esta inscripción: «No se puede ir más allá.»

La identidad del misterioso pueblo adornado con colas de caballo en la cabeza es y seguirá siendo un enigma. La interpretación de que tal vez los árabes tuvieron interés comercial en ocultar la ruta atlántica es plausible, pero no está comprobada. ¿Quién se habría entretenido, por otra parte, en levantar en las islas Canarias los postes indicadores de «no hay más allá»? Si el conductor de estas misteriosas señales no había ido más allá, en efecto, poco podía saber si lo había o no. Ya hemos visto antes que semejante señal, pero con un sentido opuesto, ha sido atribuida a los fenicios. Estos parecen ser, en efecto, según la parcial comprobación que nos suministran los datos de las fuentes árabes, el pueblo que mayores títulos tiene a que se apunte en su haber el misterioso predescubrimiento.

Entre los pueblos orientales nos resta para revista a la empresa que se atribuye a los chinos. En Europa el autor más antiguo en promover la cuestión fue el francés De Guignes, quien en 1761, en el volumen 28 de las *Mémories de l'Academie des Inscriptions,* publicaba una traducción del texto del sabio chino Ma-Twan-Li. Según este relato un sacerdote budista chino llamado Hoei-Shin llegó en 449 a China procedente del Fu-Sang, tierra misteriosa situada en el océano Pacífico y a la cual los chinos bautizaron así por haber encontrado en ella la planta de este nombre, que Vivien de Saint-Martin identifica con el *Hibiscs Rosasinensis.* Dice la narración china que las hojas de esta planta sirven de alimento, y sus frutos, semejantes a la pera, se conservan todo el año. Basándose en la interpretación del texto chino, De Guignes identificaba el Fu-Sang con Méjico. En la comarca había bueyes, ciervos, y sus habitantes usaban coches de caballos –sin embargo, por otra parte, no se conoce el caballo en la América precolombina–. Había también mucho cobre y se desconocía el hierro. El oro y la plata, en cambio, no se apreciaban en su verdadero valor. Este último rasgo puede dar que pensar, teniendo algo en común con la realidad que encontraron en algunos países americanos los conquistadores españoles. Pero por otra parte existe la anomalía de la presencia del caballo y el carácter vago y un poco mitológico del célebre Fu-Sang, que tiene todo el aspecto de ser un «reino de utopía» de los chinos, aunque otros autores lo han identificado no con América, sino con el Japón o Corea, o Sakhalin. Las casas de los habitantes de aquella tierra eran de tablas, sus guerreros no conocían el escudo y las ciudades carecen de murallas y defensas. Los chinos pretendían haber sido predicado allí el budismo medio siglo antes que se efectuase el viaje de Hoei-Shin por cinco monjes mendicantes que llegaron allí procedentes de Ki-Ping (Afganistán).

¿Qué tierra era el misterioso Fu-Sang? En 1831 el erudito alemán Klaproth la identificaba con el Japón. No es razón suficiente para rechazar la identidad con América el que los habitantes del Fu-Sang presentasen divergencias culturales con lo que después fueron los aztecas, pues por estos mismos los conquistadores españoles supieron que otras culturas distintas de la de entonces se habían superpuesto en un mismo suelo, con el correr de los siglos, como en Italia la de los romanos había sucedido por ejemplo a la etrusca. Defienden la identificación del Fu-Sang con América los eruditos Paravey, Leland y Vinning. Este último llama a Hoei-Shin «an inglorious Columbus» (un Colón sin gloria). Pero Vivien de Saint-Martin, Chamberlain, Muller, Schlegel y Beuchat se pronuncian en contra, aunque este último, después de realizar un estudio de los vientos y corrientes marinas, dice que si no está demostrado que los chinos llegasen a América, el viaje distaba mucho de ser imposible y tal vez haya sido realizado anónimamente.

CONCLUSIÓN

Debe separarse la cuestión del descubrir de la cuestión mucho más científica y moderna, de tener conciencia metódica de haber descubierto algo. Incluso en el caso de Colón y Vespucio existe toda una escuela crítica que ha asegurado que no tuvieron conciencia de haber realizado un descubrimiento de nuevas tierras. Creían haberse limitado a explorar un camino audaz y llegado a las Indias por occidente. ¿Puede afirmarse seriamente tal cosa? No protestaría indignado Colón, si ahora estuviese en su mano hacerlo, contra esta escuela tan hipercrítica de Gaffarel y Vignaud? Por esta misma razón pasamos por alto, en este capítulo, las supuestas exploraciones de los irlandeses –cuyas leyendas, mezcladas con exploraciones imperfectamente conocidas, dieron origen a las «islas fantásticas» cuya existencia la Edad Media supuso en el Atlántico–. Como no estamos escribiendo un manual de Historia nos ahorraremos también el describir los viajes de los normandos, pues no es ningún enigma que *descubrieron* América del Norte. Pero su descubrimiento fue de la especie que arriba dejamos referida: el Nuevo Mundo, después de ser «descubierto» por los vikingos, volvió a «cubrirse» con la niebla irreal, incierta, legendaria aun sin serlo, que disimulaba tantas cosas en los siglos medios. Y por esto América necesitó ser descubierta otra vez y de manera definitiva; pero no lo fue de manera tan unánime y clara que toda Europa llegase a tener, en 1492, consciencia de lo que había sucedido. Esta lentitud con que el misterioso velo iba levantándose, en mapas, en balbuceos cartográficos, en errores y conjeturas, es aquella parte del descubrimiento que no pertenece a un solo hombre ni a un solo pueblo, sino a la Humanidad entera.

LA EXTRAÑA DOLENCIA DE FELIPE II

La muerte de Felipe II ha sido descrita muchas veces; pero los principales relatos de interés directo, por deberse en su mayoría a testigos presenciales de la agonía, pueden reducirse a los siguientes: Cervera de la Torre, fray Diego de Yepes, que fue confesor del rey; fray José de Sigüenza en la tercera parte de su *Historia de la Orden de San Jerónimo* (biblioteca de Autores Españoles, vol, 12, págs. 679 a 683); Salazar de Mendoza y, a fines del siglo pasado, el clérigo Fernández Montaña, en dos obras importantes que citaremos oportunamente. Hay también obras extranjeras. Los enfoques de todos estos autores son distintos y de valor desigual. Comencemos por una advertencia preliminar sobre terminología: el doctor Cabanés, por ejemplo, cuando trata del enigma de la enfermedad secreta de Calvino, cree asustarnos con palabras griegas empleando la voz *ftiriasis,* que en rigor es una enfermedad de la piel producida *por* los piojos, es decir, que se engendra tan sólo previo contagio y no nace espontáneamente, como tampoco nacen los piojos ni los gusanos en el hombre por espontánea generación. En segundo lugar los franceses, cuando se trata de piojos o gusanos, emplean indistintamente la palabra *vermine,* que carece de precisión, es medieval y equivale a la voz «llevar miseria», que emplean las gentes desaseadas. A pesar de la versión de los gusanos, igualmente inverosímil y que aparece a nuestros ojos en forma de maldición seudobíblica lanzada por los hugonotes contra «le demón du Midi», la cosa no está restringida al grupo de los fundadores de la leyenda negra, sino que de ellos se ha extendido a prestigiosos historiadores modernos. Antes que Ludwig Pfandl la admitiera sin examen y su libro –que constituye por otra parte un elogio para Felipe II– fuese traducido al español, un historiador excelente de nuestro país, don Alfonso Danvila y Burguero, en su famosa obra *Don Cristóbal de Moura, primer marqués de Castel Rodrigo* (Madrid, 1900, pág. 760), escribía:

«Es difícil imaginar un conjunto de miserias y penalidades mayor que el que tuvo que soportar el hijo de Carlos V durante los cincuenta y tres días que duró su última dolencia, y las detalladas descripciones de la muerte del soberano que hasta nosotros han llegado aumentan el espanto y la compasión, considerando lo que debió sufrir aquel hombre, obligado a permanecer en el lecho, sin moverse, cubierto de apostemas y llagas, una de las cuales le cogía desde los asientos hasta el cuello, supurando sin cesar nauseabundos humores, afligido por el dolor continuo e intensísimo, *y viéndose inundado, por último, por una legión de piojos, que nacidos de sus propias heridas anticipaban en vida la podredumbre del cuerpo...* En todos los escritos de la época se conservan frases de admiración para el conde de Castel Rodrigo, que, despreciando horrores y repugnancias..., no abandonó por un momento la cámara regia, sirviendo por su mano los alimentos al enfermo y practicando con él cuantas diligencias eran precisas.»

Es sin duda basándose en tan respetable autor –el «testimonio» de D'Aubigné no le habría bastado– que Pfandl dice que el lecho de Felipe II «hervía de piojos», con la misma naturalidad con que pudo decir «ardía de fiebre»; como si un cuerpo humano pudiese producir por sí solo un foco de semejantes animalitos, cuando ni siquiera es verosímil que ocurra lo mismo con los microbios, aunque son inmensamente más pequeños. Todo animal que vive a expensas de otro es un invitado *(parasitos).* Como dice *Hamlet,* «una asamblea de políticos gusanos –¿y qué lugar más a propósito que con ocasión de la muerte de un rey?– son aquí los verdaderos emperadores de la Dieta». Veamos ahora el origen de esta burda patraña, que historiadores bien intencionados han recogido, sin menoscabo de su buena intención, y aun tal vez para aumento de ella, pues ennegrecer el cuadro de la muerte del católico Filipo equivalía, en cierto modo, a añadir fuerza trágica a su barroca grandiosidad, salvo la parte más respetable de su agonía, que toca a la edificante religiosidad de su tránsito. Dice Agripa D'Aubigné en sus *Historias* (t. III, lib. cap. XVIII):

«Al abrirle los *cuatro* abcesos del pecho (?) los médicos quedaron aterrados, pues en lugar del pus que había aparecido en los otros abcesos salió una enorme cantidad de piojos, aumentando en tal abundancia que todos los cirujanos no podían agotarlos.»

Nos hallamos en presencia de una fuente protestante, si bien no es la única. La versión de los piojos, cualquiera que sea el testimonio que la confirme, es inverosímil, por anticientífica. Pero además aquí el libelista hugonote no toma la menor preocupación para hacer creíble el relato. Según eso los piojos no sólo nacerían espontáneamente del cuerpo del rey, sino que serían *anaerobios,* es decir, habrían podido vivir y multiplicarse dentro de los abscesos, antes que éstos se abriesen.

Marañón insinúa que el rey padecía una enfermedad degenerativa en último grado, contraída quizá largos años atrás, en su juventud. Hay en apoyo de esta interpretación el hecho de que la reina Isabel de Valois padeció una erupción cutánea durante su viaje de bodas; enfermedad sospechosa, a menos que se tratase de un contagio. La interpretación del ilustre doctor es muy verosímil. Pero ¿incorporaremos a los enigmas de la historia los del cuerpo humano? Son frecuentes los casos en que esta enfermedad imbeciliza al paciente, sobre todo cuando ha pasado de sus primeras manifestaciones superficiales al estado terciario y socava sordamente lo más profundo del sistema nervioso. Ahora bien: Felipe II daba pruebas en sus últimos momentos de una lucidez mental extraordinaria. Después de recibir la Extremaunción, que le apresuraron por temor a no poder dársela estando aún consciente, tuvo tiempo de comulgar aún varias veces, y el reflejo de la deglución se extinguió en él antes que la inteligencia, como lo prueba el momento en que los sacerdotes se negaron a administrarle de nuevo la Sagrada Eucaristía, pues ya no podía tragar. La palabra que todos estos cronistas usan, aunque Marañón la admite sólo a beneficio de inventario, es *gota*. La ciencia moderna no ve en esta enfermedad una causa suficiente para que se produzcan las llagas y postemas a que aluden los testigos presenciales de la agonía. Pero además de la gota el padre Sigüenza habla de hidropesía: «Juntósele con la fiebre héctica un principio de hidropesía, hinchándosele el vientre.» También menciona lo de los abscesos, con no poca crudeza y realismo, pues dice: «Salíanle, entre mañana y tarde, tres escudillas de podre, ocasión de grandísimos dolores.» Cree Marañón que los sufrimientos del rey quedaron atenuados porque en aquel instante carecía absolutamente de olfato, que no le permitía sentir el hedor de su propio cuerpo. Y cita a este propósito la relación de Guidi de Volterra –o al menos a este autor la atribuye Bratli, hallada en el Archivo del Estado de Florencia–. Dice el exagerado toscano que se desmayó el médico que asistía al rey, a causa de los malos olores. A nosotros también nos huele mal este relato, por el marcado aspecto político que parece entrañar. No negamos el hecho real; pero darle este énfasis parece estilo de propaganda. Dice Bratli que el régimen alimenticio que habían seguido tanto el rey como su padre Carlos V era desastroso, pues la medicina de entonces consideraba que la carne era el único alimento racional. En efecto: las comidas constaban de una cantidad de platos fuertes extraordinaria, con exorbitante número de huevos y salsas de diversas clases. ¿Sería este régimen suicida, mantenido durante toda la vida de un hombre, causa suficiente para provocar una enfermedad artrítica de proporciones hoy desconocidas? ¿No hay acaso especies extinguidas de animales que hoy no podrían vivir por haber variado las condiciones climáticas en que se desarrollaron? ¿No podría haber, del mismo modo, enfermedades extinguidas? ¿Juzgaremos los posibles síntomas y complicaciones de un hombre del siglo XVI, que hacía comidas de diez o más platos, según el cuadro que nos ofrece un hombre del siglo XX, acostumbrado a injerir modestas cenas a la americana, puntas de espárrago y vitaminas sintéticas?

Es por otra parte una lástima que la célebre *enfermedad hereditaria* de los Austria no haya sido estudiada a fondo, procurando agotar el tema y en una forma de conjunto, dejándonos de monografías y de tirar chinitas al coloso. El programa reunido por Cabanés en los dos volúmenes de *Le mal héréditaire* adolece de un plan demasiado tendencioso: primero los Austrias y después los Borbones. Su objetivo no es tanto la familia real como España, y no podemos menos de lamentar que en esta obra se digan cosas como la siguiente: «Cuando Felipe V y sus hijos fueron a Francia para visitar a sus parientes, éstos los encontraron desfrancesados *(défrancisés)*: sus rostros bobalicones habían adquirido *al otro lado de los montes* el aspecto de abobamiento y los rasgos descompuestos de los descendientes de Carlos V. *Parecería en este caso que el medio ambiente ha sido más poderoso que la raza; pero el medio no podría explicarlo todo.»* (!) Nos contentamos con este botón de muestra (ob. cit., vol. I, pág. 45). No queremos insertar íntegro el párrafo en que Cabanés alude varias veces al supuesto poder imbecilizador de los aires *ultrapirenaicos.* No obstante el valor documental de las monografías y otros libros citados en esta obra, *Le mal héréditaire* no contribuye a darnos ninguna luz sobre la enfermedad de Felipe II. Por lo demás, el estudio que Cabanés hace sobre la medicina que rodeaba a Felipe II se limita a decir: «Según los médicos de entonces la enfermedad sólo podía provenir de la superabundancia o de defecto de los humores. En el primer caso había plétora y era necesario hacer una sangría. El el segundo caso, cacoquimia, y se imponía la purga. La patogenia no era muy complicada en el siglo XVI.»

Estas palabras son un tópico, una caricatura, pero no interesan en absoluto concretamente a los problemas de la enfermedad de Felipe II. No son más que un resumen de las ironías de Molière en la comedia *Monsieur de Pourceaugnac,* donde se habla de «cette pléthore obturante, et cette cacochymie luxuriante». Son un documento cómico, pero no histórico. ¿Y qué diremos de los pasajes en que el doctor Cabanés se entretiene en describirnos el fatigoso ceremonial de la corte? ¿Pudo ello tener influjo sobre la salud del rey? Sin duda; pero fue un factor de segundo orden y casi no afecta para nada a la incógnita que aquí tratamos. Sus datos, tomados del rencoroso Fornerón, uno de los más acérrimos detractores de Felipe II, están rebuscados con una malevolencia que inspira nuestra desconfianza. Para terminar: la «enfermedad» que Cabanés estudia más a fondo en el rey es su piedad. A falta de datos clínicos es fácil tarea, para un moderno que se empeña en establecer a toda costa un cuadro morboso, considerar como «pietismo patológico» (?) los abundantes detalles que los biógrafos del monarca nos dan acerca de sus ejercicios devotos. ¡Si ser piadoso es estar enfermo, desde luego, la seudoclínica tiene argumentos de sobra para demostrar aquí que Felipe II fue el monarca más enfermizo de la Historia!

Renunciamos, pues, a seguir a Cabanés, porque nos apartaríamos del tema, ya que él da como datos «patológicos» lo que no son sino prácticas religiosas en uso, de la época, y no es éste el objeto que aquí nos ocupa. Nos bastará consignar que, sin crítica ninguna, admite a ojos cerrados la tendenciosa leyenda de D'Aubigné sobre los piojos.

Comparemos esta afirmación con lo que dice el doctor Fernández Montaña, en las páginas 99 y 107 de su libro *Más luz de verdad histórica sobre Felipe II el Prudente* (Madrid, 1911): «Mandó después que le colgasen al cuello, pendiente de una cuerda asaz gruesa, una cruz tosca de madera (soy testigo de que la conserva aún su cadáver: la tuve en mis manos).» Y repite luego el citado investigador: «Antes de morir dejó Su Majestad un encargo en orden a la mortaja, y fue que, en habiéndole vestido con ella, le pusiesen al cuello una cruz de madera tosca, colgada de un cordel igualmente basto, que, como dejo dicho, he visto, abierto el sepulcro, estar aún entera *sobre su pecho.»*

¿Qué interpretación daremos a estas últimas palabras? Si el reverendo Fernández Montaña, presbítero, auditor que fue del Supremo Tribunal de la Rota, afirma que vio la cruz *sobre el pecho* del rey, es que el cadáver debía conservarse, al menos hasta fines del siglo pasado o principios del actual.

LA MARQUESA DE BRINVILLIERS Y EL DRAMA DE LOS VENENOS

Con el título *Le drame des poisons* el investigador francés Funck-Brentano emprendió, hace ya largos años, un magnífico estudio sobre la oleada misteriosa de crímenes que se produjo en pleno siglo de Luis XIV, precisamente en su fase más brillante, cuando el arte y la poesía alcanzaban el punto clásico de su perfección. El siglo de Racine y Corneille es, para los franceses, el equivalente de la Edad de Oro de Cervantes y Lope para los españoles. Pero este sol viene doblado de tinieblas. La ambición y las bajas pasiones añadieron arrugas a la frente del rey, al que una corte aduladora y corrompida titulaba muchas veces de *Júpiter*. En aquel ambiente refinado, en medio de aquella exquisita poesía, se navegaba no obstante en el mar de la desconfianza y de las sospechas más escandalosas. La marquesa de Brinvilliers, la principal actriz en aquella larga cadena de crímenes, ha sido la figura más célebre de los anales judiciales franceses. La enormidad de sus delitos, el brillo de su posición social, y su muerte, de la que su confesor, el abate Pirot, ha dejado un relato impresionante, la equiparan al caso de Gilles de Rais, «Barba Azul», cuya muerte, edificante también, roza los linderos de la paradoja. Michelet, el novelista Dumas,

Pierre Clément y otros muchos autores –incluso el de cuentos fantásticos Teodoro Hoffmann– se han ocupado de su persona, si bien no es ella sola la única que tuvo importancia en aquella complicada oleada de delitos.

María Magdalena d'Aubray, marquesa de Brinvilliers, nació el 22 de julio de 1630 y fue la mayor de sus cinco hermanos, hijos de Antoine Dreux d'Aubray, consejero de Estado, gran personaje en la administración de Su Majestad y gestor de importantes ramos financieros. La muchacha recibió una excelente educación, al menos desde el punto de vista literario. Nos reservamos el juicio sobre la moral, que tan amargos frutos iba a dar luego, aunque es de suponer que en el hogar de su grave e importante señor padre no debió faltarle la adecuada instrucción religiosa. La marquesa presentará más adelante un rasgo interesante en su escritura: tenía letra de hombre, raro documento para la grafología, porque esta ciencia aplicada a la Historia es de un método muy delicado. La tiranía de los maestros calígrafos impedía antiguamente, a personajes muy interesantes, el manifestar en su letra los rasgos espontáneos, que hoy, en la carta de cualquier ente particular, nos retratan *de fond en comble* sus más hondos recovecos psíquicos. ¡Qué daríamos por conseguir que un Pedro el Cruel o un Federico el Grande hubiesen escrito con tan pocos prejuicios de trazado! Pero no nos queda otro remedio que privarnos de ello. No obstante, en el caso de la Brinvilliers tenemos una primera «emancipación» grafológica, que nos ilustra sobre el temperamento viril y decidido de esa gran criminal.

Para unos es un enigma la educación infantil de la Brinvilliers. Para Funck-Brentano, sin embargo, faltaron desde un principio las normas religiosas. «Desde la edad de cinco años –dice este autor– estaba entregada ya a horribles vicios. Perdió su doncellez a los siete; cayó en incesto... Se dice que estas caídas se han conocido por su propio testimonio. Era de extrema sensibilidad a las ofensas. Era una de esas naturalezas extremadas, unas veces al borde del crimen, otras al de la sublime renunciación.»

En 1651 se casó con un joven maestre de campo del regimiento de Normandía, Antonio Gobelin de Brinvilliers, cuyo apellido ha sido tristemente inmortalizado por la marquesa, por llevar en Francia las damas el apellido de sus maridos: «Y suelen ser más fieles con el nombre –las que menos lo son con el buen hombre», dice el padre Isla. El marido descendía directamente de Gobelin, creador de la célebre manufactura de tapices «Gobelinos». Alto enclave, intercambio de ricas dotes. Mujer de pequeña estatura, de facciones agradables y de piel muy fina, blanca y delicada, a pesar de estos rasgos de femineidad no tenía nada de débil, llevaba dentro un volcán, y cuando estaba excitada su rostro sufría un tic nervioso, agresivo y amenazador.

Los adulterios y crímenes de esta mujer tendrían menos explicación si se hubiesen desarrollado en un ambiente más cristiano. Pero la regla en la corte y en la villa del Rey Sol era la galantería. Como dice Taine refiriéndose al antiguo régimen francés, «en medio de semejante mundanidad la mujer de la que el hombre de buen tono se preocupa menos es la propia». Era casi una norma de *politesse* galantear a las ajenas. Era grosería imperdonable dedicarse sólo a una; tan imperdonable como comer solo, no hacer visitas, rechazar las tertulias. Así juzgaba el mundo. Pero de pronto surgió un plantel de monstruos, y el mundo, sintiéndose amenazado, los acusó, los condenó. No sabía que condenaba a las criaturas formadas en su propio seno.

En este sentido el joven marido de la Brinvilliers era un perfecto hombre de aquel mundo. Después de casado no podía renunciar a la sociedad en cuyo seno se había desarrollado desde la niñez. Siguió con sus amistades y su cinismo espontáneo, pues tanto como su propia mujer amaba los placeres, el lujo, las fiestas... Fue él mismo quien presentó a su esposa al fatídico Sainte-Croix, que más tarde llegaría a ser su amante. Y cuando ya fue tarde para evitar el mal –que quizá no había pensado nunca en evitar– y la esposa llegó a decirle a él mismo que Sainte-

Croix era uno de los hombres que la interesaban, el marido se limitó a enumerarle también unas cuantas mujeres de la corte por las que él a su vez sentía gran interés. Y así quedó la cosa.

Por fortuna había en aquel *ménage* una persona decente: el padre de la marquesa. Cuando ésta llegó en su cinismo a manifestar sus preferencias por Sainte-Croix ante su propio padre, éste no se mostró dispuesto a tolerarlo y mandó encerrar al galán en la Bastilla. Dicen que le detuvieron en la misma carroza de la dama, mientras ésta estaba a su lado.

El tal Sainte-Croix era un libertino hipócrita, restringido a ciertas amistades y ciertas clases de la sociedad. Poseía una inteligencia clara, pero carecía de sentido moral. A veces hablaba de Dios, dicen los autores de aquel tiempo, con elocuencia edificante. Pero cuando estaba a solas con sus amigos se quitaba la máscara y era un crapuloso abominable. Tenía una extraña apariencia inconsciente, con la que se entregaba tanto a una obra de piedad como a un negro crimen. A veces usó indebidamente el apelativo de «abate». Era un Alcibíades con encajes y sombrero de alas anchas. Era –mejor para situarle en una época– la encarnación del *Tartufo* de Molière. Pero el Tartufo bohemio, simpático, artista, poeta, lleno de galana imaginación. La Brinvilliers fue más débil que él. Sus delitos fueron cometidos a remolque de este hombre funesto. Se enamoró de él como una loca.

Sainte-Croix ingresó en la Bastilla; pero con tan mala estrella que vino a parar a la celda habitada por un químico italiano, prisionero también, un tal Exili o Egidi, especialmente diestro en preparar toda clase de ponzoñas. Era un virtuoso del arsénico y –cosa muy de altavoz francés– conocedor del secreto de los fabulosos venenos italianos, célebres, con razón o sin ella, desde el tiempo de los Borgia. Sainte-Croix permaneció en la prisión corto tiempo; pero, ya adiestrado por Exili, salió de ella doctorado en venenos, y lo primero que hizo fue enseñar a su amante, la Brinvilliers, el manejo de tan temible arsenal químico. Cuando el italiano salió a su vez de la Bastilla quisieron expulsarle de Francia y enviarle a Inglaterra; pero bien fuese que los ingleses tampoco le necesitaban, o que él se escapase por el camino, pocos meses después le encontramos hospedado en casa del propio Sainte-Croix, más amigos y asociados que nunca.

La Brinvilliers, herida en su pasión y sobre todo en su orgullo por la actuación de su padre, recibió a su amante, recién libertado, abrigando en su pecho un odio parricida. La riqueza de que disponía mientras el padre viviese era muy limitada –pues ella llenaba el bolsillo de su amante: conviene no olvidar este rasgo, que Funck llama «propio de la época»–. Este autor niega que fuese Exili el maestro en venenos de esta pareja, y dice que cuando ingresó en la prisión ya era Sainte-Croix un envenenador experimentado. Sea como sea, ambos amantes frecuentaban ahora la casa del boticario Glaser, un sabio suizo proveedor del rey, y comenzaron con este hombre un extraño y tenebroso aprendizaje. Se encerraban tan a menudo con Glaser que los vecinos del laboratorio hablaban de moneda falsa; pero era algo peor. La marquesa hacía de vez en cuando visitas «caritativas» a los hospitales y llevaba confituras, dulces y pasteles a los enfermos. Pero los desgraciados que los comían morían al cabo de poco tiempo en medio de horribles dolores. De esta manera, con una frialdad inhumana, la Brinvilliers se proporcionaba un vasto campo de experimentación, como el de Nerón con sus esclavos. La ponzoña ensayada en seres humanos, en diversas condiciones, le servía para experimentar sus efectos, la dosis necesaria para producir una muerte más o menos rápida y otros detalles de su infame proyecto. Cuando hubo asesinado a numerosas personas llegó a dominar la ciencia de los venenos con tanta maestría como su abominable socio Sainte-Croix. Ensayó también con una criada suya llamada Francisca Roussel, y no la mató, pero la tuvo enferma más de dos años. Con esto había descubierto toda la fuerza de la «fórmula de Glaser», como la llamaba ella, y sobre todo la impotencia de los cirujanos para descubrir trazas de veneno en el organismo de los atacados. Entonces pasó a poner en práctica el plan de envenenar a su padre.

A principios de junio de 1666 el viejo consejero Dreux d'Aubray, que se quejaba ya desde hacía tiempo de padecimientos inexplicables, decidió retirarse a sus tierras de Offemont, cerca de Compiégne, y rogó a su hija que fuese a pasar con él algunas semanas, llevando consigo a sus pequeños. Apenas llegó la marquesa de Brinvilliers, el estado del viejo empeoró bruscamente: le acometieron una serie de vómitos cada vez más violentos que le acompañaron al sepulcro, no sin haber regresado antes a París para ponerse en manos de los mejores médicos; pero siempre acompañado de su fatídica hija. Más tarde, en el proceso, la parricida declaró que había ido envenenando paulatinamente a su padre para simular el curso de una enfermedad natural, progresiva y larga. Esta premeditación, esta frialdad, esta indiferencia ante los sufrimientos sistemáticamente aumentados de tal víctima son algo excepcionalmente monstruoso. Madama de Sevigné opinaba que «los mayores crímenes son una bagatela comparados con haber pasado ocho meses matando al padre y alternando la dosis de veneno con las caricias de hija. Medea no hizo tanto». Por fin Antonio Dreux d'Aubray murió en París el 10 de septiembre de 1666, a la edad de sesenta y seis años. Los médicos certificaron muerte natural; pero no se pudo impedir que corriese el rumor de que Dreux d'Aubray había muerto envenenado.

Creyéndose más libre después de eliminar a su progenitor, la Brinvilliers no puso ya freno a sus pasiones y tuvo varios amantes a la vez, además de Sainte-Croix, del que tenía dos hijos, aparte los habidos en su legítimo matrimonio; porque es interesante consignar que este monstruo era además una madre muy fecunda y vigorosa. Tuvo también otro hijo con un primo carnal propio, y otro amante que era primo de su marido. A pesar de todo, estaba celosa de Sainte-Croix: se creía con derecho a estarlo. ¿Y el marido? La historia lo pierde mundanamente de vista. Junto a esta vida disipada se disipaban también los bienes patrimoniales. Como muestra de su terrible carácter, en cierta ocasión tuvo noticia de que uno de sus castillos iba a ser subastado para pago de acreedores. No pudiendo evitar la acción de la justicia le pegó fuego: los acreedores tuvieron que contentarse con el terreno cubierto de ruinas calcinadas. Emprendió una lucha a muerte contra sus dos hermanos, que habían participado, como era natural, en la herencia paterna, eran intendentes de finanzas y tenían otros altos empleos. Más de una vez intentó envenenarlos. Por medio de un cómplice –el lacayo La Chaussée– estuvo a punto de administrar a su hermano mayor una dosis de vitriolo en una copa; pero fracasó por la torpeza con que había procedido La Chaussée, el cual, viéndose descubierto, supo salir sin embargo del paso con una sangre fría de profesional: achacó el sospechoso olor que había en la copa al descuido de un criado de la casa, que la noche antes había tomado una medicina.

Pero por fin Antonio d'Aubray, hijo, cayó bajo los sordos y repetidos golpes. La Chaussée, convertido en su hombre de confianza, con su diabólica habilidad, empleó cerca de un mes en envenenarle, viéndole sufrir horriblemente. Y la víctima no sospechaba nada. Su agonía fue espantosa: atacado de continua diarrea y dolores insoportables, su habitación hedía; el enfermo no toleraba la presencia de nadie en su cámara; pero no acertó a desprenderse de su fatídico verdugo, que mientras le prodigaba los más íntimos cuidados le asesinaba en dosis regulares. Se dice que la Brinvilliers, mientras tanto, instalada en una de sus posesiones, lejos del teatro de estos horrores, contaba a uno de sus amantes –Briancourt, preceptor de sus propios hijos–: «Me estoy ocupando en estos momentos de *arreglar* mi casa. Mi hijo mayor heredará el cargo de su tío y podemos llamarle desde ahora *el presidente...*» Aquella mujer amaba entrañablemente a sus hijos. Guardando las debidas distancias, cada vez que pensamos en ella se nos viene a las mientes la reina Farnesio, la mujer de Felipe V, que no fue envenenadora ni criminal, pero que nos metió en todas las guerras europeas del siglo XVIII para conseguir ducados y soberanías para sus hijos. ¡Terrible amor que mata!

El otro hermano no tardó en sucumbir también, víctima de sus manejos. Esta vez los médicos, alarmados por aquellas dos muertes súbitas de hombres jóvenes con tan misteriosas dolencias, ordenaron la autopsia del último, y aunque ésta no dio resultados declararon que había muerto envenenado. Pero no había pruebas. El infame La Chaussée percibió todavía cien escudos que su difunto amo le legaba en su testamento, para premiarle sus «asiduos cuidados» durante su enfermedad.

Aquella mujer afirmaba en su extraña jerigonza mundana, haber hecho todas aquellas cosas «por el honor» –pues a costa de sus víctimas esperaba vestir bien, vivir bien y obsequiar a sus amantes «como una gran dama»– y se encontraba ahora con que Sainte-Croix, a quien ella había sacrificado su alma, se comportaba como un vulgar chantajista. Existen treinta y cuatro cartas de ella a su amante, cuyo lenguaje no podría ser sobrepujado por el mejor escritor. Unas veces le amenaza, otras le suplica, otras le advierte que acaba de envenenarse. El chulo Sainte-Croix, impasible, no hace absolutamente ningún caso de todo aquello, y se dice que en cierta ocasión, harto de oírla, le hizo beber arsénico, de lo que se salvó la envenenadora tomando como antídoto grandes cantidades de leche caliente, según la técnica que había aprendido. Más tarde la Brinvilliers luchaba denodadamente, en esta sorda guerra, para que él le devolviese las cartas y otras pruebas de los crímenes que obraban en su poder. La marquesa afirmaba que «si conseguía apoderarse de todo aquello, después le haría degollar».

Tenía la costumbre, colindante con los bordes de la locura, de hablar a todo el mundo de venenos, por lo cual, una vez procesada, numerosos testigos pudieron deponer contra ella, con frases que en otros tiempos le habían oído pronunciar. Más adelante envenenó a algunas sirvientas ante las cuales había hecho confidencias demasiado comprometedoras. Por haberse opuesto enérgicamente a que envenenase a dos hermanas, que aún le quedaban y que ella consideraba como un estorbo, uno de sus amantes, Briancourt, corrió también peligro de muerte. Poco faltó para que Sainte-Croix no le apuñalase, de concierto con la marquesa, cuando Briancourt había acudido a una cita de ésta. A consecuencia del peligro optó por separarse de ella y dejar de ser amante de semejante arpía. Briancourt corrió a casa de Bocager, doctor en Derecho, por cuya influencia él había trabado conocimiento como preceptor con los Brinvilliers. Pero la reacción del jurista al oír contar las hazañas de la marquesa le dejó asombrado. Bocager, temblando de miedo, pálido como un muerto, le dijo que no obrase con precipitación y que, a pesar de lo que sabía, no rompiese bruscamente con aquella señora. El abogado era sin duda no cómplice, pero encubridor de los crímenes. Le tenían aterrorizado.

A consecuencia de aquellas visitas y experiencias Briancourt vivió temblando hasta el día en que la justicia tomó cartas en el asunto, y continuamente tomaba mejunjes, como antídoto, por miedo a ser envenenado. Llegó a sufrir de verdadera manía persecutoria. La cosa no era para menos. ¡Cómo debió arrepentirse de sus antiguos triunfos amorosos con la Brinvilliers!

Por su parte el marido, el marqués de Brinvilliers, que había comenzado siendo un consentido por razones de mundo, acabó siéndolo para conservar la piel. El, su esposa y Sainte-Croix vivían bajo el mismo techo y comían en la misma mesa. El marqués sabía que tenía constantemente sobre su cabeza la espada de Damocles del arsénico. Es imposible imaginarse qué diálogos, qué miradas se cruzarían entre aquellos tétricos personajes. Quizá *quelques mots de politesse;* quizá también el silencio de la tumba, en el que se hubiese podido oír el sordo aleteo de la muerte. Ningún documento nos ha transmitido siquiera un diálogo. Sólo consta que la marquesa, a pesar de la actitud del marido, que no podía ser de mayor tolerancia, había comenzado a envenenarle. Lo lograba a pesar de que Brinvilliers se hacía servir aparte por un hombre de toda su confianza en vasos y platos separados. Ella quería matar al marido para casarse con Sainte-Croix; pero éste, que se encontraba muy bien soltero, daba al marido antídotos y contrarrestaba el veneno. Este juego de maese coral se repitió cinco o seis veces, y a fin de cuentas el marqués sacó de todo aquello una lacra en las piernas. Lo verdaderamente enigmático es pensar cómo pudo prolongarse aquella situación tanto tiempo y cómo Brinvilliers, si no tenía valor para deshacerse de Sainte-Croix, no escapaba al menos por una ventana antes de comer una sola vez en compañía semejante.

Sainte-Croix murió lejos de su amante, cuando estaba en su domicilio particular haciendo experimentos de alquimia. La versión más extendida fue que cuando manejaba sustancias deletéreas se rompió la máscara de vidrio que llevaba puesta y pereció asfixiado. Cuando la marquesa recibió la noticia de aquella muerte súbita no rompió a llorar ni sufrió un ataque de nervios, sino que se llevó las manos a la boca exclamando: «¡Las cartas!». Hacía tiempo que aquel hombre se le había hecho odioso y sólo la dominaba por el terror; no le amaba ya. Su muerte le produjo una sensación de libertad repentina. Ahora lo que le urgía enormemente era entrar en su casa y apoderarse de las cartas comprometedoras... Pero aquello resultaba tan difícil como si él aún viviese. Había muerto acribillado de deudas y todos sus efectos estaban sellados y bajo custodia de la justicia.

La seguridad de la marquesa envenenadora pendía de un hilo de araña.

Una incógnita de solución difícil es la siguiente: ¿cómo tuvo tiempo Sainte-Croix de escribir una confesión –que los jueces recogieron, en efecto– si había muerto casi de repente? Entre sus objetos, al practicarse el registro oficial en la casa del difunto, se halló en su despacho un papel arrollado que llevaba por título «Ma confession», y que se decidió mantener en secreto y destruir después. En cuanto a la cajita con las cartas en que la Brinvilliers confesaba sus crímenes, iban también en ella unos cuantos documentos sin importancia de un alto personaje de la corte, el señor Pennautier, preceptor de rentas públicas, y que había sido el brazo derecho de Colbert, el gran ministro de Luis XIV. Pennautier, no obstante ser de condición humilde, se había enriquecido enormemente, sin que por ello hubiese cometido ningún acto reprobable: sólo con su inteligencia y sus excelentes servicios. Pero aquella riqueza había desencadenado multitud de envidias, y el desgraciado asunto de Sainte-Croix, enredándose con su persona de manera insospechada, iba a complicar la cosa.

Faltóle tiempo a la marquesa de Brinvilliers para personarse en el domicilio de su antiguo amante a reclamar la comprometedora caja de documentos. Se le había notificado que llevaba una etiqueta, de puño y letra del muerto, rogando a los jueces que en caso de accidente se la entregasen a ella. Legalmente, por tanto, la caja le pertenecía; pero así hubieran quedado los crímenes también *legalmente encubiertos* por los siglos de los siglos, y Dios no lo permitió. Después de la notificación un comisario curioso que barruntaba algo extraño ante la vida irregular que Sainte-Croix había llevado siempre, secuestró la caja de documentos y la marquesa supo, con terror de momento disimulado, que las cartas habían sido sustraídas. Entonces aquella mujer, con una precisión que la delataba a ella misma, no pudo menos de pensar que era la misma justicia quien se había apoderado de la caja. De momento cometió incluso la imprudencia de cacarearlo en voz alta, protestando de aquella arbitrariedad. Pero después reflexionó y, viendo que las cartas habían caído en buenas manos –en demasiado buenas manos–, vació de sus enseres la casa que ocupaba y huyó de Francia.

Mientras vagabundeaba por Londres y más tarde por Flandes –adonde había huido, pues el rey de Francia estaba a punto de lograr su extradición–, viéndose obligada casi a mendigar, la policía efectuaba pesquisas retrospectivas: comenzaban a comparecer testigos atrasados y los rumores de envenenamientos circulaban a más y mejor por París. El lacayo de La Chaussée, detenido y sometido a tormento, no confesó; pero más tarde, viendo que iban a ejecutarle, tuvo miedo ante la Eternidad y declaró cómo había envenenado lentamente al hermano de la Brinvilliers, por encargo de la marquesa. Convicto, fue ejecutado en la rueda, suplicio que consistía en morir apaleado. Después de una larga odisea por los Países Bajos la propia envenenadora fue detenida en Lieja por un agente especial que Luis XIV envió allí, en víspera de que esta ciudad fuese ocupada por las tropas españolas. Era el mes de marzo de 1676. El Rey Sol paseaba por Europa el insolente brillo de sus armas. Turena había penetrado en Alsacia y el Gran Elector derrotaba a los suecos, rechazando su amenaza sobre Berlín. Pero en París, como apunta madama de Sevigné, no se hablaba más que de la célebre envenenadora, «haciendo olvidar la guerra». Tanto en tiempos de la Brinvilliers como en los de Landrú y Petiot, la curiosidad de los parisienses siempre ha reaccionado de modo igual.

Aunque los crímenes de la célebre marquesa son bastante conocidos y estudiados, su carácter, la clave de su temperamento, constituye y constituirá un perpetuo enigma. Cuando se vio encarcelada y en poder de sus jueces siguió dando pruebas de la misma energía feroz y trataba a todo el mundo con tal dureza, sequedad y altanería que más de uno de sus carceleros debió pensar que era ella y no la justicia quien tenía razón. «¿Qué le habremos hecho a esta mujer?», se preguntaba más de un subalterno de la policía. Y tal cosa, en efecto, inclinaba a pensar el ver su actitud, su gesto, como si estuviera dispuesta a juzgar a sus jueces aun después de las monstruosidades que había cometido a sangre fría, experimentando tósigos en pobres del hospital como si fueran conejos de Indias, asesinando a su familia, cometiendo adulterios múltiples y casi simultáneos.

El *complejo de superioridad* de la Brinvilliers es tal que para nuestro siglo pertenece a otra era geológica. El hombre de la calle está en nuestros días tan distante, moral y socialmente, de aquellos rígidos y empelucados marqueses de Versalles como un caimán lo está de un dinosaurio. Si se quiere, el orgullo, la soberbia son ayer y hoy pecados de la misma especie. También el caimán y el dinosauro son reptiles; pero su tamaño ha cambiado mucho. Por nuestras modestas experiencias de hoy podemos comprender, pero no imaginar, lo que debía ser el orgullo de casta en el siglo de Luis XIV. En la actualidad es frecuente encontrar gentes intratables: por ejemplo, empleados que, en vez de considerarse al servicio del público, creen que es el público quien está al servicio de ellos. Pero este ser, propio de ciudad moderna, está sujeto a rápida igualdad civil cuando comete algún delito. La clase media, la alta y las subclases en que se dividen son prácticamente iguales ante el código.

Cuando examinamos el proceso de la Brinvilliers nos sentimos como transportados a otro planeta. Incluso en el libro de Funck-Brentano, que es un autor moderno, el sentimiento de clase propio de los franceses nos escandaliza, aunque él crea emocionarnos y nada más. Es asombroso cuán compenetrado está el citado autor con el complejo de inferioridad de los jueces ante la acusada; los miramientos con la que la interrogaban y, sobre todo, lo mucho que antes llegaron a vacilar en detenerla, siendo para ello necesario que el mismo rey tomase cartas en el asunto, pues se trataba de una *dama de qualité*.

En el drama de la vida todos los criminales suelen acabar pagando sus delitos, a la corta o a la larga. Pero que el castigo viniese enormemente retrasado a causa de la *qualité* del criminal, el hecho monstruoso –pero cierto– de que muchas veces esa misma *qualité* fuese causa de que quedase impune, eso es lo que hoy resulta exótico, inmoral, incomprensible.

En sus primeros días de prisión la culpable intentó suicidarse tragándose los vidrios de un vaso que previamente había roto con los dientes. Ante los jueces habló siempre con respeto, pero poseída de sí misma, consciente de que hablaba con sus iguales. Cuando la enfrentaban con algún testimonio de clase inferior, con alguno de sus antiguos amantes, con el familiar de algunas de sus víctimas, lo miraba por encima del hombro. Y cuando al fin, gracias a los esfuerzos del padre Pirot, gran director de almas, sintió arrepentimiento, su actitud iba casi exclusivamente dirigida a Dios: no se rindió jamás ante los hombres. Cuando le aplicaron el tormento del agua, porque la ley lo mandaba, ella declaró que previamente lo confesaría todo, y después los mismos que la atormentaban lo hacían penetrados de que realizaban una crueldad inútil. Y no confesó para librarse del tormento, pues sabía que de todos modos estaba sentenciada a él, sino para inutilizarlo y desacreditarlo a ojos de sus propios jueces.

Se comportó de tal manera que, a pesar de su sincero arrepentimiento, a pesar de su renuncia estrictamente cristiana al orgullo, en su última hora los jueces, el confesor, el verdugo mismo estaban penetrados de su superioridad: se sentían casi avergonzados. Como en el caso de Gilles de Rais, el pueblo consideró que había muerto como una santa. El verdugo le cercenó la cabeza de un solo tajo, con tal maña que no se movió, no cayó al suelo y permaneció como si no la hubiesen separado del cuerpo. El abate Pirot cuenta que, asombrado de sí mismo, aquel hombre exclamó:

–¿Habéis visto qué excelente golpe? Es el mejor que he dado en mi vida. Mañana encargaré seis misas por el descanso de su alma.

A continuación empinó una botella y bebió un buen trago de vino, como tenía por costumbre después de cada ejecución.

El cadáver fue quemado, obedeciendo la sentencia, y las cenizas barridas y esparcidas al viento.

LA VOISIN
Y MADAMA
MONTESPAN

BRUJAS Y MISAS
NEGRAS

Con la muerte de la marquesa de Brinvilliers parecía París haber salido para siempre de una pesadilla horrenda, que no volvería a mostrarse; pero esta ilusión duró poco tiempo. No transcurrieron muchas semanas cuando comenzaron a repetirse las muertes misteriosas, los envenenamientos, y esta vez se extendían no sólo a enfermos hospitalizados, sino a toda clase de gentes. En muchas familias reinaba el terror: los hijos desconfiaban de los padres, y éstos de los hijos. El arsénico había sido bautizado con un nombre terrible: *polvos de sucesión.* Las gentes procuraban con gran cuidado dejar sus testamentos en secreto y, a pesar de todo, los que tenían bienes que legar vivían en perpetuo alerta. Una oleada de muertes misteriosas se cernían sobre el país e hizo estragos durante tres años, desde 1676 hasta 1679, fecha en que estalló el proceso en toda su aterradora envergadura.

Por aquel tiempo se habían dado varios casos de muertes, por supuesto envenenamiento, en altos personajes: Enriqueta de Inglaterra, duquesa de Orleans; el ministro Hugues de Lionne y el duque de Saboya. A pesar de que el ministro de policía de Luis XIV, La Reynie, era hombre de gran eficiencia, los asesinos le tuvieron en jaque durante mucho tiempo, porque el *affaire des poisons* era algo más que un simple caso de delitos comunes: era un drama cortesano de gran alcance.

¿Puede afirmarse que la mujer es más creyente que el hombre? Esta cuestión nos llevaría a un debate sin límites. Pero sale a colación inevitable, en virtud de los hechos, en el misterioso caso de los venenos y de la brujería del siglo XVII, *tragedia cuyos principales protagonistas eran mujeres.* Entre los herejes doctrinarios es difícil hallar mujeres, porque la actuación de éstas suele ser práctica, no teórica. Ahora bien: según afirmaba Sprenger, inquisidor alemán del siglo XVI, *la brujería es la verdadera herejía de las mujeres.* Así como ellas suelen permanecer indiferentes ante los discursos de un Lutero, de un Jansenio, vibran en cambio ante los hechos de la magia, sin detenerse a discutir si se los puede llamar hechos o sugestiones, porque esto ya sería ponerse a filosofar: sería exigirles demasiado. En cambio, en el terreno de la práctica, las envenenadoras de que vamos a tratar se mostraron tan activas como los doctores de la reforma, ellos con sus discursos, ellas con sus filtros. Así como los más célebres dogmatizadores pertenecen al sexo masculino, las más resonantes hechicerías de la historia fueron obra de mujeres. El mismo Sprenger opina que los brujos masculinos eran muy poca cosa en los delitos que él estaba encargado de perseguir en su calidad de inquisidor. Con frecuencia la inquisición desempeñaba la función de una policía de delitos comunes.

En Francia, bajo Luis XIV, a falta de inquisición como las que funcionaban en España, Italia, Austria y Alemania, ante la oleada de crímenes que tenían su origen en experimentos «demonológicos» se tuvo que improvisar un tribunal especial llamado la *Cámara Ardiente,* que entendía en esos delitos cuando se salían del cuadro común del hurto y del homicidio en reyerta. Las envenenadoras eran profesionales: tenían su casa, su clientela, y muchas de ellas poseían gran influencia en la corte gracias a las visitas –vergonzoso es decirlo– de condes, marqueses y hasta príncipes que recibían en su propia casa. La policía y su comisario La Reynie estaban subterráneamente enterados de todo esto; pero no podían atropellar, no podían herir allí donde no existían sospechas directas, ni pruebas, y además estaban complicados tantos nombres ilustres. Ciertas «buenas mujeres» que vivían modestamente retiradas en casuchas de los barrios pobres recibían de vez en cuando la visita de algún hijo de familia cuyos padres tardaban demasiado tiempo en morir, o de alguna mujer hermosa que tenía un marido viejo y rico, o de algún pupilo descontento de su tutor, y mediante promesas lucrativas «ayudaban» a esos clientes a salir del paso. Cuando se trataba de ancianos la operación era más fácil de encubrir y llevar a término. Pero también morían muchas personas jóvenes, y de vez en cuando desaparecían niños. La extensión del problema le daba un aspecto muy enfadoso, porque era indiscutible que se cometían crímenes y las raíces del mal estaban muy ramificadas.

En la calle de Courtevilian en París, vivía en 1678 un modisto cuya esposa, una tal Dame Vigoureux, a falta de tener un salón aristocrático como podían permitírselo las damas de alto copete, no estaba dispuesta a privarse de la tertulia de sus amigos y los invitaba con frecuencia a comer en su casa. Entre ellos –todos gentes de medio pelo– figuraba un abogado de escasa clientela llamado Perrín, el cual en una de esas comidas estaba sentado junto a una dama bastante obesa, alta, con aspecto de gran simpatía y vitalidad, viuda, y de nombre María Bosse. Esta dama entrada en carnes estaba de buen humor. Bebía como un granadero y hablaba por los codos. Ella y la Vigoureux eran amigas íntimas; pero hacía tiempo que no había estado en su casa y el abogado la veía por primera vez. En medio de la euforia del vino a la Bosse se le ocurrió decir, mientras reía destempladamente:

–Nunca he sabido lo que es vivir bien hasta que me

metí a echadora de cartas. ¡Y qué gente tan principal se digna a venir a verme para que le diga la buenaventura! ¡Marqueses, príncipes, señores! *Dos envenenamientos más y me retiraré a vivir de renta.*

Casualmente mientras la Bosse decía estas palabras miraba Perrin a la Vigoureux, que hizo al oírlas un movimiento brusco con las cejas. Sin duda su amiga había hablado demasiado; pero de paso se veía que también ella estaba en el secreto. Al salir de aquella casa le faltó tiempo a Perrin para contárselo todo al capitán Desgrez –el mismo que casualmente había prendido a la marquesa de Brinvilliers–. Entonces el policía comprendió que una denuncia basada en unas palabras dichas en semiembriaguez no sería fácil de probar, y tampoco sería fácil lograr que la interesada volviese a repetirlas, pues habría tenido tiempo de arrepentirse de ellas cuando quedó a solas con su amiga después de retirarse los invitados. Aquello, que de momento no valía como prueba, podía ser utilizado como pista, y Desgrez se decidió a seguirla. mandó llamar a uno de sus agentes, al que consideraba más apto para aquel negocio, y le pidió que compareciese ante él en compañía de su mujer, pues deseaba confiarles a los dos una misión delicada. Decididamente aleccionada la mujer del agente en presencia de su marido, se retiraron del despacho del capitán. Al siguiente día la mujer se personó en casa de María Bosse, en la calle de Grand-Huleu, y comenzó su papel diciendo a la obesa bruja que su marido le hacía la vida imposible, que la maltrataba y que además ella sentía preferencias por un primo suyo, al que amaba ya desde su tierna infancia; pero que un padre feroz y una madrastra sin corazón la habían obligado a casarse con aquel bruto... Etcétera. Como es natural, dijo que su marido era tendero; tuvo buen cuidado de silenciar que era un policía del capitán Desgrez. La envenenadora, por precaución, no enseñó de momento las cartas y le rogó que volviese al día siguiente, pues necesitaba tiempo para pensarlo; pero ante la promesa de una buena suma que la mujer le ofreció no lo pensó mucho tiempo, y al otro día le entregó una botellita de veneno, con indicaciones verbales del modo como debía usarlo para que la muerte del esposo pareciese natural.

La mujer del agente entregó a su marido la botella y le dio cuenta de todo cuanto le había dicho María Bosse; en el acto el policía acudió a poner en manos del capitán las pruebas flagrantes del caso. Aquella misma noche detuvieron a la Bosse, a la Vigoureux y más tarde a otra mujer que andaba en tratos parecidos, Catalina Deshayes, casada con un Antonio Montvoisin y llamada comúnmente La Voisin. Aquellas detenciones habían de poner al descubierto una trama infernal, cuyas últimas consecuencias hicieron vacilar al propio rey, porque llegaban demasiado cerca de su persona para no causarle un dolor íntimo y profundo.

Trabaremos ahora conocimiento con una envenenadora-hechicera que por su amalgama de maldad, fanatismo y reacciones de arrepentida constituye una de las figuras más complejas de aquel tiempo. Funck la llama «la mayor criminal de la Historia». Es mucho decir; pero su temperamento le da en esta triste fama un papel de primer orden. La Voisin, según propia confesión, había comenzado a ejercer de adivina para mantener a su marido, que no trabajaba. «Viendo que mi marido no ganaba un céntimo me puse en situación de aprovechar la ciencia que me había dado Dios», dijo irreverentemente. Comenzó por la quiromancia y acabó por los venenos. Es curioso hacer constar que tanto ella como la Brinvilliers, como otras muchas damas a quienes «favorecieron» con sus drogas, eran mujeres que mantenían o regalaban dinero a sus amantes. Necesitaban, como decían ellas, «vivir con honor», es decir, con dinero suficiente para esta innoble conducta. Tal vez era una manifestación de feminismo. No todo ha de consistir en pantalones largos, fumar, conducir automóvil y llevar greñas cortas por detrás de la nuca. Ciertas damas del siglo XVII, a pesar de su afectada timidez, de sus largas cabelleras y sus *poses* delicadas, con sales y desmayos, sabían ser más «hombres» –en este sentido de moda aberrante– que las de hoy. Resulta mucho más hombruno mantener a tres o cuatro caballeros con espada y todo que no necesitar ser mantenidas –y con exorbitante gasto–, aunque se intente disimular esta evidente inferioridad oliendo a tabaco y a gasolina.

Expresaremos, pues, modernamente la personalidad de La Voisin y de otras muchas diciendo que llevaron su feminismo hasta un extremo delictivo. Pero, bromas aparte, en el fondo seguían siendo las eternas mujeres: movíanse algunas por el vicio; las más, por orgullo y por ambición. Las figuras de la corte que solicitaron los servicios de esta monstruosa envenenadora participaban de una pasión o de la otra y gracias a su calidad social gozaron relativamente de una impunidad mucho mayor, aunque al fin algunas fuesen castigadas. Aparte el asunto de la Montespan, que aniquiló al propio Luis XIV, los *affaires* más célebres relacionados con La Voisin fueron los de madama de Dreux, Léféron, Poulaillon y el cínico don Juan llamado La Rivière, uno de los casos más claros de pillo con suerte que registra la historia.

María Brissart, viuda en edad de amar aún, sentía una gran pasión por el caballero Luis Dionisio de Rubentel, que no se parecía por su estilo a los *gigolós* de nuestro tiempos. Este, aunque bien abastecido y equipado por la dama, era valiente guerrero, gran espadachín, asistía a las batallas y tenía su corazón de mosquetero tan lleno de valor como la bolsa de escudos. Entre campañas y estocadas menudeaban los sablazos también, al bolsillo de la Brissart. Rubentel sabía cómo había que hacerse de vez en cuando el frío, el indiferente, para que el bolsillo de su protectora se abriese con más generosidad. Cansada la viuda de tanto pagar y de que las atenciones de su amante fuesen cada vez más raras, creyó que valía la pena consultarlo con los demonios y fue a ver a La Voisin, la cual aún estaba en sus comienzos. Por esta vez no se trató de arsénico: no llegó la sangre al río. La Brissart no quería emponzoñar al mosquetero, sino sólo asegurarse su amor. La Voisin le dio unas bolitas de cera en cuyo interior estaban, retorcidas, dos figuritas de papel que representaban a la dama y a su amante. Le aconsejó que las lanzara al fuego, y al consumirse la cera se consumiría en amor el corazón del ingrato.

Como el bravo Rubentel estaba lejos, repartiendo estocadas y gastándose los escudos, las dos mujeres no pudieron darle a beber ningún filtro amoroso de los que solían preparar entonces con porquerías increíbles. No tragó, pues, veneno ni inmundicias. Y como la magia de las figuritas de papel y otras niñerías no daban resultado, La Voisin, más lista que sus clientes, imaginó un nuevo expediente. Dijo a la dama que le entregase a ella las cartas tiernas que todos los días escribía a su mosquetero y ella se las haría llevar envueltas en perfume encantado que le volvería loco de amor. Hízolo así la viuda, y todos los días un paje llevaba una carta para Rubentel a casa de La Voisin, la cual, sin más ceremonias, la rompía en mil pedazos. Así transcurrió un mes. Rubentel comenzó a notar desde su campamento que no llegaban ya cartas ni dinero. Se arrepintió de su torpeza y, temiendo se secase para siempre aquella saneada fuente de ingresos, volvió al lado de la viuda y le pidió perdón por su ingratitud. La Brissart quedó tan contenta del perfume amatorio de La Voisin que, sin caer en el secreto, le regaló una buena suma.

Esta fruslería de la Brissart no es más que un prólogo, porque los serios asuntos delictivos vinieron más tarde y en ellos comenzó a intervenir una gravedad criminal. Madama de Dreux, esposa de un alto oficial del Parlamento, era bella como una muñeca, y por esta cualidad la sociedad estaba dispuesta a perdonárselo todo. Enamorada locamente del señor de Richelieu, envenenaba a todas las mujeres que le inspiraban celos de su galán. Había envenenado también a otras varias personas por distintas causas. Lo escandaloso, en su proceso, fue la impunidad que debió a su alto rango social. La gente de Versalles y de París no pensaba más que en tomar a risa la cosa, en enviar al marido divertidos epigramas en verso y contar nuevas historias de su mujer. Acusada, no obstante, de sus crímenes, madama de Dreux fue encerrada en Vincennes; pero salió al cabo de poco tiempo por compasión que los magistrados y la corte sentían de su belleza. No la condenaron a otra pena que a vivir en París, sin poder alejarse de la ciudad, y al lado de su marido. ¡Pobre madama de Dreux! Y pobre marido, dicho sea de paso.

Otra cliente de La Voisin fue madame de Léféron, cuyo esposo pertenecía también a la magistratura. El marido era muy estimado entre sus colegas por su entereza y probidad en aquellos tiempos de permanente injusticia, mantenida por prejuicios de casta. Sus virtudes de romano eran para su mujer graves defectos: le encontraba avaro, aburrido... Ella, por su parte, pasaba ya de los cincuenta años. Pero la madurez no le impidió enamorarse de un tal señor De Prade, que a su vez deseaba llenarse los bolsillos. Siguiendo estrictamente los métodos que La Voisin le había confiado, madama Léféron *despacho* a su marido en poco tiempo, después de breve tratamiento con arsénico, y se casó con De Prade, el cual pudo disfrutar durante un año las delicias de una excelente posición económica. La mal adquirida felicidad duró poco, por el escaso tacto del De Prade, que continuamente sableaba a su esposa. Esta, cansada, se decidió a envenenarle también; pero él escapó, tal vez después de denunciarla, abandonando el territorio francés. La señora fue condenada a leve destierro fuera de París y al pago de una multa de mil quinientas libras. Extraordinaria clemencia, porque tenía muchos testimonios de su crimen.

La última fase de la carrera secreta de La Voisin –proveedora de todos los venenos en los casos que hemos relatado– parece resumir en uno los títulos de estas dos óperas de Mozart, aunque no tenga nada que ver con ellas. Un don Juan aparece en escena, un tal La Rivière, que, según le retratan los documentos del tiempo, tenía particular habilidad en sacar dinero a las damas. Este personaje inspiró una pasión sin freno a madama de Poulaillon, casada con el señor Alexandre de este apellido, mayor que ella y muy acaudalado. A las primeras noticias de este capricho de su mujer Poulaillon reaccionó más como rentista que como turco y se limitó a mantener bien cerrada su caja de caudales. La señora, exasperada viendo que su galán le volvía la espalda, echaba mano de todos los objetos valiosos que encontraba, para venderlos: plata, oro, joyas, muebles e incluso una casaca del pobre Poulaillon. Tan lejos llegaron las cosas, y tan loca debía estar aquella mujer, que llegó a asustar a la propia Voisin al proponerle que enviase a su casa a unos matones profesionales para que despachasen a su esposo. Ella misma estaba dispuesta a abrir la puerta, y mientras ellos anduvieran en su «trabajo» ella vaciaría las cajas y prepararía su fuga. Pero ni a La Voisin ni menos a La Rivière les interesó aquel plan. Su pasión por la dama no llegaba hasta jugarse por ella el pellejo en un robo a mano armada, con premeditación, allanamiento y asesinato. El *gigoló* puso los pies en polvorosa, La Voisin se desentendió del asunto, y aquella fiera con faldas, habiendo despertado demasiadas sospechas en el marido, que tenía contra ella pruebas gravísimas, fue encarcelada y procesada.

Naturalmente –y en esto sí intervino La Voisin– había intentado antes envenenarle; y como él se hacía servir la comida aparte, resolvió lavarle las camisas con arsénico. El pobre Poulaillon vistió varias veces camisas así preparadas por la envenenadora, que le produjeron una grave erupción cutánea en el bajo vientre. Durante algún tiempo todo el mundo compadecía a su mujer creyendo que aquella enfermedad del marido se debía a algún desorden deshonesto.

Lo más sorprendente, en el final de esta historia, fue la enorme fortuna que acompañó a todas partes al fugitivo La Rivière. En Borgoña contrajo matrimonio con una rica heredera, casi por sorpresa, y cuando ella y su padre se dieron cuenta de qué clase de bicho había entrado en casa quisieron obtener una anulación civil, para poner a salvo sus bienes. Pero La Rivière pleiteó y obtuvo al fin una fuerte suma y una pensión vitalicia para decidirse a abandonar a su mujer.

Esta serie de lances termina con un episodio a la vez caballeresco y bufo. El matrimonio Brunet, de Port-Saint-Landry, vivía en perfecta armonía hasta que la dama conoció a un tal Filiberto Rebillé, caballero de espada, que además de ser un hombre hecho y derecho tocaba la flauta como los ángeles. El señor Brunet se mostró comprensivo y cortés a la francesa, y sin que mediase ninguna grosería ni inconveniencia, al menos por la forma, el guapo Filiberto fue invitado a pasar una temporada, de duración indefinida, en el *ménage*. «Felicidad perfecta –comenta con cinismo Funck-Brentano– y que hubiese durado largo tiempo al son de la flauta melodiosa.» Imaginémonos el trío y comprenderemos que, por exigencias de estilo, el esposo debía ostentar sobre la frente un trofeo del más puro corte neoclásico: un vodevil con música de Lully. Pero el horizonte de Arcadia se nubló de repente porque el marido, que estaba en la higuera –pues Filiberto había venido a su casa a título de músico solamente–, tuvo de ponto la idea conmovedora de prometer la mano de su hija a Rebillé, deseando hacer feliz a aquel hombre uniéndole a la familia. La decisión del marido cayó como una bomba sobre madama de Brunet, la cual en un principio veía con agrado la buena armonía que reinaba entre su marido y su amante, pero no había soñado que llegase a tanto. Entonces comenzó una situación a la vez triste y cómica: la madre fue a contar sus penas a La Voisin, decidida a eliminar a la hija o al novio, pues no podía resignarse a ver algún día al uno en brazos del otro y ella destinada a ser una de las peores suegras del mundo. Pues si la *suegrez* –como algunos psicoanalistas afirman– es un fenómeno de celos unilaterales, ¡qué sucedería cuando estos celos se ejerciesen por partida doble! La cosa acabaría con arsénico; y madama, impulsiva en su pasión amenazada, prefirió dar el arsénico antes, que no después. El buen señor Brunet, no obstante las facilidades que siempre había dado a su esposa

–dura *École des maris* para el siglo de Molière–, fue ingratamente recompensado y murió envenenado en 1673. Filiberto se casó con la viuda.

Lo más curioso de este caso es que el flautista no había participado en ningún plan de asesinato. Su debilidad consistió en dejarse llevar por aquella fiera, de un modo bastante abúlico. Pero demostró un quijotismo salvador cuando, al ver a manos de quién había venido a parar, se constituyó voluntariamente prisionero en Vincennes, para que se viera cuán limpia estaba su ejecutoria ante los tribunales. Luis XIV, que apreciaba a Rebillé, le había indicado por conducto privado que huyese de Francia; pero el bravo Rebillé se obstinó y quiso que le juzgasen. Al cabo de poco fue absuelto. La monstruosa viuda murió en la horca, y antes del suplicio le cortaron de un hachazo la mano derecha, con la que había envenenado a su marido.

Cuando la redada de envenenadores –todos entes de baja estofa, pues me refiero a los profesionales y no a sus clientes– estuvo en la cárcel se les aplicó el tormento. Pero entonces comenzaron a salir, como repugnantes ratas de un viejo caserón que se incendia, nombres propios, coartadas y verdades tan duras que los jueces vieron que la podredumbre llegaba hasta las clases más elevadas del hipócrita edificio versallesco: no estaba el lodo solamente en las cloacas.

El tormento había hecho cantar a los que sabían demasiado, y sus salpicaduras ensuciaban los espejos y el artesonado de los salones. Aquello no podía continuar y cierto día el rey dio bruscamente la orden de suspender las sesiones de la Cámara Ardiente, para que su ardor no incendiase a Francia antes de tiempo.

Un caso particular en estos hechos lo constituye el enigma del tormento que se aplicó a La Voisin. Aquella bruja estaba acusada de crímenes enormes. No solamente ayudaba a las mujeres a deshacerse de sus maridos, sino que tenía en su casa una habitación destinada a malograr los frutos del pecado; y no sólo los del pecado, sino los que estorbaban el egoísmo de ciertas madres. No sé qué crédito dar a la cifra de Funck-Brentano –aunque se trata de un investigador directo de archivos y no de un novelista–, el cual transmite que fueron hallados en el sótano de La Voisin más de dos mil esqueletos (!) de pequeñuelos. Horrenda cifra, que preferiríamos fuese exagerada.

Siguiendo las leyes vigentes entonces La Voisin era acreedora a tormento, más aún que los otros asesinos. Sin embargo, a pesar de que consta oficialmente que se le aplicó la *question*, el jefe de policía La Reynie exclamaba, indignado: «A La Voisin no se le ha aplicado tormento de ninguna clase. Hay quien impide que hable demasiado.» El mismo La Reynie no podía nada contra ella. Una influencia oculta la sostenía, y no es lógico creer que lo hiciese por amor a semejante monstruo, sino para que no saliese a la superficie una oleada de fango que llegase a ensuciar las gradas del trono real. A pesar de estas misteriosas precauciones, Luis XIV sabía ya muchas cosas, y en prueba de ello mandó secuestrar, por oficiales privados de su casa, varios documentos judiciales que habían resultado de los interrogatorios de la Cámara Ardiente. Los documentos fueron guardados a vista por el propio rey, en un cofre especial, y no se hicieron públicos. Pero la Historia ha penetrado por otros caminos hasta el secreto que el Rey Sol con tanto ahínco deseaba guardar y sustraer para siempre a las miradas de los venideros.

MADAMA DE MONTESPAN

El «reinado» de madama de Montespan, la más brillante de las concubinas de Luis XIV, coincide con el apogeo de su gloria. No detallaremos aquí el tren de vida verdaderamente regio, y tan regio como escandaloso, que llevaba aquella mujer en el mismo Versalles, eclipsando el de la propia reina, de la esposa legítima del monarca. Se dice que la Montespan ocupaba veinte habitaciones en el palacio mientras la reina sólo ocupaba once. Dió a

Luis XIV siete hijos, que hubieron de ser legitimados, de grado o por fuerza, por el Parlamento y recibieron el título de infantes de Francia. En su juventud, antes de ser amante del rey, la Montespan se había mostrado siempre como un carácter dominador, ambicioso. «Era más ambiciosa que sensual», dice de ella la princesa Palatina en sus memorias. Lo que interesa a este capítulo es que ya a partir de 1666, en que el comisario La Reynie había iniciado sus visitas de policía a las brujas para comenzar a conocer su mundo e informarse a fondo, hasta 1679 el Rey Sol estuvo en poder de aquella mujer absorbente, que se sentaba con él a su mesa y, según se averiguó después, mezclaba en sus alimentos ciertas inmundicias inconfesables, con las que pretendía, por consejo de las brujas, conservar siempre viva la atención del rey hacia sus encantos.

Estos comienzos no eran nada comparados con las abominaciones a que aquella hembra, enloquecida por la ambición, se entregó después. Entre los delincuentes detenidos en la redada de La Voisin había un hombre monstruoso, el abate Guibourg, que en el tormento confesó haber dicho *misas negras*, sacrilegios horrendos, dedicados al diablo, en que partículas de lo más santo eran mezcladas con intestinos de niños sacrificados durante la horrible ceremonia. Los que practicaban la misa negra se consideraban a sí mismo como verdaderos adeptos de Satanás, y lo eran, en efecto.

De la Montespan se supo que, para comenzar, hacía decir misas sacrílegas sirviendo ella misma de atril, al sostener los Evangelios sobre su cabeza. Estos datos llegaron a oídos del rey cuando ya era demasiado tarde, al verse el proceso, y le dejaron fulminado, porque, dada la altura de su representación en aquel mundo que tan absolutamente gobernaba, era mayor todavía su deshonra que la de tantos maridos resignados de su corte, a los que él había arrebatado sus mujeres o podía en cualquier momento arrebatárselas para satisfacer un capricho. La entronización oficial del pecado, los honores públicos dispensados a sus adulterios desembocaban ahora en aquella explosión sacrílega, sin nombre. Las mujeres, enloquecidas por la vanidad, por figurar como reinas y astros de primera magnitud en Versalles, no se habían detenido ante el crimen ni ante el sacrilegio. Y la misma Montespan no sólo se había aliado con el diablo, sino que, no creyendo necesario eliminar a su marido –del cual el rey había obtenido la separación por imposición inicua y arbitraria a sus magistrados–, se mostraba ahora dispuesta a eliminar al propio rey de Francia si ponía los ojos en alguna otra mujer.

Y Luis XIV puso los ojos en otra, la señorita de Fontanges, a la que sus parientes, «más preocupados del bienestar que del honor», prostituyeron casi oficialmente, presentándola en la corte, como una oveja que llevan a sacrificar, ataviada con sus mejores galas. Cuando la Fontanges murió debido a la pérdida de sangre ocasionada por un parto, Luis XIV, que ya sospechaba de lo que era capaz madama de Montespan, quiso impedir que los parientes de la muerta lograsen la autopsia del cadáver, temiéndose declarase que había sido envenenada. Pero la actitud enérgica de la familia prevaleció. Menguada energía de los que antes la habían vendido a la lujuria real; y extraña debilidad del rey, que se había mostrado más enérgico cuando logró coaccionar a sus magistrados en la ruptura del matrimonio Montespan.

Un testigo de los interrogatorios de la Cámara Ardiente había comentado que la Montespan «fue aconsejada de tal modo por algunos, que los hacía acreedores a morir descuartizados», como Ravaillac. El descuartizamiento era el suplicio de los regicidas. Aquello significaba que los envenenadores habían tramado con la dama un complot contra la vida del rey. Este había de ser envenenado mediante el simple contacto de un papel, un *placet* que uno de ellos llevaría en la mano después de solicitar una audiencia del monarca, tal como era costumbre, con aquel requisito. Funck lo documenta escrupulosamente. La Montespan era lo bastante culpable para ser condenada a muerte; pero el rey, que amaba a los hijos que ella le había dado, rechazó este expediente. Otro castigo y penitencia más larga la esperaban: la de ir viendo cómo los cortesanos le volvían poco a poco la espalda, enterados de todo, aunque no se hubiese dado de ello ninguna «campanada» oficial. Además la caída de la favorita no fue brusca, pues sus trece años de encumbramiento habían creado un mundo de intereses alrededor de ella. No se la podía tirar por la ventana sin grave perjuicio de tercero. Así los mismo ministros, Louvois, Colbert y hasta madama de Maintenon, que acabaría casándose con Luis XIV, trabajaron para que su caída, vertical y definitiva, quedase amortiguada con una especie de parachoques social y económico. El rey hizo que se retirara a un convento de París, que ella misma había fundado. Los últimos tiempos de su existencia –¡vivió aún veintisiete años interminables!– fueron los de una penitente... Su confesor, el padre Latour, le impuso una mortificación que el propio Funck-Brentano mira con significativo horror: la de pedir perdón a su marido y ofrecerse a volver otra vez a su lado. «Esta debió ser –comenta el galo– la penitencia más dura.» La excesiva comprensión de los autores franceses para el punto de vista de las adúlteras es cosa que nos choca un poco. Así, pues, diremos que cuando la Montespan hubo cumplido la *affreuse pénitence* de pedir perdón a su esposo se preparó a bien morir.

Pero aunque Funck-Brentano crea que con esto ya había ganado el Cielo, la interesada estaba aún muy lejos de creer tal cosa. La idea de la muerte la obsesionaba. Tal vez el recuerdo de las *misas negras*, de los sacrilegios horripilantes, le hablaba de una deuda que todavía estaba muy lejos de pagar. Se dice que en sus últimos años dormía en una alcoba muy iluminada, con varias docenas de luces que ardían toda la noche, y quería que varias mujeres permaneciesen velándola hasta salir el sol. Se despertaba a menudo para comprobar si se habían dormido. Tenía horror a la soledad, al silencio, al sueño de los demás, a las tinieblas.

No durmió del todo hasta que le llegó el sueño de la muerte. Esta fue edificante. Pero murió abandonada de todos los que antes la habían amado. El marqués de Montespan contestó con dureza a su carta de penitencia. Dijo que no la necesitaba para nada a su lado y no quería volver a oír hablar de ella.

CONCLUSIÓN

La Voisin fue quemada viva; Guibourg, encerrado a perpetuidad con otros muchos. Las cadenas de éstos eran empotradas por un extremo a los muros de las fortalezas. Pero en el fondo mismo de aquellas penas había flagran tes injusticias de acepción de personas: injusticias de raíz social. Louvois pasó órdenes a los guardianes encargados de vigilar a aquellos delincuentes para que si alguno in tentaba hablar más, le apaleasen hasta que se callara. Ha bían comenzado atormentándolos para que hablasen y después los amenazaban con romperles las costillas si se guían hablando. El olor de la podredumbre subía hasta las gradas del trono; pero había que blanquear el sepul cro durante el mayor tiempo posible, aunque las facha das del alcázar regio comenzasen ya a cuartearse, a de nunciar la carcoma interior...

LEYENDA NEGRA DE LA BASTILLA

En la gran Exposición de París de 1889 figuraba una reproducción reducida de la Bastilla, la antigua *fortaleza del despotismo,* derribada después de su conquista el 14 de julio de 1789, fecha que todavía es conmemorada en Francia como fiesta nacional. En la «Bastilla» reducida de la Exposición, apenas franqueaban los visitantes la puerta de entrada, veían en la oscuridad a un anciano maquillado con gran barba blanca, acostado sobre un montón de paja húmeda y cargado de cadenas, que lanzaba gemidos de dolor. El guía indicaba entonces a los turistas: «Aquí tienen ustedes al infortunado Latude, que ha permanecido en esta postura, con los brazos encadenados a la espalda, ¡durante treinta y cinco años!»

Los visitantes reaccionaban cada uno a su manera: unos se echaban a reír; otros movían la cabeza con la indiferencia que se experimenta ante los romances de ciego demasiado truculentos; otros se indignaban contra el *Ancien Régime;* otros, en fin, se abstenían de todo comentario. Los niños experimentaban casi siempre, ante el anciano cargado de cadenas, una impresión inolvidable.

Cierto día en que el público atravesaba, como de costumbre, las puertas de la siniestra «Bastilla» de la Exposición, mientras el guía pronunciaba las palabras indicadoras de ritual, cuando acabó de decir: «Latude ha permanecido con las manos encadenadas así durante treinta y cinco años», uno de los visitantes exclamó: «Y en esta misma postura, señoras y señores, fabricó la escalera de cuerda de ciento ochenta pies de largo que le permitió escapar.»

Todo el mundo volvió la cabeza con curiosidad, y el guía, con indignación. Aquel aguafiestas se llamaba Victoriano Sardou. El mismo cuenta en el prólogo de cierto libro que, después de haber dicho esto, se escabulló de entre la gente. ¿Por qué tanta prisa? El autor de *Tosca* era un tímido. Y precisamente lo más divertido de tal circunstancia consiste en que el hombre que puso en escena uno de los aspectos más escalofriantes del «antiguo despotismos», encarnándolo en la figura del esbirro Scarpia, haya sido el encargado de prologar el libro de Funck-Brentano, en que tanto el autor como el prologuista se esfuerzan en demostrar que no fue tan fiero el león como lo pintan y que la Bastilla, llamada «el infierno de los vivos», fue la prisión más cómoda, más noble, más humanitaria y –¿por qué no decirlo?– la más agradable de cuantas han existido..., en la medida en que una prisión puede serlo. Confesamos que, a primera vista, la colaboración entre un archivero y un poeta nos ha parecido sospechosa. ¿Por qué tuvo que ser Sardou, el hombre de la elocuencia y de la fantasía, quien escribiera el prólogo para el hombre de la investigación y del documento? Este es un pequeño enigma que no intentaremos resolver. La imparcialidad del citado erudito nos merece la más absoluta confianza. Pero no podemos negar que sus obras tienen también cierto atractivo literario. Funck es un magnífico prosista. ¿Tenemos derecho a pensar mal, por esto solamente, de su objetividad histórica? ¿Compartiremos aquel prejuicio de antaño de que las mujeres que bailaban bien no podían ser mujeres honradas? ¿Diremos, como Cervantes, «baila como una perdida»? Renunciemos a este prejuicio al decir que aquel historiado escribe como un verdadero poeta. Ello no ha disminuir a nuestros ojos un ápice de su valor científico.

Uno de los escritores que, en el siglo XIX, trazaron el más negro cuadro de la Bastilla fue Luis Blanc, que habla de jaulas de hierro; calabozos subterráneos que eran nido de sapos, lagartos, ratas monstruosas, arañas; una enorme piedra por todo mobiliario, cubierta con un poco de paja; lugares donde el prisionero respira un aire pestífero, rodeado de las sombras del misterio y condenado a una ignorancia absoluta del delito por el cual se le retiene encerrado... Sardou, por su parte, exclama: «Si esta Bastilla de melodrama ha existido alguna vez, la del siglo XVIII no se le parece.» En esta observación debemos hacer alto. ¿No resultan tales palabras un poco sofísticas? Si la Bastilla del siglo XVIII había sido mejorada, reformada en sentido humanitario, sobre todo bajo Luis XVI –existiendo notable diferencia respecto a la de Luis XIV como se desprende del relato de Constantin de Renneville, del que luego nos ocuparemos–, ello no impide que la Bastilla contase con muchos siglos de existencia, desde que fue colocada su primera piedra en el siglo XIV, el 22 de abril de 1370, por el preboste de los mercaderes de París, Hugues Aubriot. ¿Fue siempre cosa tan placentera estar encerrado allí, como en los tiempos en que la barbarie se iba atenuando poco a poco y en vez de ser una prisión para enemigos maquiavélicos y peligrosos de los reyes del Renacimiento se había convertido en un *honroso alojamiento* para grandes señores? Evidentemente el enfoque de Sardou se refiere a una Bastilla perfeccionada. Han pasado los tiempos en que Francisco I cargaba en primera línea, con sus nobles, en la batalla de Marignan o en la de Pavía y le mataban el caballo, como a Bayardo o a cualquier otro «chévalier sans peur et sans réproche». Han pasado también los tiempos de las guerras de religión. Es evidente que una investigación sobre la Bastilla en el siglo XVIII no puede escalofriarnos, como tal vez lo haría la que pudiese hacerse sobre la Bastilla en los tempestuosos siglos XV y XVI..., si no se hubiesen perdido por completo los documentos sobre la famosa prisión, en estos siglos aludidos. Se aclara, en efecto, la historia del colosal naufragio de papeles, que tanto debemos lamentar, a consecuencia del atolondramiento revolucionario en el 14 de julio. En la toma de la Bastilla Francia se hizo por unos instantes la ilusión de que caía el despotismo, o –más cartesianamente hablando– *todo posible despotismo.* La intención era recta, aunque un poco abstracta. El despotismo volvió a nacer y renació en mil formas, desde 1789. Lo que se perdió para siempre fueron los archivos de la célebre prisión; aunque no todos, pues el erudito Ravaisson ha podido reunir veintiún volúmenes de documentos. Los aficionados que lean esto exclamarán fácilmente: «¡Veintiún volúmenes! ¿Qué más quieren?» Es cierto..., a primera vista. Pero no debe olvidarse que estos veintiún volúmenes tratan sólo de la Bastilla en el siglo XVIII, y los documentos que se perdieron en la caída de la fortaleza comenzaron a archivarse en 1659. Los del siglo XVIII no han llegado íntegros a nuestras manos y faltan además los de la segunda mitad del XVII. Cuando comenzó a reunirse la colección hacía cuarenta años que había muerto Luis XIV, bajo cuyo reinado estuvo preso Renneville, el cual nos ha dejado unas memorias muy curiosas, pero de las que conviene desconfiar un poco, pues Renneville sufrió mucho allí y permaneció largo tiempo encerrado.

La voz *bastille* es un nombre genérico que significa, en antiguos términos militares, obra destacada de defensa o ataque, plaza fuerte. Su primitiva modalidad de construcción se remonta a Julio César. El origen de la «bastilla» parisiense, en la fecha que hemos indicado antes, fue una fortificación contra los ingleses durante la guerra de Cien Años. En sus orígenes no era prisión, pero comenzó a serlo a partir de Carlos VI, el padre del monarca que tan ingratamente se dejó salvar por Santa Juana de Arco. Fue Richelieu, sin embargo, el primero que la convirtió oficialmente en prisión de Estado. No tardó en correr el rumor de que la Bastilla era una cárcel para las gentes del pueblo, cosa específicamente opuesta a la verdad, pues era una prisión política y de aristócratas; más tarde hubo allí numerosos protestantes y también hombres de letras. Esto último fue aprovechado por Michelet para calificarla de «prisión de la pensée». Ya veremos lo que queda de este tópico.

En las prisiones medievales había una cosa que forma parte del museo de horrores de la Historia: lo que en francés se llama *oubliettes.* Una cosa tan cruel que se ha querido incluso negar su existencia, así como se discute también la existencia del derecho de pernada. *Oubliette* es una palabra que se deriva de *oubli* (olvido) y consistía en una trampa o pozo sin salida en el que, según las más negras versiones, se arrojaba a ciertos prisioneros, los cúales desaparecían así del mundo de los vivos, quedaban «olvidados», y morían de hambre o de asfixia en el subterráneo de las fortalezas. Si ha habido o no *oubliettes* destinadas no a letrinas, sino a tan horrible finalidad, constituye un tema que discutir. Si las ha habido en la Bastilla parisiense, es otro tema. Y si la Bastilla era un paraíso terrenal, pero en cambio había *oubliettes* y calabozos con agua en otras prisiones, es cosa que no glorifica a la justicia del *Ancien Régime, por más que se demuestre que precisamente en la Bastilla no hubo tales suplicios.* Decimos esto para que el documentado estudio que citamos, al que no puede negarse una finalidad patriótica y apologética, pueda ser apreciado en su verdadero valor. ¿La Bastilla pudo ser una especie de paraíso? No hay duda; pero solamente a partir del siglo XVIII. Se da la pícara casualidad de que los documentos anteriores a este siglo han desaparecido. Cosa lamentable. Ahora bien: ¿es Funck-Brentano verídico y exacto? Sin duda. El se limita a interpretar correctamente y con la mayor buena fe los documentos de un solo siglo, que son los que se poseen. No tiene la culpa de que otros documentos de tres siglos y medio anteriores se hayan perdido. A falta de estos últimos poseemos, en cambio, numerosas memorias de prisioneros. Un prisionero tiene siempre el defecto de que no le gusta elogiar su prisión cuando le es dado escribir sobre ella. Pero un historiador imparcial debe saber interpretar las cosas, y a menudo muchas que, al parecer, *no tienen relación directa* con lo que se estudia. Hay que aprender el delicado arte de distinguir una verdad a través de un escrito redactado a propósito para ocultarla, como los detectives han de saber distinguir si el asesino era zurdo.

Los ataques contra este castillo y su régimen, en tiempos de Luis XIV, no se refieren tanto a la cárcel en sí misma como al propio rey, que tenía en Europa numerosos enemigos. Constantino de Renneville, protestante francés, emigrado a Holanda en 1699 –el Rey Sol hacía la vida imposible a los hugonotes–, cometió la imprudencia de regresar a su país en 1702. No tardó en ser denunciado como espía holandés y encerrado en aquella cárcel, donde permaneció once años. Cuando salió de la prisión en 1713 escribió su *Inquisición francesa o Historia de la Bastilla* (1715), que tuvo gran resonancia. ¿Por qué? ¿Por las *crueldades y los horrores* de la prisión? No tal, pues Renneville es una de ls fuentes indirectas para probar que en la famosa cárcel se vivía bien. El hugonote francés pasó allí buenos y malos ratos. Al final dice: «gemí once años en aquel infierno»; conoció verdugos de vocación, como Corbé; gobernadores sin entrañas, como Bernaville y D'Argenson; pero tuvo también temporadas excelentes, incluso felices, si se exceptúa la permanente desdicha de la privación de libertad; buena comida y buena compañía. Al mismo tiempo nos relata que había en la fortaleza celdas y calabozos destinados a los que se volvían locos durante el cautiverio. El mayor elemento de crueldad era, sin duda, la prolongación del encierro; pero a los prisioneros se les dejaban libros, muebles, combustible y luces. «A pesar de todo» –lo decimos irónicamente, claro está–, el «ingrato» Renneville deseaba que le dejasen en libertad. ¿Hay en ello alguna contradicción? Creemos que no. Esto, téngase en cuenta, ocurría cuando aún estaba vivo Luis XIV. La sensación producida por el libro de Renneville se debió no tanto a las características de su encarcelamiento como a la tensión internacional contra Francia en aquellos años. Luis XIV cometía frecuentes violaciones de frontera; estaba en guerra con ingleses, holandeses y protestantes de todas las naciones, y acababa de dejar sentada su influencia más allá de los Pirineos, amenazando con bloquear así los mares. No era de extrañar que todo cuanto afectase a su monarquía despertase un violento y apasionado interés doblado de odio.

Luis XIV muere en 1715 y a partir de esta fecha, en que Francia marcha hacia la nueva época que se llamará, con el tiempo, de la *Ilustración,* la Bastilla comienza a participar también de una especie de «despotismo ilustrado». Los encierros son arbitrarios y duran tiempo indefinido. El rey es dueño de la libertad de sus súbditos en virtud de las famosas *lettres de cachet;* pero... el régimen de la Bastilla va mejorando de tal manera que precisamente en esta época es cuando los eruditos pueden reunir, a más y mejor, documentos sobre las delicias de estar encerrado en ella. Los ejemplos más famosos de bienestar en aquella cárcel son cinco: Voltaire, Linguet, Diderot, Mirabeau y Latude. Veamos, por orden, cada caso de estas famosas «víctimas».

Voltaire estuvo en el «infierno de los vivos» dos veces: la primera del 17 de mayo de 1717 al 14 de abril de 1718 (menos de un año). No estuvo prisionero «su pensamiento», como creía Michelet, sino su persona, pues era su persona quien había insultado en groseros versos al regente de Orleans y a su hija. Se trataba de un delito común, una difamación, nada que tuviese relación con la *liberté de la pensée.* No le encerraron en ningún calabozo oscuro, ni le torturaron, ni le cargaron de cadenas, porque conservaba el buen humor suficiente para escribir unos versos hablando de su encierro, con un estilo inconfundible, que lamentamos tener que traducir en prosa. Cúlpese de ello a nuestra estéril musa:

«Cuando llegué allí –a la Bastilla– me sale al paso un polizonte que, ponderando las bellezas de mi nuevo alojamiento, enumerando sus perfecciones, encantos y comodidades, dice: "Nunca ha brillado Febo en su carrera luminosa de modo tan cálido como hoy, señor mío. Pero no temáis. Ved esos muros de seis pies de grosor: a su sombra estaréis deliciosamente fresco." Y después, haciéndome admirar también las robustas puertas, los enormes cerrojos y el triple enrejado, añadió: "Todo esto es para vuestra tranquilidad". Y aquí estoy en este lugar de desdicha, embastillado, alojado en poco espacio, sin dormir, bebiendo caliente y comiendo frío, sin diversión, sin amigos, sin amores.»

Cuando Voltaire se vio de nuevo en libertad, el regente, a quien había injuriado, le ofreció su protección como era de costumbre, y él respondió: «Monseñor, os doy las gracias por quereros encargar de mis comidas; pero os ruego que no volváis a encargaros de mi alojamiento.» En 1726 fue encerrado por segunda vez en la Bastilla por haber puesto en solfa al caballero de Rohan, que le hizo dar una paliza por unos matones a sueldo. Rohan, que temía que el escritor se vengase atentando contra su vida, le mandó encerrar. Esta segunda vez Voltaire sólo estuvo en la prisión doce días, con un criado para su servicio, con derecho a ir a comer con el gobernador, recibiendo la visita de parientes y amigos; tratado, en suma, a cuerpo de rey. Sin duda le hizo rabiar mucho más Federico de Prusia en los tiempos en que fue su huésped de honor en el palacio de Sans-Souci.

Veamos otro mártir: Linguet, abogado y periodista, fue detenido por delito de prensa y difamación: un gran número de gentes honradas particulares resultaban groseramente injuriadas en sus escritos. Este libelista permaneció encerrado dos años. Al salir aquel hombre, acostumbrado a destilar veneno con la pluma, dejó el relato de una serie de hechos auténticos, pero desfigurados por su malevolencia. Modernamente no se toma en serio la descripción de su celda, en que habla de «dos colchones comidos de gusanos, una silla desvencijada cuyo asiento se sostenía con cuerdas añadidas, un cántaro de agua, dos vasos de porcelana, uno de los cuales era para beber, y dos morillos en la chimenea para sostener un leño...» A pesar de todo conservaba el buen humor, y Funck considera esto como prueba suficiente para creer que se encontraba a gusto. Cierto día se abrió la puerta de la celda y entró un hombre:

–¿Con quién tengo el honor de hablar? –preguntó el preso.

–Señor, soy el barbero de la Bastilla.

–Pues, señor mío, ¿por qué no la afeitáis de una vez? –(«Hé! Que ne la rasez vous?») Juego de palabras con el verbo *raser,* que significa afeitar y también arrasar. Cuando Linguet salió de la Bastilla y vino la Revolución fue guillotinado. Pero nosotros no queremos ver una moraleja en este desastroso final.

La cautividad de Diderot fue de las más privilegiadas. El famoso colaborador de la *Enciclopedia,* que tal ruido había de hacer, fue encarcelado por algunos de sus escritos. No lo fue en la Bastilla, sino en Vincennes, y al ser estudiado su caso nos damos cuenta de que Brentano trata de hacer una apología no solamente del trato que se daba en la Bastilla, sino en otras prisiones de París. Se sorprende el citado erudito de que se permitiese a Diderot corregir en la prisión las pruebas de la *Enciclopedia,* diciendo que esta obra no era del agrado del gobierno. En esto habría mucho que discutir, pues la principal protectora de aquella publicación era la Pompadour. Lo cierto es que el régimen a que fue sometido Diderot no tenía nada de carcelario. Incluso le permitían salir de noche para visitar a su apreciada madama de Puysieux. «Este duro cautiverio –dice Brentano con sorna– duró tres meses.» Rousseau y D'Alembert iban a visitarle de día y se paseaban con él por el parque de la fortaleza, tratando unas veces de metafísica y otras de aventuras galantes. La latinidad seguía su marcha.

Mirabeau estuvo en la Bastilla sólo diez días; pero antes había permanecido en otras cárceles, en las que le hizo encerrar su padre por su excesiva afición a la francachela. Pero con Mirabeau y Latude, del que inmediatamente hablaremos, entramos en un terreno de propaganda revolucionaria. Aunque el primero no hubiese estado en la famosa cárcel más que media hora habría tenido bastante para poder figurar *como testimonio del despotismo,* cuyo baluarte al caer levantaría con sus escombros una polvareda que impediría ver la verdadera historia.

Para terminar nuestra lista hablaremos del famoso Henri Masers de Latude, al que podríamos definir como «prisionero de profesión», que se labró un porvenir estando en la cárcel y, gracias a su poco seso, llegó a convertirse en mártir oficial de la *tiranía,* en una especie de mono sagrado de Benarés. Latude es la contrapartida sedentaria de Casanova: una especie de financiero que prevé, con fantástica anticipación, la baja de los valores «Bastilla» y el alza de los «embastillados». Ya desde muy temprano comenzó a comprar acciones, y vamos a ver cómo: este aventurero, hijo de una pobre muchacha, Jeanne Aubrespy, y de padre desconocido, nació en Montagnac (Hérault) en 1725 y siendo muy joven se alistó en el ejército del Languedoc como cirujano. De ambición descabellada, imaginó que lo mejor para medrar rápidamente era *hacer un favor:* por ejemplo, salvar la vida a la Pompadour, que padecía manía persecutoria. Como no existía complot había que inventarlo, y no se le ocurrió nada mejor que fabricar una cajita explosiva compuesta de botellitas cubiertas de una sustancia ingenua que le había proporcionado un amigo farmacéutico. Envolvió el artefacto en un paquete y lo mandó por el correo oficial con una dirección que decía: «A la señora marquesa de Pompadour, en la corte.» Despachado el encargo que creía destinado a labrar su fortuna, partió inmediatamente hacia Versalles esperando llegar antes que la posta, y, tras preguntar por la señora marquesa, contó con fingida emoción a uno de sus lacayos, Gourbillon, que en París, frente a las Tullerías, acababa de sorprender la conversación secreta de unos hombres sospechosos que proferían contra la favorita de Luis XV espantosas amenazas. Oyó lo que decían, siguiólos y vio que se dirigían a la oficina del correo y arrojaban un paquete dentro del enrejado. ¿Qué contenía aquel paquete? ¡Misterio! El contaba sólo lo que había visto.

Las palabras de aquel fiel súbdito de Su Majestad, que adoraba al santo por la peana, pusieron en conmoción a la policía. La posta, no menos fiel, remitió el paquete, cuya apertura fue confiada a un agente especial. No se puso de relieve la calidad del «explosivo» que contenía; pero un experto calígrafo descubrió que la letra de la dirección en el envoltorio se parecía mucho a la del mismo Latude. Descubierta la superchería, fue encerrado en la Bastilla en 1749, y transferido al castillo de Vincennes. Aquel asunto, a primera vista infantil, revistió gravedad porque el intrigante había querido hacer que se sospechara del ministro Maurepas, que estaba entonces en desgracia y desterrado. La cosa no carecía de maquiavelismo y por eso le encerraron, pues en otras circunstancias se habrían contentado con darle una tanda de azotes. Y aquí nos encontramos con una verdad sorprendente en boca de un historiador francés moderno: Latude salvó su vida gracias a la arbitrariedad del poder absoluto. Si su causa se hubiese visto ante el Parlamento, que tenía funciones judiciales, habría sido ahorcado. Pero la *lettre de cachet* le sustrajo oportunamente a la justicia regular.

Transferido de la Bastilla a Vincennes se escapó en 1750 –al año siguiente de su detención–. Un mes después volvían a capturarle. En 1756 se escapaba por segunda vez y le cogían de nuevo tres meses más tarde. Así, en sucesivas escapatorias y capturas, pasó toda su juventud, lo mejor de su vida; pero no creamos que se le hubiese condenado a cárcel perpetua. Puesto en libertad en 1777 –veintisiete años después de su primer encierro–, intentó sacar dinero a una dama mediante amenazas y fue encerrado en Bicêtre. Aquel hombre cuenta en su vida uno de los más largos historiales de prisión que se conocen; pero a diferencia de otros, que fueron «prisioneros desconocidos» y en tiempos aún peores, Latude tuvo la suerte de ver el día de su propia explotación. Sus memorias, que no son todas ellas falsas, pero en las que se hace pasar por hijo de un noble –el marqués de Latude, coronel del Regimiento de Orleans y más tarde lugarteniente del rey–, han sido publicadas en Francia según el manuscrito de San Petersburgo. Liberado por las gestiones de una vieja enternecida, a cuyas manos llegó fortuitamente uno de los escritos del prisionero, Latude se vio definitivamente en libertad antes que estallase la Revolución. Pero su fortuna, y sobre todo su fama, estaba hecha. Murió en 1805, en tiempos de Napoleón, gozando de tranquilidad y bienestar.

El caso Latude se sale del marco estricto de la Bastilla y se convierte en un ejemplo que puede servir a los apologistas para ayudar a creer en la suavidad del régimen carcelario durante la antigua monarquía. Por ejemplo, cuando Latude estaba enfermo o fingía estarlo, diciendo que sufría deslumbramientos y dolores en los ojos, le visitaba el oculista de la prisión, le recetaba colirios y otras medicinas; pero al fin se daban cuenta de que lo que el enfermo quería era un anteojo para mirar a distancia. También pedía palomas mensajeras. El régimen de las prisiones francesas en el siglo XVIII, y particularmente la Bastilla, no era a nuestro entender una cosa concreta y determinada, sino que cada preso encontraba en ellas su destino, su propia vida, con sus desigualdades, desdichas o privilegios, tales como se encuentran fuera de la prisión. La existencia misma es para unos una cárcel y para otros un jardín ameno. El principal soporte en que se apoya el sofisma de Sardou para probar que en la Bastilla se vivía bien consiste precisamente en que los ejemplos más famosos de *embastillados* son grandes señores o famosos hombres de letras, a los que se daba un trato de excepción: todas las celdas aparecen muy bien caldeadas e iluminadas; el preso tiene a su disposición papel, pluma, tinta: puede pedir prestados libros de la biblioteca y mandar traérselos de fuera: un caballero llamado La Beaumelle tenía seiscientos volúmenes en su encierro (!); el prisionero puede poseer animales domésticos: pájaros, perros, gatos; instrumentos de música: Renneville tocaba el violín y Latude la flauta; algunos prisioneros podían incluso ir y venir de una celda a otra, visitarse, jugar a las cartas y al ajedrez...; ciertos reclusos son invitados a comer a casa del gobernador; incluso algunos pueden salir, con la condición de que regresen por la noche...; la comida es tan excelente como el trato...

No podríamos compartir la opinión de los apologistas de que semejantes privilegios fuesen extensivos a gentes de clase inferior. Aunque Renneville y Latude no eran nobles, estaban en una prisión para nobles. El trato de excepción era, pues, cosa de la fortaleza, no de la clase social a que pertenecían. Subsiste y subsistirá siempre la incógnita de los tres siglos y medio desde la fundación, cuya documentación se ha perdido. Numerosos testimonios contemporáneos rezan que si por casualidad alguien encontraba a algún ex-prisionero y le preguntaba por las cosas de la Bastilla, éste respondía siempre que había firmado la promesa de no revelar nada de cuanto había visto. Un absoluto silencio era también impuesto a los guardianes. «Nadie cambia impresiones en aquel lugar –dice Madama Staal– y todas las personas que están en él tienen una fisonomía tan reservada que nadie se atreve a hacerles la menor pregunta.» «El primer artículo de su código –añade Linguet– es el misterio impenetrable que rodea a todas estas operaciones.»

En sus memorias Renneville, tantas veces citado, no habla sólo de buena comida, tertulias y conciertos, sino también de calabozos húmedos como castigo de ciertos comportamientos rebeldes, y de prisioneros desnudos, sin zapatos, como él mismo lo estuvo, a pique de morir de una pulmonía por haber sido encerrado en un subterráneo, a pan y agua, en pleno invierno. Las consignas de que estaba rodeada la fortaleza ocultaban lo que sucedía dentro mejor aún que sus gruesos muros, y el propio zar Pedro el Grande cuando visitó París no encontró menos reserva en los «castillos del rey» que la que sus antepasados hacían pesar sobre el propio Kremlin. Respecto a los tiempos de Richelieu, en los que la Bastilla comenzó a funcionar oficialmente como prisión de Estado, se posee un documento anónimo publicado por un abogado llamado Maton de la Varenne en 1789 –el año en que estalló la Revolución–. En este documento un preso desconocido se queja a Richelieu, con fecha 1 de diciembre de 1642, diciéndole: «Yo, a quien vos dejáis pudrir en la Bastilla por haberos desobedecido en una cosa que habría hecho condenar mi alma a la cárcel eterna y comparecer ante Dios con las manos manchadas de sangre...»

Es cierto que el reinado de Luis XIV estuvo señalado por algunos grandes procesos que causaron una sensación extraña y espantable: magia y brujería, misas negras, envenenamientos, como el *affaire des poisons* de la marquesa de Brinvilliers. Pero ¿bastará esto para deformar las viejas tradiciones sobre la Bastilla hasta permitirnos atribuir todo su misterio a la sugestión popular en aquellas circunstancias? Faltan los documentos para demostrarlo. El mismo Funck no puede menos de escribir: «El siglo de Luis XIV es la gran época de la Bastilla. Se nos aparece a la vez encantadora (?) y temible, brillante, majestuosa, alternativamente llena de bullicio alegre y de espantoso silencio. Del espacio sombrío entre sus macizos muros llega hasta nosotros un ruido de cantos y risas en que se mezclan gritos de desesperación, sollozos, lágrimas.»

¿En qué quedamos, señor Funck-Brentano? A fin de cuentas resulta que no se prohibió encerrar a seres humanos en las mazmorras del castillo hasta que Necker fue ministro, es decir, prácticamente hasta que ya había comenzado la revuelta nobiliaria contra la monarquía, preludio de la revuelta de la clase media. ¡Hasta fines del siglo XVIII no se tomó esta medida! Pero ¿qué sucedió en los trescientos años anteriores? Sin duda, los relatos de Renneville y de los doce ilustres prisioneros restantes –entre los cuales no contamos a los *enfants gâtés* Voltaire, Diderot, Latude, etc.– no son tan poco de fiar como se supone. Se sabe, además, que después de una detención se tomaba la medida de destruir las órdenes de arresto y otros documentos, si bien quedaban los registros.

EL ENIGMA DE LA MÁSCARA DE HIERRO

Esta leyenda, a semejanza del símbolo de la paradoja que representaban los antiguos, es como una serpiente que se muerde la cola y uno de los grandes enigmas de la historia. El cine actual ha popularizado una versión, la más efectista de todas las que corren acerca del problema de que vamos a tratar, según la cual el prisionero de la máscara de hierro, encerrado en la isla de Santa Margarita, frente a la playa de Cannes, no habría sido otro que el verdadero Luis XIV, despojado de sus derechos legítimos en favor de un hijo de Ana de Austria y de Mazarino. A pesar de su aislamiento, de su encierro, el príncipe desposeído se habría casado y tenido un hijo, el cual, trasplantado a Córcega, recibió allí el sobrenombre de Buona Parte y habría sido antepasado de Napoleón I, de tal suerte que los franceses en 1801, al aclamar a su nuevo señor, no habrían hecho sino rendir homenaje muy legítimo a un descendiente auténtico de la casa de Borbón. Esta leyenda, cuya burdidez no quisiéramos atribuir a la iniciativa de ningún agente oficial bonapartista, había de ser puesta desde luego en circulación en 1801. Una proclama de los monárquicos de la Vendée alude a ella en este mismo año. Según el especialista en investigaciones sobre la Bastilla, Frantz Funck-Brentano, los únicos documentos auténticos y relativos al célebre prisionero de la Bastilla conocido con el nombre de «Máscara de Hierro» se conservan en la Biblioteca del Arsenal (manuscritos 5133 y 5134). Son los registros llevados por el lugarteniente del rey en la famosa prisión política de París, Du Juncas, donde están anotadas las entradas y salidas de los prisioneros y algunos detalles debidos a su detención. Se ve en ellos que el hombre de la *máscara de terciopelo negro* –según Funck-Brentano no hubo jamás tal máscara de hierro– entró en la Bastilla el 18 de septiembre de 1698, bajo el nuevo gobernador Saint-Mars, y murió allí el 19 de noviembre de 1703, después de un encierro de cinco años. Fue enterrado en el cementerio de Saint-Paul el 20 de noviembre del mismo año, con el nombre de Marchioli, y éste era el suyo verdadero, apenas deformado por una distracción del copista. Se trataba al parecer del conde Antonio Hércules Mattioli, llamado en los textos franceses *Martioli,* secretario de Estado de Carlos IV de Gonzaga, duque de Mantua. Mattioli había traicionado a la vez a Luis XIV y también, al parecer, al propio duque, vendiendo a varias cortes extranjeras el secreto relativo a la adquisición por el rey de Francia de la plaza fuerte de Mantua. Fue detenido, en plena paz, en territorio veneciano, mediante una emboscada, pues no se necesitaba menos para apoderarse de un elemento tan peligroso. El 2 de mayo de 1679 Mattioli fue encerrado en la fortaleza de Pignerol, de soberanía francesa, aunque situada en los Alpes italianos. De allí fue transferido a la isla de Santa Margarita, en el archipiélago designado comúnmente con el nombre de islas de Lérins, de donde se le envió a la Bastilla. El barón de Heiss fue el primero que, en una carta fechada en Falsburgo el 28 de junio de 1770, ha querido identificar con Mattioli al prisionero enmascarado. ¿Qué puede haber de verdadero en esta cuestión, que ha apasionado siempre a los investigadores y que a principios de este siglo tenía ya en su haber más de cincuenta autores, vertiendo ríos de tinta sobre la incógnita? Los novelistas han hallado amplio pasto a sus invenciones, y su peligroso competidor el *film* tuvo excelente materia para gastar kilómetros de celuloide, siempre rancio y siempre renovado.

Fue Voltaire, al parecer, el primero que comenzó a complicar las cosas. ¿Se decía que el prisionero de la máscara era Mattioli, un conde insignificante, un intrigante, un cualquiera? ¡Pues bien! El «patriarca de Ferney», en su *Siècle de Louis XIV,* dice que Louvois, ministro de la guerra del Rey Sol, hablaba siempre de pie cuando estaba en la celda del misterioso prisionero. Los carceleros no le rehusaban nada de lo que pedía. Aquel hombre de rostro perpetuamente velado a las miradas de sus guardianes experimentaba una extraña afición a tener en su celda servicios de lienzo finísimo y encajes; tocaba la guitarra; se le daba una comida especial, exquisita; el gobernador de la fortaleza casi nunca tomaba asiento en su presencia. ¿De dónde obtuvo Voltaire estos extraños datos? ¿Eran inventados? Si fue así, no era él quien los inventó. Los tenía del sucesor de Saint-Mars en el gobierno de la Bastilla y también de un viejo médico de dicha fortaleza que había cuidado al prisionero sin ver jamás su rostro, aunque le había enseñado la lengua, como se hace con los médicos.

Una vez en la Bastilla, después de su traslado de las anteriores prisiones, el extraño personaje estuvo relacionado con el padre Giffret, S.J., que durante nueve años fue confesor de los prisioneros. Gracias a este sacerdote conocemos por testimonio contemporáneo la exactitud y precisión del diario que llevaba Du Juncas acerca de los encartados. El médico afirma que el prisionero era hombre de agradable presencia –«admirablement bien fait»–, de piel algo morena, e interesaba a todos por el tono de su voz, no quejándose nunca de su situación, y no dejaba transparentar jamás quién pudiese ser. Cuando murió, en la fecha que dejamos indicada más arriba, fue enterrado al día siguiente, a las cuatro de la tarde, con el nombre de *Marchioli,* de cuarenta y cinco años de edad aproximadamente. El cuerpo fue inhumado en presencia de Rosarges, oficial mayor de la Bastilla, y del cirujano en jefe de la fortaleza, Reilhe. Se dijo que al día siguiente del sepelio un desconocido sobornó al sepulturero para que desenterrase el cadáver y se lo dejase ver. Hecha la macabra operación fue encontrado sin cabeza. ¡Una gruesa piedra la sustituía en el ataúd! Lo sospechoso de este relato es que su autor estaba demasiado enterado de otros detalles para que constituyese un dato de confianza. «La cabeza había sido cortada en varios trozos después de ser separada del tronco, y éstos, enterrados en diversos lugares ocultos». La cosa tiene un aspecto de candidez demasiado humilde para ser una falsificación de erudito.

El hecho de que el prisionero llevase una máscara parece no dejar lugar a dudas: la máscara era para ocultar su identidad (?). No importa que haya en la Historia otros casos de gentes que acostumbraban usar habitualmente una máscara, aunque no pensaban en ocultarse: Luis XIII la llevó durante algún tiempo mientras vivía su madre María de Médicis. Igualmente la llevaban las damas de honor de la duquesa de Montpensier, la esposa del mariscal de Clérambault y madama de Maintenon. Pero no se conoce otro ejemplo de máscara impuesta a un prisionero. Esto es lo que ha fomentado la opinión de que debía tratarse de un personaje de alto rango social, tal vez de una persona de sangre real. En cuanto a la versión de que se trataba del hijo de Ana de Austria –un hermano mayor de Luis XIV–, se sabe que esta soberana tenía afición particular a poseer lencería fina y delicados encajes. Esto debía utilizarlo A.L. Sardou en su obra *Notice historique sur Cannes et l'ile de Lérins,* cuando dice que el prisionero de Santa Margarita tenía también la manía de la lencería fina en su celda. Se intenta probar sin duda con ello una supuesta herencia psicofísica que sirviese para «demostrar» que el hombre de la máscara de hierro era, o podía ser, hijo de la madre de Luis XIV. Se cuenta también que durante los primeros días en que el prisionero estuvo en la isla, procedente de Pignerol, el gobernador Saint-Mars tenía tanto esmero en mantenerle incomunicado que le servía personalmente la mesa. Un día el prisionero logró escamotear un plato de la vajilla con que le servían y, tras grabar en él a cuchillo unas misteriosas palabras, lo arrojó por la ventana. El plato, que era de metal, no se rompió y cayó en manos de un campesino que andaba por los alrededores de la fortaleza, no sin ser visto de los centinelas, que capturaron a aquel hombre. Mantenido algunos días en estrecho interrogatorio, le registraron y le quitaron el plato. Por fortuna para él pudo demostrarles que no sabía leer, y gracias a su analfabetismo salvó su cabeza. Voltaire decía haber oído contar esta anécdota a un tal Riouffe, ennoblecido más tarde por su brillante actuación en las guerras de Eugenio de Saboya. A consecuencia de esta aventura del plato, Saint-Mars mandó poner triple reja a la ventana del prisionero.

Durante el saqueo de la Bastilla en la Revolución (1789) no se encontró el menor rastro de los documentos relacionados con el hombre de la máscara. Se dijo que la hoja correspondiente al año 1698, año de la entrada del prisionero en la fortaleza, había sido cortada. Los que sostienen la teoría de que se trataba de un hijo de Ana de Austria deben demostrar antes dos cosas: primera, que la calumniada reina tuvo en realidad este hijo; segunda, que es identificable con el prisionero. Tampoco está demostrada la visita del ministro Louvois a la isla de Lérins. Por aquella época Louvois estaba en cama con una pierna fracturada. ¡Enfadosa casualidad! Una vez en la Bastilla el prisionero no fue objeto de ningún trato de excepción. La Bastilla era una prisión política donde, según el gobernador que había, se comía mejor o peor. La gente encerrada allí era toda ella de alto rango social. Se quejaban como se queja todo el mundo. Pero las comidas principescas y especiales a que se refiere la leyenda de la isla de Lérins parecen haber cesado al entrar en la fortaleza parisiense. Mejor dicho: parecen no haber existido jamás. Para determinar la nacionalidad del detenido un autor moderno ha hecho notar oportunamente que la costumbre de cubrirse con un antifaz o máscara era privativa de Italia: las personas encarceladas en Venecia por orden de los inquisidores de Estado eran llevadas enmascaradas a sus calabozos. Y Mattioli era italiano y había sido detenido precisamente en Venecia.

Antes de llegar a los datos finales de este problema debemos presentar la tesis del investigador inglés Andrew Lang, para el cual el hombre de la máscara no es Mattio li, ni tampoco, como suponía Voltaire, el hijo de Ana de Austria, sino un tal Martin, criado de un espía francés al servicio de Inglaterra llamado Roux de Marsilly. El infeliz Martin, que no tenía más culpa que la de haber estado al servicio, mediante pago, de un enemigo de Luis XIV, sufrió prisión perpetua cuando su amo hubo sido capturado y muerto por los franceses. El criado habría entrado en la prisión con el nombre supuesto de Eustaquio Dau ger. Andrew Lang, en su libro *Les mystères de l'Histoire* (París, 1907, págs. 1 a 65), está convencido de que este criado es, en su humilde persona, la fuente real y verdadera de la mayor parte de leyendas que corren a propósito del hombre enmascarado. Es posible que la misma víctima de las prisiones no supiese el alcance de los motivos que le ocasionaban tan riguroso tratamiento. Es también muy posible que a la larga el misterioso encarcelamiento de aquel hombre, así como el de otro criado igualmente inofensivo, hayan sido simplemente el resultado automático de la burocracia francesa. Una vez enganchados en los engranajes implacables del sistema de cárceles, procesos, expedientes y secretomanía –lo que glosaba Quevedo: «dícenme *siga* y tiénenme encerrado»–, las dos víctimas quedaron indefinidamente prendidas en la despiadada maquinaria. Sufrieron inútilmente, sin saber por qué y sin que lo supiera nadie, pues ambos no habían sido más que simples comparsas en la oscura intriga del conspirador protestante conocido por el nombre de Roux de Marsilly.

La tragedia de éste es otra historia independiente de la del hombre de la máscara y no hemos de detenernos mucho en ella. Bastará decir que en 1669, mientras Carlos II Estuardo negociaba con Luis XIV un tratado secreto para restaurar el catolicismo en Inglaterra, Roux de Marsilly, hugonote francés, negociaba por su cuenta, con el ministro inglés Arlington y otros hombres de Estado británicos, una liga protestante contra Francia. Cuando partió de Inglaterra para dirigirse a Suiza, en febrero de 1669, Marsilly dejó en Londres un criado llamado por él simplemente «Martin» y a quien, al ser detenido por los agentes franceses, cambiaron el nombre, así como al italiano Mattioli le llamaron «Lestang». El gobierno francés deseaba echar mano al criado porque las cartas de Marsilly prueban largamente que había servido de intermediario entre su amo, el conspirador hugonote, y los ingleses enemigos del catolicismo y de la dinastía Estuardo. Pero, como indica plausiblemente Lang, un criado puede servir de intermediario entre los conspiradores sin estar al corriente de sus intrigas, y Martin había protestado siempre con viveza de su ignorancia en los asuntos de que se le encausaba. Nadie le creyó, sin embargo, porque a veces demostrar ignorancia es más difícil que demostrar sabiduría. Además parece ser que antes de su detención, tal vez por jactancia, se había ido de la lengua, y esto le fue fatal. Marsilly, detenido por la policía del Rey Sol, fue públicamente torturado y ejecutado en París el 22 de junio de 1669. El 19 de julio su ex criado, al que llamaban Dauger, entraba misteriosamente en sus prisiones. No se sabe cómo lograron los franceses apoderarse de él. Es horrible pensar en el interminable encierro que sufrió en compañía de otros desdichados, algunos de los cuales perdieron la razón por la prolongada reclusión. En 1680 ésta todavía duraba. Martin llevaba encarcelado en Pignerol ya once años. El régimen a que estaban sometidos era atroz, pues, si bien no tenían tormentos corporales, estaban de continuo enjaulados entre cuatro paredes, condenados a ociosidad absoluta, sin un libro, sin un papel, incomunicados casi siempre, cosa suficiente para embrutecer o desesperar a cualquier ser humano. En 1687, es decir, cuando el infeliz Martin o Dauger llevaba ya encerrado dieciocho años, el gobernador Saint-Mars le trasladó a la isla de Santa Margarita después de un espantoso viaje en que anduvo durante doce días encajonado en una silla de manos, cubierta de fuerte tela, herméticamente cosida y sellada para que nadie supiese quién iba en ella. El misterio fue tal que se decía que allí iba un hijo del propio Oliverio Cromwell. No habría sido, pues, Mattioli, como creen algunos autores, quien hizo este molesto viaje de prisión a prisión, sino el *valet* Martin. Al menos así lo cree Andrew Lang. En su nueva sepultura de vivos, pocas son las noticias que se conocen de aquel desdichado hasta que en 1691 un ministro pregunta a Saint-Mars noticias del prisionero «a quien retenía desde hacía veinte años». Tenía que tratarse forzosamente del mismo. Mattioli no llegó a la isla de Santa Margarita hasta marzo de 1694. Igualmente cree Lang que el prisionero transferido a la Bastilla en 1695 era Dauger. Resumiendo los hechos o las presunciones del autor inglés, tenemos que el primero de julio de 1669 la policía secreta francesa busca al criado del conspirador Roux de Marsilly. El 19 del mismo mes este hombre, atraído a Francia con engaños, es llevado a Dunkerque. ¿De dónde? No podía proceder más que de Inglaterra. Conducido a Pignerol es tratado allí con tanto misterio que se le cree un mariscal de Francia cuando menos. En 1688 Dauger o Martin está en la isla de Lérins y se convierte de nuevo en la fuente de toda clase de mitos. Le toman por el hijo de Cromwell o por el duque de Beaufort, antiguo rebelde contra Luis XIV en la guerra de la Fronda y desaparecido misteriosamente en Creta después de una batalla. Beaufort es, dicho sea de paso, otro de los muchos candidatos al nombre de «Máscara de Hierro». Afirma Lang que fue uno de los varios prisioneros hugonotes que había en Santa Margarita el que arrojó por la ventana un plato con unas palabras grabadas, para que lo leyese alguien que estaba en el exterior de la prisión. Este acto fue falsamente atribuido al hombre de la máscara. Es siempre Dauger, y no Mattioli, el núcleo alrededor del cual cristalizan los mitos. Pero el autor inglés no sabe cómo explicar el hecho de que el prisionero, o mejor dicho, *uno* de los prisioneros enmascarados, muerto en 1703, fuese enterrado con el nombre de *Marchioli.* Sus objeciones obstaculizan, pero no prueban de modo concluyente nada. No hacen sino debilitar la otra tesis apoyada en documentos de la Bastilla, y considerados los únicos irrefutables, aunque sean escasos.

¿SE ACLARA EL ENIGMA?

Alguien ha pretendido, en medio de tantas oscuridades, abrir una ventana para que penetrase la clara y prosaica luz del día en la tenebrosa mazmorra. Este alguien ha sido Frantz Funck-Brentano, quien, según textos hasta él inéditos, afirma que el prisionero enmascarado fue encerrado en compañía de otros, con los cuales sin duda pudo comunicarse libremente. Si esto es cierto, el misterio, basado en el aislamiento de nuestro hombre, cae por su base. Subsiste, a pesar de todo, el problema de la máscara y sobre todo el de la identificación. Si los prisioneros vieron y trataron a Mattioli, o a quien fuese, no nos han transmitido su testimonio. El misterio con que Luis XIV rodeó aquel asunto continúa existiendo, aunque no se explicaría por las razones que aduce Voltaire –adulterio de Ana de Austria con Mazarino–, sino para que no se supiera que el rey de Francia había violado el derecho de gentes al secuestrar a Mattioli de territorio veneciano. Funck-Brentano se pronuncia por la identidad del enmascarado con el italiano y hasta ahora los estudios de este especialista *(Légendes et Archives de la Bastille,* París, 1921) se consideran como los más serios y documentados en tal cuestión. Pero la existencia de la incógnita, confesada en los mismos documentos que Funck-Brentano considera irrefutables –los registros del gobernador de la prisión Du Juncas, *que no parecía conocer al prisionero–,* constituye un positivo e irritante enigma que dará siempre materia a incesantes hipótesis.

DANZA MACABRA

PRELUDIO

Ante la tumba que, minutos después, recibirá el cadáver de Ofelia, el príncipe Hamlet pregunta al sepulturero: «¿Cuánto tiempo puede estar enterrado un hombre sin descomponerse?». Y el extraño *clown* le responde, con inoportuno chiste: «A decir verdad, si no está podrido antes de morir..., os vendrá a durar ocho o nueve años. Un curtidor os durará nueve años..., pues su pellejo está tan curtido por razón de su oficio, que resiste mucho tiempo al agua».

Según el sepulturero, técnico oficial en la misteriosa alquimia encargada de cumplir la sentencia *(pulvere reverteris)* a que está destinada toda carne, se necesitaban de ocho a nueve años para que un cadáver normal, sin embalsamar, quedase reducido a ceniza. Pero ¿quién es capaz de dar, como el sepulturero de *Hamlet,* una regla general en cosa tan variable? Ciertamente levantar la losa de los sepulcros es una de las ciencias auxiliares de la Historia. Al hablar de Felipe II hemos visto cuán poco hay que fiar de lo que se dice que ocurre en su interior. Y por esto mismo no se puede dogmatizar. Tanto el sepulturero como el poeta quedarán siempre igualmente ignorantes de las misteriosas leyes que rigen esa antesala del valle de Josafat que se llama la tumba. El pueblo egipcio fue el que más orden bibliotecario introdujo en el misterioso alcázar de la muerte. Sus necrópolis son auténticos ficheros, y la incógnita de lugar y tiempo que las envolvía antes que comenzasen a excavarse de un modo sistemático no es más que una cosa ficticia si se compara con el abandono y la relativa garantía de permanencia que reina en los cementerios modernos.

El problema que interesaba a Hamlet, en la escena a que hemos aludido, quedará una vez más sin respuesta en cuanto se refiere a las gentes comunes y corrientes, que no gozan de «los honores de la exageración». Pero los héroes y los reyes parecen querer mostrarnos, cada uno para sí, los extraños avatares de sus cenizas. Pasemos revista a la multitud de espectros que ante nosotros surgen de las páginas de un viejo códice y veremos que cada uno señala en dirección distinta. ¿Por qué se sabe dónde está la tumba de Tutankh-Amón, y en cambio se ignora el paradero de las de Cristóbal Colón o de Luis XI? Otros, como Gengis y Atila, fueron escondidos por sus propios súbditos. Grandes héroes faltan en la lista, y ante el enigma de su ausencia nos sentimos tentados a suponer que tal vez con sus cenizas «pudo taparse un barril de cerveza o el agujero de un muro para resguardarnos del cierzo del invierno».

LAS OSAMENTAS DEL LOUVRE

Con entera independencia de la curiosidad de los doctos, los días 6, 7 y 8 de agosto de 1793, el año del Terror y de la guillotina, la Convención Nacional de París procedió a la profanación de los principales monumentos funerarios de la basílica de San Dionisio. Muchas obras de arte fueron derribadas en el acto, especialmente la estatua del rey Dagoberto I –lo que para nosotros sería un rey visigodo– y también la de Bertrán Duguesclin, el célebre capitán que luchó por la independencia francesa en la guerra de los Cien Años. En el interior de las remotas tumbas merovingias se encontró poca cosa: *pulvis et um-*

bra. Después fue abierta la de Pepino el Breve, padre de Carlomagno, y se hallaron en ella unos cuantos hilillos de oro procedentes de la mortaja real, lo único que se había salvado del aniquilamiento de los siglos. Del sepulcro de Luis VII fue recogido el sello de Constanza de Castilla. En tres días fueron derribados de sus pedestales cincuenta y un monumentos. Lo verdaderamente siniestro no se produjo, sin embargo, hasta el sábado 12 de octubre, en que un grupo de obreros tocados con el gorro frigio bajaron, con sus picos y palas, al panteón subterráneo de los Borbones. Las antorchas encendidas proyectaban en los muros las sombras agigantadas de los profanadores, que se agitaban en vandálica actividad. Pronto no quedó piedra sobre piedra. Aparecieron los cadáveres de María Leczinska, esposa de Luis XV; aparecieron también Luis XIII, María de Médicis, Ana de Austria, María Teresa de España y el delfín Luis –hijo de Luis XIV–, muerto antes de poder heredar la corona. Por último fue descubierto también el cadáver del Rey Sol, y los terroristas hicieron con todo aquello una fosa común en donde quedaron bárbaramente confundidos los restos de los reyes, Borbones y Valois, hombres y mujeres, príncipes y testas coronadas. La fosa parecía sonreír subversivamente, *rire au nez* al aristocrático panteón y recordarle que había sonado la hora de la igualdad.

Ocurrió, sin embargo, un incidente que los gerifaltes de la Convención no esperaban. Uno de los primeros cadáveres reales que habían aparecido al caer las losas bajo la piqueta era el de Enrique IV. Y este monarca no era uno de aquellos reyes cuya definición estuviese al alcance de las multitudes, ni tampoco de los escritores que, como diría Eugenio d'Ors, morirán «en olor de multitud». La momia de Enrique conservaba, según algunos, aquella risita desconcertante que había inspirado a Voltaire la *Henriade:* era el rey de «París bien vale una misa»; el monarca cuyo asesino fue públicamente torturado mientras el pueblo encontraba justa la tortura, porque los parisienses idolatraban a su Enrique IV; «le vert galant», y sentían por él esa simpatía castiza que los madrileños sentían por Fernando VII, el rey-majo. Los hombres de la Convención contaban con derribar las estatuas de los odiados «Capetos»; pero no se acordaban ya de Enrique IV. Y entonces sucedió algo muy grave, que la propaganda republicana no había previsto. Al correr la voz de que la momia del «vert galant» estaba allí, al alcance de todo el mundo, el pueblo, sin detenerse a pensar un instante si la cosa era o no compatible con el gorro frigio, comenzó a desfilar ante el regio cadáver formando la más monárquica de las manifestaciones. ¡Cuán profundamente heridos e indignados debieron sentirse los hombres del Comité de Salvación Pública ante aquel desfile, sin pancartas, sin banderas, sin gritos, pero en el que cada hombre, y sobre todo cada mujer, tocaba con veneración de reliquia los resecos restos del héroe que había terminado en Francia una guerra civil de treinta años!

¿Qué hacer? Cuando el río más caudaloso del mundo, el Amazonas, llega al mar, la ingente masa de agua dulce que transporta forma un vórtice digno de ella: el *pororoca.* Neptuno y el genio del río colosal han chocado. En aquel instante parecían a punto de chocar también, en el seno mismo de la consciencia del pueblo, el principio monárquico y el republicano. ¿Naufragarían las instituciones revolucionarias, que sólo llevaban cuatro años de existencia? Los jefes políticos llegaron a vacilar y a temer; pero la paradoja lo salvó todo. No faltaban entre los visitantes del panteón profanado quienes saludaban en Enrique IV al más antiguo de los revolucionarios. La multitud pasó ante la momia como un rebaño; pero su misma reverencia no dejó de tener cierto vandalismo atenuado. Durante el desfile le desaparecieron un dedo de la mano derecha y todos los dientes. El Comité no se preocupó de los ciudadanos que habían guardado estos preciosos recuerdos, cosa en verdad sospechosa si se les quería buscar motivo de acusación.

Enrique IV había sido hallado en perfecto estado de conservación, lo cual no le impidió ir a parar a la fosa común. Se dice que el ataúd de Francisco I dejaba gotear, por sus intersticios abollados, un líquido negruzco y nauseabundo (véase H. FLEISCHMANN, *Anecdotes secrètes de la Terreur,* pág. 51, París, 1908), lo cual indica que la descomposición no había terminado aún. Esto es inverosímil y parece legendario. En 1793 habían pasado doscientos cuarenta y seis años desde la muerte de Francisco I, ¿y el cadáver estaba aún pudriéndose? Este dato absurdo habla más en favor de la imaginación que del buen gusto de los coleccionistas de curiosidades. La narración de Fleischmann, sospechosamente detallada, procede sin duda de la misma fuente que el relato de Dumas en su novela *Mil y un fantasma.*

La dispersión de restos mortales ocasionada por la profanación de las tumbas regias en el año del Terror fue remediada en parte cuando, después de la caída de Napoleón y «le retour des Lys» en 1815, la Restauración, con la figura rechoncha y aburguesada de Luis XVIII, estaba destinada a poner un poco de orden en el siniestro hacinamiento de San Dionisio y barrer los escombros y el polvo de las demoliciones de 1793. Pero tanto en las tumbas como en la política se había producido algo irreparable; algo cuyo proceso no era reversible, y los hechos iban a demostrarlo.

A fines del siglo pasado, quitando el polvo de los legajos del archivo del Louvre, apareció en uno de ellos un repertorio de huesos humanos, debidamente etiquetados, de la siguiente y sorprendente manera: «Omóplato de Hugo Capeto», «Costilla de Luis XII», «Tibia del cardenal de Retz», «Vértebra de Carlos IX», «Mandíbula inferior de Catalina de Médicis», «Fémur de Carlos V» (se refiere a Carlos V de Valois, rey de Francia, el de Bertrán Duguesclin). El descubrimiento, tan macabro como inesperado, produjo enorme sorpresa. Cuando abandonamos la novela de Dumas y el truculento relato de Héctor Fleischmann nos encontramos con un cuadro bastante diferente sobre el verdadero aspecto que debió tener la violación de las tumbas reales durante la Revolución.

En el año del terror el Instituto de Francia había delegado nada menos que a un antiguo benedictino, Dom Poirier, para que practicase en los reales panteones las excavaciones necesarias. La Revolución delegó también a un arqueólogo y arquitecto llamado Alejandro Lenoir para que apartase, restaurase y salvase de la destrucción las cosas más notables en el ex real sitio (la «cidevant église»). A los hombres de hoy y especialmente a los no franceses les extrañarán estas cosas. ¿Podía colaborar la ciencia con el vandalismo? Sin embargo, no se olvide que estamos en los tiempos de clérigos juramentados, de obispos que participaban del espíritu jacobino. Talleyrand y el célebre prelado Savine, más tarde complicado en el asunto del pretendido delfín (Hervagault), son ejemplos típicos de ello. Con una mano sostenían por cultura lo que con la otra socavaban por política. Sin embargo, para la rigurosa identificación de los restos «que se iban apartando cuidadosamente para salvarlos de la putrefacción» después de abiertas las tumbas, para que las mediciones y croquis de un antropólogo fuesen efectuados habría sido necesario que los sabios Dom Poirier y Lenoir fuesen médicos o anatomistas. Pero no eran más que anticuarios, arqueólogos. No se les reconoce competencia técnica en la identificación de restos humanos. Lenoir pensaba reunir todas aquellas reliquias en un museo de curiosidades, con cuota de visita para el Estado. Pasó la Revolución, pasó el Imperio, y a mediados de siglo Napoleón III encargó a un tal señor de Nieuwekerke que organizase en el Louvre el *Museo de los Soberanos.* Las familias de la aristocracia francesa que guardasen algún resto de sus antepasados ilustres eran invitadas a aportarlo para tan patriótica colección. Varias fueron las familias aristocráticas que respondieron a la llamada. Pero de todas ellas la respuestas más interesante fue la del señor Lemaire, domiciliado en la Avenida de Neully, 165, que en una larga carta dirigida al intendente del museo decía hallarse en posesión de los huesos cuya enumeración más arriba hemos hecho. El abajo firmante habí averiguado la autenticidad de aquellas reliquias gracias a una lista hallada en el inventario de los documentos de su difunta tía madama Ledru, de apellido Lemaire. Eran los mismos restos que, según el que declaraba, había descrito en 1831 Alejandro Dumas en el capítulo IV de su novela *Mil y un fantasmas*. Este detalle añadía amenidad a la misiva y al mismo tiempo le daba un cariz tan romántico como poco de fiar. Lemaire añadía que en otros tiempos de su juventud, ya lejanos, su tía le había entregado los preciosos restos *sin decirle nada acerca de su procedencia*. ¿A qué obedecía aquel extraño y macabro regalo? Muy sencillo: como se trataba de tibias, fémures y mandíbulas muy bien conservados, se los había dado para que se ejercitara en el dibujo anatómico del natural.

Los huesos enviados por Lemaire al señor de Nieuwekerke con destino al Museo de los Soberanos fueron dispersados por la revolución de la Commune en 1871, después de la derrota de Francia en la guerra prusiana y de la caída de Napoleón III. Como el Museo era una creación del aborrecido régimen, sus joyas fueron barridas con la misma saña con que lo hubiesen sido las de Eugenia de Montijo. Pero los huesos no fueron a fin de cuentas arrojados a ninguna alcantarilla: el destino quiso que una mano desconocida los depositara en el interior del legajo del Museo del Louvre. Era la segunda vez que el huracán revolucionario daba cierta prueba de «conservadurismo». Y fue en este último lugar donde por casualidad se los halló más tarde. Un técnico, el doctor Duval, planteó la dificultad de que tal vez se tratase de huesos de animales, lo cual hubiese sido una terrible ironía, y contó a este propósito una anécdota que hizo muy poca gracia a los señores de la Comisión investigadora: en la Edad Media el duque Roberto el Diablo de Normandía –el protagonista de la célebre ópera de Meyerbee– pidió al abad de Santa Genoveva algunas reliquias de su iglesia, para que le curasen de cierta enfermedad que padecía. El abad, que no debía quererle, le mandó huesos de animales. El duque Roberto se dejó engañar; pero después, habiendo descubierto la verdad, mandó ahorcar al abad de una argolla que había en la entrada de su propio monasterio.

A pesar de los escepticismos que aquel macabro hallazgo despertaba entre algunos entendidos, el antiguo donante de los restos, Lemaire, solicitó, arrepintiéndose quizá de su generosidad, que le fuesen devueltos. Quería honrar su propio panteón familiar depositando en ellos los huesos de algunos reyes de Francia. El gobierno, intrigado por este entusiasmo, no los devolvió y de acuerdo con la Dirección General de Bellas Artes se redactó un proceso verbal por duplicado en que se hacía el inventario de los restos, añadiendo a la lista la mandíbula inferior de Ana de Austria, legada por otra familia de la rancia nobleza francesa.

EL CORAZÓN DE ENRIQUE IV

En San Dionisio se mostraba a los turistas, a fines del pasado siglo, un célebre armario donde se aseguraba estaban encerrados los corazones de María de Médicis, de Luis XIII, de Enrique IV y de Luis XV. ¡Qué aspecto tan distinto tuvo el «corazón» –en sentido figurado– de cada uno de estos personajes! Pero su corazón físico, reducido al común denominador de la muerte, estaba ahora convertido, como dice un testifical de 1793, en «una sustancia sólida, negruzca, envuelta en un polvillo que hacía estornudar, formado por los aromas resecos del embalsamamiento». Este testimonio de la época del Terror hace referencia al estado en que fue hallado el corazón de Enrique IV («Henri le Grand»), legado por testamento al Colegio de La Flèche. El documento que citamos se titula *Exposición de los medios por los cuales las cenizas del corazón de Enrique el Grande han sido recogidas.* La localidad francesa de La Flèche, donde se hallaba el famoso colegio de Jesuitas, atravesaba las sacudidas de la Revolución cuando se presentó en ella el ciudadano Thirion,

«Representant du Peuple», acompañado por el general Fabre, llamado de sobrenombre «le general Moustache». La Revolución había entrado solemnemente, al compás de los bigotes de «Moustache», por las puertas del silencioso retiro. El corazón de Enrique IV reposaba en la iglesia del Colegio, según el testamento del mismo príncipe. La inscripción que llevaba la urna –«Cy hist le coeur d'Henri le Grand»– llamó la atención del representante popular, que mandó abrir violentamente el recipiente haciendo saltar el candado que lo custodiaba. Triunfante, como los ingleses después de capturar a la Doncella de Orleans, Thirion mandó traer un haz de leña de casa de un panadero y procedió con solemnidad a la quema del corazón de Enrique IV en la plaza pública de La Flèche. Ningún demócrata puro se levantó para protestar de los procedimientos inquisitoriales que empleaba el ciudadano Thirion.

El «magnánimo corazón del gran Enrique», como dice, indignado, el autor del citado escrito, desapareció entre las llamas. ¡Y he aquí que después, cien años más tarde, se enseñaban sus cenizas en un museo! ¿Cómo podríamos tener garantía de autenticidad de que se trataba de las mismas cenizas? ¿Podemos descansar en el testimonio del documento de La Flèche? Según éste, «cuando la tropa revolucionaria se hubo retirado, *nosotros* nos aproximamos disimuladamente a la hoguera en pavesas y, al enfriarse las cenizas, arrojamos sobre el espacio que cubrían éstas un pañuelo, apretando en él a toda prisa gran parte de las que cogió debajo de sí».

El redactor de este escrito se llamaba Boucher, nombre que en francés es casi «hoguera». Compuso su memoria en la época del imperio napoleónico, datándolo sin embargo, republicanamente, con la fecha «2 de messidor del año XIII», o sea, 22 de junio de 1804. En esto descansa todo el criterio de autenticidad de las cenizas, cuya pista se pierde después. En el *Ancien Règime* cuando el verdugo quemaba en la plaza pública algo que valiese la pena, acostumbraba esparcir las cenizas al viento. ¿Podemos admitir la explicación de que el osado que se atrevió en 1793 a recoger las del corazón de un rey viviese para contarlo, después de haber realizado su piadoso acto en la plaza y a pleno día?

EL CRÁNEO DE DESCARTES

Pasemos ahora del «ci-devant roi», condenado póstumo a la hoguera, a estudiar los restos mortales del que «tuvo la culpa de todo»; pues no es para menos la acusación que mucha gente ha lanzado contra Renato Descartes, a pesar de las protestas de éste en el prólogo de su *Discurso del método,* cuando dice que su intención al escribir las normas de la duda metódica está completamente alejada del deseo de subvertir el orden existente. ¿Presentía Descartes a los jacobinos?

El *Discurso del método* es un libro corto, breve. El supuesto cráneo de Descartes también es de pequeñas dimensiones. Descartes ha pasado a la posteridad por un descubrimiento positivo: la creación de la geometría analítica. Pero se le conoce más por una universalización discutible: haber revolucionado *toda* la ciencia de su tiempo. Un antiguo profesor de mi juventud, cartesiano entusiasta, había escrito en el prólogo de su traducción del *Discurso:* «Cuando pensamos en la trascendencia de este pequeño libro nos tiembla la mano.» Pero... ¿fue Descartes el verdadero y único *fundador* del racionalismo? Y el cráneo que se conserva en el Museo de Historia Natural de París ¿es el auténtico? En ambas cosas estamos autorizados a dudar. Las peripecias de los huesos de Descartes constituyen una verdadera novela, desde que murió en Suecia, el 11 de febrero de 1650, víctima de una pulmonía que contrajo por complacer a la reina Cristina en su capricho de recibir unas lecciones del famoso hombre de ciencia en pleno invierno, a las cinco de la mañana. Murió como un cortesano, traspasado por el dardo del gélido invierno sueco, él, que había salido indemne de la guerra de los Treinta Años. ¿Quién se lo hubiese profetizado? Cristina no había exigido el servicio de sus armas, sino el de su cabeza. Era esta cabeza lo que interesaba también a la posteridad. Y por una realidad «policíaca» paralela al símbolo su cráneo resultó sustraído misteriosamente del féretro cuando hubo terminado la larga odisea del viaje de sus restos a través de Europa.

Después de su muerte en la indicada fecha el cuerpo de Descartes había de permanecer aún en Suecia dieciséis años, hasta que en 1666 los amigos y admiradores del sabio en Francia se decidieron a gestionar el regreso a la patria de los restos del grande hombre. El primero de mayo se procedió a su exhumación del lugar en que reposaban, donde habían sido enterrados, por permiso especial de la reina, según el ritual de la Iglesia romana. Los huesos, debidamente embalados y sellados, fueron enviados a Copenhague. Allí, como los marineros daneses se negasen a transportarlos –pues para ellos navegar con un cuerpo muerto era mal presagio–, fue preciso fingir que se trataba de una mercancía cualquiera. Durante los tres meses de retraso ocasionados por este incidente se encargó de su custodia el embajador francés en Suecia, el caballero de Terlon. Por fin, casi como «muestra sin valor», el difunto legislador del Universo fue admitido a bordo del buque danés –no estaba allí el príncipe Hamlet para irritarse contra ello–, y en aquella forma, poco solemne pero expeditiva, el féretro atravesó Alemania, Holanda y Flandes sin obstáculos. Como nadie es profeta en su tierra, el segundo tropiezo lo tuvo Descartes al llegar a Francia. Allí los aduaneros del proteccionista Colbert vigilaban para que no se introdujese en el país ningún artículo que pudiese socavar la preponderancia industrial francesa. Tuvieron que abrir el envoltorio, y visto su contenido, pasaron adelante. El féretro fue depositado al fin en la iglesia de Santa Genoveva. Hubo banquetes, discursos, solemnidades. Pero esto no interesa ya. Dejemos el banquete de los vivos y asistamos, como Luciano, al diálogo de los muertos. Despedida la cartesiana comitiva se extinguen los últimos ecos de las voces vivientes, bajo los arcos de la imponente cripta, y todo queda en la más impenetrable oscuridad. ¿Cuántos y cuáles debieron ser los muertos ilustres que se alzaron de sus lechos para dar la bienvenida al recién llegado? Porque Sainte-Geneviève era, más que un cementerio, un viejo libro entre cuyas hojas amarillentas se guardan flores resecas y extrañamente coloreadas. Se decía que allí estaban los famosos amantes Abelardo y Eloísa. Más tarde se depositarían allí también los huesos de Molière y La Fontaine. Los de Descartes, junto con los de los eruditos Mabillon y Montfaucon, fueron trasladados a la iglesia de Saint-Germain-des-Prés. Allí había un lugar vacante, en la capilla dedicada a San Francisco de Sales; pero, por ser demasiado estrecho el lugar e imposible hacer entrar en él el féretro, se decidió cambiar de ataúd el contenido. *Al efectuar esta operación se halló que la cabeza había sido sustraída.* ¿Adónde había ido a parar el cráneo de Renato Descartes?

En el ataúd sólo se halló una tibia, un fémur, un cúbito y un radio; lo demás estaba pulverizado. Había también un hueso que se discutió durante largo tiempo si se trataba de un frontal. Pero es inverosímil que el cráneo hubiese quedado reducido a polvo antes que todo lo demás. El supuesto frontal, en todo caso, difícil de identificar, planteaba un enigma. En 1821, en carta fechada a 6 de abril, el químico sueco Berzelius manifestaba al paleontólogo Cuvier hallarse en posesión del auténtico cráneo de Descartes: no de un frontal ni unas mandíbulas, sino de una pieza casi entera a la que faltaba la mandíbula inferior. Llevaba sobre el frontal una inscripción en sueco que decía: «Cráneo de Descartes, *tomado* por el Sr. I. Planstrom en 1666 cuando se enviaban los restos a Francia». La inscripción, la fe que Berzelius tenía en ella y la identidad de la pieza anatómica podrían haber sido por un relato, unas supuestas *Memorias* de la reina Cristina de Suecia, fechadas en 1751, en que se dice lo siguiente:

«No se debe pasar en silencio un hecho conocido por pocas personas... Un oficial de la guarnición de Estocolmo, comisionado para exhumar el féretro de Descartes cuando se trataba de transportarlo a Francia, habiendo hallado modo de abrirlo, extrajo el cráneo del difunto, que conservó consigo durante el resto de sus días, muy cuidadosamente, como uno de los mejores recuerdos de aquel gran filósofo. Después de la muerte del oficial sus acreedores, en lugar de dinero contante, no hallaron nada más que aquel cráneo, que ha pasado después a otras manos. Aquel oficial se llamaba Isaac Planstrom.»

Este militar de la guarnición sueca –filósofo que había errado su vocación– había hecho, por afinidad con su admirado Descartes, *tabula rasa* de todos sus bienes y al morir no le quedaba más que un tesoro: la calavera del maestro. *Cogito, ergo sum,* quería decir para él: «Poseo el cráneo de Descartes, *ergo* puedo hacer testamento.» Esto significa una cosa: sobriedad. Del mismo modo que quienes pretenden continuar el edificio metafísico a base del *Discurso del método* tienen que contentarse con el *cogito, ergo sum*, la posteridad tendrá que contentarse con un simple cráneo, lugar donde clásicamente se considera que reside el raciocinio. Cuvier, diestro en identificar huesos de dinosaurios, sentenció que aquel cráneo no presentaba señales de haber permanecido enterrado mucho tiempo. Otros le encontraban una coloración roja «procedente, sin duda, de la tierra en cuyo seno ha permanecido». Tales contradicciones no manifestaban que se hubiese llegado a una «verdad clara y distinta». Era una manifestación anatómica de la «izquierda» y de la «derecha» cartesiana, como existen estas divergencias respecto a otros filósofos: en Hegel, en Kant... ¿El cráneo que se conserva en el Museo de Historia Natural de París ha «pensado» alguna vez? No es fácil sentenciarlo. pero si no pensó, *ha sido pensado* intensamente por muchos hombres de ciencia que no lograron ponerse de acuerdo. Esto es todo el cartesianismo.

LA CALAVERA DE RICHELIEU

Hemos hablado de Descartes, que, aparte su filosofía, visitó como turista el escenario de la guerra de los Treinta Años. Hablemos ahora de la calavera del hombre que movió entre bastidores todos los hilos secretos de esta guerra; el hombre que, mientras Renato, «encerrado en una estufa», trazaba los contornos abstractos de su *Cosmos* geométricos, se dedicaba a mover las circunstancias y las cosas, reformaba a Francia en el interior y aniquilaba a la Casa de Austria en el exterior, luchaba a la vez contra católicos y contra hugonotes, dominaba al propio Luis XIII y llevaba –según alguien dijo– unas altas botas con espuela bajo su púrpura cardenalicia: Armand-Jean Du Plessis, duque de Richelieu.

El peligroso enemigo de D'Artagnan tiene una vida y una historia mucho más novelesca que cuantas cosas haya podido imaginar un Dumas, pues la realidad siempre aventaja a la ficción en fuerza creadora. Esta vida y esta historia no pueden ser ahora nuestro objeto. No vamos a relatar las aventuras del cardenal, sino las de su cráneo, y éstas comienzan por un problema de autenticidad, ocasionado por los malos tratos de que fue objeto la momia del célebre ministro durante la Revolución. Lenoir ha hecho constar que, encontrándose en el panteón de la Sorbona para vigilar las exhumaciones realizadas durante la época del Terror, la tumba de Richelieu fue abierta en su presencia y su cuerpo, aunque se hallaba en perfecta conservación, despedazado por la multitud. Un hombre llamado Cheval fue el primero en poner su sacrílega mano sobre el resto mortuorio. Este relato difiere notablemente de las manifestaciones de Saillard, otro testigo de las profanaciones, el cual, cumpliendo la orden de registrar los sepulcros de la Sorbona en 1789, vio cómo un desconocido abría el de Richelieu, «sin llevarse nada de dentro». A pesar de este atestado, la cabeza del cardenal faltó desde el primer día, después de tan macabro registro. Esta cabeza, robada por el aludido Cheval, sombrerero de la calle de la Harpe, fue a parar después a manos de un abate llamado Armez, el cual, temiendo ser castigado durante la reacción que siguió a la caída de Robespierre, se la ofreció al propio duque de Richelieu, descendiente del famoso cardenal, sin obtener respuesta. ¿Es ésta la misma cabeza que sirvió de modelo en 1840 al pintor Bonhomé para un lienzo de asunto histórico? Parece ser que el despojo mortal no era tampoco una cabeza entera, pues había sido sustraída de ella el hueso occipital, como también lo fueron, en la época del Terror, varios dedos de una de sus manos, que fueron a parar a un rincón de las salas de la Sorbona. Por fin, después de muchas traslaciones y cambios, en 1866 Francia decidió dar al famoso resto de su grande hombre el reposo definitivo y se procedió a la apertura y examen oficial, extrayéndolo del cofre donde se guardaba, en presencia del ministro de Instrucción Pública Raymond Poincaré y de otras personalidades. La cabeza, apergaminada, había pasado del tono amarillento al negro por la emulsión con que se la había protegido para preservarla de los insectos. Un dato de autenticidad: la perilla, que aún conservaba, aparecía disimétricamente cortada con un golpe de tijera. Esta anomalía concuerda con el texto de un relato contemporáneo de la muerte del cardenal, en que se dice que en sus últimos días se le había recortado la barba porque con frecuencia los líquidos y medicinas que le daban a beber se derramaban sobre la barbilla y complicaban la labor de los sirvientes encargados de cuidar al moribundo. En 1884 parece ser que el hueso occipital que faltaba para completar el cráneo estaba en poder de un editor llamado Dentu, y fue hallado al morir éste y hacerse el inventario de sus bienes.

¿Y qué fue del cuerpo? No se sabe si en el furor de los vándalos de 1793 fue a parar a la fosa común o si fue devuelto a su féretro, averiado por la riada humana, en cuyo caso quedaría pronto reducido a cenizas.

EL ESQUELETO DE DANTE

Para terminar, en toda danza puede haber siempre una apoteosis final. Hasta ahora hemos ido viendo con parsimonia algunos casos célebres de restos mortales dudosos. Podríamos añadir, para completar el macabro desfile, que no se sabe apenas nada del lugar donde están los verdaderos restos de Luis XI de Francia, ni los de Mirabeau, «decano» de la Asamblea Constituyente; se discute la identidad del esqueleto de madama de Maintenon y del cráneo de madama de Sévigné.

¿Y los restos de Dante Alighieri? Murió en Ravena a los sesenta y cinco años. Su monumento funerario fue erigido sólo cien años después de su fallecimiento. Pero su patria, Florencia, que después de haberle desterrado y condenado a muerte reclamó con tardío orgullo sus huesos en 1516, se vio defraudada de lograr su deseo, pues los monjes franciscanos que los custodiaban se resistieron a entregarlos y los escondieron en lugar seguro. La sustracción del cuerpo de Dante irritó vivamente a los florentinos, lo cual no impidió que continuasen las peregrinaciones a Ravena, a la antigua tumba, ahora vacía, o a la iglesia donde se suponía que estaban escondidos. Por fin en 1677, excavando con motivo de obras el convento de los monjes ravenatas, fue hallada una caja de madera de encina que ostentaba esta sobria inscripción: «Dantis ossa.» El precioso recuerdo fue colocado en el interior del monumento de Lamberti que el legado del papa en la Romagna, florentino, hizo restaurar en 1692. Florencia tuvo, sin embargo, que renunciar a sus pretensiones de poseer los restos del príncipe de los poetas toscanos. ¿Eran aquéllos los auténticos huesos? No había opción. Los franciscanos eran quienes los habían escondido, y era en el convento de los franciscanos donde habían sido hallados. Allí, en poder de aquellos monjes que con tanto ahínco habían sabido defenderlos, la orgullosa Florencia tuvo que dejarlos reposar al fin. Habíamos llegado con esto a fines del siglo XVII. La osamenta del cantor de

Beatriz parecía entregada al reposo definitivo. Pero aunque Dante reposaba en Italia estalló la Revolución francesa, que desbordó las fronteras de su nacionalidad. Este desbordamiento se llama Bonaparte. Cuando el vencedor se acercaba, una vez más los monjes de Ravena se mostraron a la altura de las circunstancias e, imitando a sus antecesores del siglo XVI, escondieron de nuevo los huesos del poeta. En 1805, cuando se dio orden de derribar el monumento, se encontró la tumba de Dante vacía. En 1857 se practicaron excavaciones que no dieron resultado. La caja, que no había ido a parar muy lejos –estaba enterrada en la misma iglesia–, no fue hallada hasta 1865 (27 de mayo). Llevaba una inscripción algo más extensa que hacía alusión a la revisión de su contenido en el siglo XVII: «Dantis ossa, denuper revisa die tertio junii 1677.» («Huesos de Dante, revisados recientemente el día 3 de junio de 1677.») La caja era de madera de cedro y tenía setenta y siete centímetros de largo por treinta de alto. Los huesos, revisados por los anatomistas Puglioli y Bertozzi, eran tan completos que con ellos se podía reconstruir casi el esqueleto entero. Éste, según los cálculos, era de talla superior a la media. Esto contradice la afirmación de Bocaccio de que el autor de la *Divina Comedia* era «de mediocre statura». ¿Puede ser un argumento para objetar contra su identificación? No. El enigma, que había torturado a los arqueólogos durante todo el siglo XIX, quedaba esta vez suficientemente aclarado. Para que no hubiese dudas, el 7 de junio del mismo año las autoridades procedieron a abrir el sarcófago oficial de la capilla funeraria. Estaba vacío; pero hallaron en él algunas hojas de laurel y tres falanges: dos pertenecientes a las manos y una a los pies. Eran exactamente los huesos que faltaban al esqueleto encontrado en la iglesia.

Siempre he considerado que la *Divina Comedia* es un poema acabado, completo. El esqueleto de su autor lo está también, por ahora.

NAPOLEÓN ¿FUE EPILÉPTICO?

Cuenta Plutarco en sus *Vidas paralelas* que Julio César, en la fiesta de las Lupercales, después de rechazar la corona que Marco Antonio le ofrecía, cayó al suelo víctima de un súbito desmayo y se revolcaba por tierra echando espuma por la boca. ¿La epilepsia de César podría ser acaso una semejanza más, una nueva analogía de forma y de destino entre éste y la personalidad de Napoleón el Grande, a quien algunos autores, aislados y sin conexión mutua, atribuyen, como balbuceando, este mismo mal? El mismo Fouché dice en sus *Memorias* que el rostro de Napoleón tenía cierta semejanza con un busto antiguo, con ese arquetipo meditativo y frío con que se ha expresado el rostro de algunos emperadores romanos. Con su ancha frente raquítica y su afilado perfil el joven Bonaparte ha sido clasificado ya por algunos médicos como un tipo mediterráneo-degenerativo, aunque sería difícil dar a este tópico un sentido de menosprecio, porque degenerar en superhombre equivale a la enfermedad de la ostra que degenera en perla.

Los documentos que se aducen en pro de la tesis de la epilepsia napoleónica son raros, dispersos, vagos y discordantes. Se dice que su primera manifestación se produjo cuando era ya emperador, en 1806, en una circunstancia inconfesable, cuando en vez de descansar a su lado la emperatriz Josefina era la señorita Georges, una actriz, la que ocupaba este lugar. Hacía bastantes años que duraban estas relaciones con la Georges, desde que Bonaparte fue primer cónsul y ella representaba el papel de Hermione en la tragedia *Andrómaca* de Eurípides.

Aquella fatídica noche de 1806 –el año de las batallas de Jena y Auerstedt– la Georges vio de pronto al emperador sin sentido, tendido boca arriba, emitiendo un estertor ronco y agitándose presa de convulsiones. Ella salió de la alcoba pidiendo socorro, y al cabo de una hora Napoleón despertó súbitamente. Se vio en la misma cama, en la misma habitación, y a su alrededor, en lugar de la Georges, estaba toda la corte, con la emperatriz y algunos ministros.

A consecuencia de aquella demanda imprudente de auxilio la actriz perdió la confianza de Napoleón y, perseguida por su odio, tuvo que huir de Francia. El emperador hizo insertar en los periódicos que aquella mujer había abandonado el territorio disfrazada de hombre. ¿Por qué? ¿No eran bastante públicas sus antiguas relaciones con ellas? No debían serlo entonces tanto como lo son hoy, después de los muchos libros que se han escrito sobre la vida privada del emperador. Pero si no lo eran, el inoportuno grito de auxilio dado en la alcoba imperial había hecho que lo fuesen demasiado. La política tomaba cartas en el asunto. La publicidad repentina y total que la actriz había dado a aquel caso debía ser castigada. No era el amante quien la castigaba, sino el César, aunque los dos estuviesen reunidos en una misma persona. Y por ese motivo, al afirmar que la Georges se había disfrazado para huir del país, se pretendía distraer la atención del público con una fantástica interpretación de conjura, tal vez de espionaje... Se buscaba matar dos pájaros de un tiro: uno, que se hablase lo menos posible de las relaciones entre Napoleón y ella; dos, que se hablase también lo menos posible de la epilepsia.

Esta es la versión de los hechos según Goldsmith, en su *Historia secreta,* publicada en Londres en 1810. La fecha y la nacionalidad de este libro son igualmente sospechosas; cuando se publicó Inglaterra seguía su lucha contra Napoleón y éste se había divorciado de Josefina para casarse con María Luisa.

Dos ilustres médicos se han ocupado después de la supuesta epilepsia napoleónica: Edmund Andrews y el famoso criminalista Cesare Lombroso. Sus hipótesis no han llegado a resultados concluyentes. Lo más interesante que se desprende del trabajo de Andrews es una anécdota del joven Bonaparte cuando estudiaba en la escuela militar de Brienne. En cierta ocasión sus superiores le infligieron un severo castigo por haber quebrantado un precepto del reglamento. Obligado a arrodillarse en el umbral del comedor donde estaban sus compañeros, tuvo un ataque de nervios y un vómito siendo presa de convulsiones extrañas. El preceptor, asustado, le levantó la sanción. El joven estudiante de Brienne no era a la sazón la figura lo bastante importante para que nadie se fijase en si aquella crisis era o no epileptoide. Si el accidente se hubiese repetido con frecuencia, no habría tardado en ser clasificado como un declarado epiléptico; pero el caso es que no lo fue, y esto es significativo: la hipótesis de Andrews descansa sobre un dato insuficiente.

Sin embargo, ya en 1804 volvía a murmurarse en la corte que el emperador estaba sujeto a ataques epilépticos. Según referencias indirectas de madama de Rémusat, fue esta vez la propia Josefina quien se encontró a su marido en el lecho con el fatídico ataque. El aspecto de su rostro, su palidez y sus convulsiones debían ser aterradores, porque la emperatriz salió descalza a pedir socorro por las galerías del palacio. Y la dama añade: «Napoleón ha prohibido después a Josefina decir una sola palabra, y también a todas las personas que acudieron en su auxilio.» Ya vemos, sin embargo, el poco caso que se hizo de esta prohibición: ello no tardó en convertirse en un secreto a voces. La Rémusat añade: «Hay peligro de incurrir en desgracia si se supone a Su Majestad expuesto a caer en cualquier enfermedad de las que afligen a los mortales.»

Esto que a la Rémusat le parecía simple endiosamiento se comprende fácilmente hoy como una medida política, más comprensible todavía en un régimen como el napoleónico. En una democracia o en una monarquía constitucional el soberano puede permitirse el lujo de estar enfermo. Pero cuando su enfermedad es esperada en las cancillerías extranjeras como una interesante noticia, no. Hay noticias que pueden comprometer la cosa pública.

No faltan las contradicciones. Constant, que reproduce en sus *Memorias* las palabras de la Rémusat, dice: «En realidad el emperador no ha estado nunca sujeto a ataques de epilepsia. Es una de tantas historietas que se han prodigado sobre su persona...» A continuación pasa a describir uno de esos ataques, de los que pretende haber sido testigo presencial. El emperador estaba tendido en la cama con la boca abierta de par en par y las manos apretadas sobre el estómago. ¿Un ataque de dolor debido al cáncer de estómago que padecía? No se olvide que estamos en 1804. ¿No sería un poco lento, este famoso cáncer, para manifestarse ya tan dolorosamente en un enfermo con el que no debía acabar hasta 1821, *diecisiete años* más tarde? Por otra parte los médicos aseguran que los epilépticos nunca abren la boca durante el ataque. No tenemos el apoyo de una estadística para comprobarlo.

Talleyrand estaba resentido con Napoleón por las brusquedades y groserías de que éste le hacía objeto. Fue tal vez para fastidiarle en secreto que escribió lo siguiente: «Estando nosotros con el emperador, en Estrasburgo, una mañana salió bruscamente de la habitación de Josefina, me agarró por un brazo, me llevó a una sala contigua y, después de ordenarme, balbuceando, que cerrase la puerta con llave, se desplomó al suelo como una masa inerte, entre convulsiones: gemía y babeaba. Esta escena duró cosa de un cuarto de hora. Después recuperó el habla, los sentidos, y nos ordenó callarnos lo que acababa de ocurrir. Media hora más tarde partió hacia Carlsuhe.»

Hay dos síntomas bastante claros en favor de la tesis de la epilepsia: primero, que el paciente después del ataque recobraba por completo sus facultades: la enfermedad no afectaba para nada a la inteligencia; segundo, que al volver a la normalidad no conservaba el menor recuerdo de lo que le había ocurrido, salvo que había tenido «aquello». Es muy frecuente que la epilepsia sea el fruto de una herencia alcohólica, y el padre de Napoleón era dado a la intemperancia. También se aduce como síntoma patológico la ausencia de sentido moral en muchos individuos de la familia Bonaparte, aunque esto son ya palabras mayores, pues no está demostrado que el sentido moral sea el resultado de una determinante biológica.

Un argumento débil lo constituye el que los seis médicos oficiales de Napoleón –Warden, O'Meara, Antommarchi, Hereau, Arnot y Corvisart– no hablen para nada en sus escritos y memoriales de la epilepsia del emperador. Decimos que este argumento es débil por la sencilla razón de que es sospechoso por el carácter oficial de los médicos, que no dirían más que lo que su señor les autorizase a decir. Lo demás quedaría del secreto profesional... y del secreto de Estado.

La epilepsia napoleónica debe ser separada de lo que, a mayor abundamiento, se suele citar en muchos libros: rasgos de irritabilidad, rayanos a veces en la locura, que Napoleón padecía; ataques de furor, como los de Alejandro Magno –su padre Filipo había sido también un alcohólico–; tics nerviosos. El cráneo de Napoleón y su topografía ósea han sido estudiados por Moreau (*Psicología mórbida,* pág. 558), notando en él anomalías degenerativas, el prognatismo llamado «lemúrico» o espectral, desproporción entre las piernas y el tronco. Los tics, a los que a veces se concede demasiada importancia, hubiesen podido corregirse con un adecuado tratamiento de vitaminas, cosa que no se conocía cuando se gestó la leyenda napoleónica..., ni tampoco cuando estas eminencias médicas que hemos citado redactaban la crónica el héroe «vu par son valet de chambre.»

En cuanto a la extraordinaria irritabilidad del emperador era debida a su personalidad, a la rapidez de su pensamiento, a su íntima psicología creadora y despótica, al fuego de imaginación y de impaciencia que llevaba dentro, más que a estigmas degenerativos. Por menos de nada a un orador, a uno de sus políticos, o al lucero del alba, le descargaba «un coup de pied dans le derrière». También solía maltratar a sus criados, aunque en otras ocasiones se mostraba con ellos muy cortés y los saludaba siempre, al revés de ciertas personas advenedizas que cuando llegan a la cumbre de algo –aunque sea la cumbre de una colina– creen que la más adecuada expresión de jerarquía consiste en no saludar. Y *precisamente por esto,* y no por epilepsia, creemos que Napoleón se mostraba fogoso con sus subordinados. Quería, como Júpiter, que toda autoridad dimanase de él y se creía con derecho a dar un puntapié, como también con derecho a crear nobles, ministros, súbditos.

Para terminar este relato de datos dispares sobre un enigma que jamás podrá resolverse –pues varios médicos no oficiales estaban convencidos de que Napoleón sufría, en efecto, una grave enfermedad nerviosa– mencionaremos un curioso tratamiento que fue infligido al emperador y que se debió no a razones objetivas de su enfermedad, sino a una teoría de los doctores, y que el grande hombre aceptó –cosa extraña– a pesar de lo poco que se fiaba de los médicos. A principios de siglo pasado subsistía entre algunos médicos la creencia de que los desórdenes nerviosos se debían a un sarpullido o sarna que había quedado dentro del cuerpo y que era necesario hacer salir a toda costa. En consecuencia con este dogma médico, viendo los galenos que no le salía a Napoleón sarpullido de ninguna clase, y en cambio a sus subordinados les salían muchos cardenales «dans le derrière» a consecuencia de los puntapiés del emperador, éste fue obligado a vestirse con ropa que había pertenecido a un sarnoso. Querían ver si lograban provocarle alguna expulsión. El resultado de este experimento fracasó por completo. Los médicos entonces le desahuciaron en cuanto a la supuesta epilepsia –enfermedad cuyos ataques, si realmente eran de tal, le abandonaron del todo cuando se vio en

Santa Elena–. Pero a los médicos les pasó inadvertido el hecho de que si Su Majestad era «incurable» de los nervios, al menos con aquel repugnante tratamiento se había demostrado de paso maravillosamente refractario a la sarna. Un descubrimiento que valía por otro.

MAYERLING
UN GRAN ENIGMA

¿Una tragedia en la Viena de los valses?

El contraste resuena en nuestros oídos con acento desgarrador, por tratarse precisamente de un drama político y familiar, en un ambiente que nos imaginamos brillante, mundano, frívolo: una «Ville Lumière» alemana, en que, para la imaginación del turista, sólo tenían razón de ser las melodías de Strauss.

Pero contra todos los brillos y magnificencias, cuando la corte de los Habsburgo parece hallarse en la plenitud de su esplendor ochocentista, las luces se apagan, enmudecen los sonoros acordes, se extingue el embrujo de los violines y la campana de la catedral toca a muerto.

El heredero de la corona austrohúngara había perdido misteriosamente la vida en el pabellón de caza de Mayerling. La noticia oficiosa que circuló en la prensa, la noticia que fue transmitida a todo el mundo, desde los ujieres a los embajadores, rezaba escuetamente así: «Su Alteza Imperial el archiduque Rodolfo ha muerto de repente». No se podía, no se debía, no cabía decir ni saber nada más.

En semejante ambiente cortesano, a pesar del sistema de censura con que se cortaban de raíz todos los posibles comentarios a las delicadas circunstancias de la muerte del príncipe, no pudo evitarse que corriese pronto la voz de que se trataba de un suicidio. Fue inevitable que más de cuatro personas, de diversa clase social, entre lacayos, ordenanzas, oficiales y ayudantes privados, estuviesen en directo contacto con la escena macabra, sin intermediarios, sin portavoces. Junto al cadáver del príncipe había el de una mujer: la joven y linda baronesa Vetsera, que era su amante. Y no faltó quien dijo que ella había dejado escrito, de su puño y letra, un papel con estas palabras: «Nos amábamos demasiado...»

El mismo silencio oficial contribuyó a fomentar el enigma, de modo muy enfadoso, pues daba lugar a cábalas, a conjeturas, tan graves o más que la realidad misma, si es que puede haber algo más grave que un suicidio. Estas habladurías formaron, si no el todo, al menos gran parte de lo que se ha dado en llamar la incógnita de Mayerling. En ellas se mezclaba lo político junto a lo moral y sentimental. Las interpretaciones temerarias han llegado hasta la actualidad, y siguen apasionando, aún después que Europa ha pagado caro ya dos veces el asesinato de Sarajevo, secuela indirecta pero lógica de la tragedia que va ahora a ocuparnos y en la que comenzó a fermentar el volcán enfermizo y febril germano-eslavo.

¿Quién era Rodolfo? Al hacernos esta pregunta no intentamos documentarnos en plan de diccionario, sino como hombres, como seres que intentan conocer a otros hombres y pesarlos, en su peso específico, en la balanza de la personalidad. El primogénito de Francisco José II era un verdadero príncipe encantado. No es fácil imaginar lo que hubiese sido de haber vivido para reinar. Es imposible imaginar la vejez de Rodolfo, como no podemos imaginar tampoco la de Amadís. Lo impide su idealismo, esa aureola de soñador que le rodea, a pesar de que era hombre de ideas claras, que iba como Sigfrido a la de Wotan; que miraba a los ojos del Canciller de Hierro y le interrogaba, y el teutón tenía que inventar excusas, escurrir el bulto y, al menos de palabra, retractarse.

Ese príncipe idealista tenía un programa político bien definido. Simpatizaba con los humildes. Para la corte era Rodolfo la «cabeza loca», el que lo estropeaba todo, en la cortina de humo de prejuicios de la imperial familia. Sus parientes, comenzando por su padre, no se lo perdonaban, pues entre los Habsburgo del ochocientos estaba muy desarrollado el sentido de lo que «está bien» y de lo que «no se hace». Se decía en palacio que cuando Su Majestad se decidió a comentar en voz alta la impresión que le había producido la muerte de su primogénito, exclamó:

–Mi hijo ha muerto como un sastre.

«Palabras duras», comenta el biógrafo Werner Richter. Muy duras, en efecto, y también –al menos para los que estén más cerca de sastre que de emperador– incomprensibles, inhumanas. ¿Podemos estudiar la psicología de Francisco José sin que sea necesario parecerse a él para comprenderle? Es innegable –no queremos negarlo– que aquel hombre debió llorar, más pronto o más tarde, por la muerte de su hijo. Pero nadie le vio llorar, como tampoco se suele ver a la gente correcta en paños menores. Era una norma: no mostrar lágrimas. Cuando visitó el cadáver, expuesto sobre la cama de hierro donde le dejaron después de transportarle en tren desde el fatídico pabellón de caza, el emperador permaneció inmóvil, impecable, mudo, durante más de un cuarto de hora. Un solo síntoma de nerviosismo: se mesaba el bigote.

Después de exponer durante un día entero el cadáver a la veneración de los vieneses, el 5 de febrero de 1889 –cinco días después del suicidio– el cuerpo del príncipe heredero fue depositado en su tumba de la iglesia de los Capuchinos de Viena, como sus antepasados. Las ceremonias fueron breves, frías, y a ellas asistió el arzobispo de la metrópoli.

Aquel infeliz príncipe había dejado al parecer una última voluntad, que no se cumplió porque *no podía ser:* que le enterrasen en el cementerio de los burgueses, en el Heiligenkreuz, junto a María Vetsera, junto a su última locura.

Hemos hablado de prejuicios. Pero alrededor de esta escena, deletéreamente romántica, se ha formado una segunda cortina de humo: la del romanticismo, la del amor. Hay que estar prevenido contra ambas para que no ofusquen nuestra visión de las cosas. Rodolfo no era ningún niño. Antes de conocer a la Vetsera había concebido planes, viajado, estudiado, escrito, preparado proyectos. Tenía ideas definidas sobre la salvación del Imperio, sobre las alianzas, sobre el peligro ruso y sobre el prusiano. En la biografía de Richter, por ejemplo, se dedican a todas estas cosas, interesantísimas, más de trescientas páginas. El episodio de la Vetsera ocupa, en cambio, el penúltimo capítulo. Es un balance muy desigual. ¿Tenía razón Francisco José al sentenciar que un príncipe es menos dueño de disponer de su vida, aún, que un sastre? ¿Tenía razón en no querer que le viesen llorar por una estupidez ajena que no había fomentado y que él jamás hubiese cometido? Si pensamos que el emperador sentía entonces más deseos de reprender a su hijo que de llorarle, ¿deponemos en contra suya? ¿A quién se debía Rodolfo? ¿Al Imperio, o a una amante? Esto, prescindiendo, claro está, del aspecto religioso de la cuestión.

Si no está en nuestra mano aclarar las incógnitas documentales, debemos al menos pesar las dos grandes mitades del afecto del príncipe. ¿Quizá sea un método indirecto para pronunciarnos sobre la incógnita?

Porque lo más grave de ella es esto: ¿fue suicidio o fue asesinato? Cuestión extrema, que parece obvia para casi todos los autores; pero que nos pone en la alternativa de supervalorar a la baronesa Vetsera, o de supervalorar, al contrario, los problemas de Austria, para no tener que infravalorar demasiado a Rodolfo y preguntarnos cómo pudo escoger tan mal entre las dos cosas.

El primero fue Rómulo y el último fue Rómulo Augústulo. Con estos dos nombres empieza y termina una historia de diez siglos: la del Imperio romano de Occidente. Con los Habsburgo ocurre algo parecido. ¡Y qué semejanzas! ¡Qué evocación! ¡Qué herencia! Rodolfo se llamaba el fundador de la dinastía, en la Edad Media, en un rincón del sur germánico. Rodolfo se llamaría también el que lo acabó todo, el que en una sola noche se enterró a sí mismo y a una estirpe en cuyos dominios, en otro tiempo, no se ponía el sol. Los que visitan el sepulcro de Maximiliano, abuelo de Carlos I de España, en el palacio de Innsbruck, pueden ver dos cosas impresionantes: la primera, los «retratos de familia»: todos los emperadores romanos, formando antesala –sólo los bustos– en el coro de la capilla imperial. Después, allá abajo, alrededor del sepulcro, las estatuas enteras de los personajes «modernos» de la dinastía, en un *gótico-barroco*, de monstruosa exuberancia, que recuerda los ídolos de un templo indio. Entre ellas está Rodolfo I. Todo el mundo conoce la célebre «barbilla de los Austria», inmortalizada por Tiziano y Velázquez, en Carlos, en Felipe, y después en el infeliz «Hechizado». A fuerza de tópicos y truculencias hemos acabado por considerarla con cierto desprecio, como un estigma hereditario, como algo degenerativo. Pero en el fantasma de bronce de Innsbruck aquella barbilla es heroica, es sublime. Rodolfo I tiene una fealdad épica; por eso mismo admiramos en él la fuerza de lo originario, de lo primitivo. Rodolfo I se parece a Carlos el Hechizado como un león a un gatito. No cabe mayor parecido ni tampoco mayor diferencia, sobre todo cuando se desperezan los dos.

Ahora bien: en el suicida de Mayerling existía, según refieren los que le conocieron, una lejana reminiscencia de la barbilla de los Habsburgo. El último Rómulo se investía de su nombre sagrado para morir. Sería falso, no obstante, querer ver en este último un ser decadente. Su fin nos indigna tanto más cuanto que no es fácil prever lo que habría pasado si hubiese llegado a emperador. Tal vez no habría estallado la guerra de 1914. Tal vez, en este caso, la pesadilla que hoy agobia a Occidente habría caído en el cesto de la «historia que nunca fue». Veamos ahora, en el pensamiento de Rodolfo, cómo lo que en verdad no fue debiera haber sido.

El reinado de Francisco José II es uno de los más largos de la Historia. El joven que conoció a Metternich –que es casi tanto como conocer a Napoleón– no murió hasta 1916, y entonces se publicó en un periódico italiano un artículo de exultación furibunda de un joven socialista, que se titulaba «Su Majestad la Horca». Aquel alborotado que saludaba con vítores la caída de un rey se llamaba Benito Mussolini.

Dios había guardado al emperador Francisco José durante sesenta y ocho años (1848-1916). Su hijo Rodolfo nació el 21 de agosto de 1853 en el castillo de Laxemberg, al sur de Viena. El poder de su padre y el régimen a que pertenecía habían surgido de la reacción, iniciada ya por Metternich, contra el despertar de las nacionalidades y contra el liberalismo. En tiempos del viejo Metternich aquello se había emprendido como reacción antinapoleónica. Pero después se convirtió en reacción contra el espíritu del mismo siglo XIX. Francisco José II era uno de aquellos emperadores equilibrados, firmes en su misión, de largo reinado, física y moralmente sanos, pero enemigos de reformas. Una honradez poco fecunda, aunque digna de alabanza, formaba el fondo de su carácter. Rodolfo fue en todo opuesto a su padre; es sintomático que aprendiese a montar a caballo y fuese «tan buen jinete como la emperatriz Isabel», que tenía sangre de los Wittelsbach de Baviera y escribía con un estilo epistolar de intelectual masculino. Por su parte, Francisco José había mirado siempre con mucho respeto tanto a la equitación como al género epistolar.

Esta tendencia al aislamiento, al ensueño, y al mismo tiempo este ambicionar una tarea fáustica, grandiosa, esta facilidad de concebir y escribir, este polemismo, este pensar recio y autónomo se apartaba de los tipos tradicionales, de estirpe, de casta, que no tienen ideas y pretenden sustituirlas por la educación o, mejor dicho, por ciertos sistemas de educación, el único que se admite como recto y ortodoxo, el que el abuelo ha transmitido al padre y de éste ha de pasar indefectiblemente al hijo y al nieto. La rigidez de esta norma es tan majestuosa, tan grandiosa como la Roma republicana; pero no más eterna que ella.

Mientras Rodolfo fue un niño tuvo que sujetarse a esto siempre que no intervino la influencia «perturbadora» de la madre. La presencia de ella proporcionaba al príncipe sus auténticas horas de asueto. Ella le escribía, cuando estaba en el extranjero, cartas que parecen de un amigo, de un compinche de colegio, y que contrastaban profundamente con las relaciones protocolarias y frías de su progenitor, que no apeaba el tratamiento ni siquiera cuando hablaba con su propio hijo.

Esta antítesis entre padre y madre no debió contribuir mucho a fortalecer las convicciones religiosas de Rodolfo. Si el emperador era católico y absolutista, Rodolfo fue liberal y anticlerical. Si el emperador representaba la continuación de la política de la Santa Alianza –al menos dentro de las fronteras de Austria–, Rodolfo, que había tenido una nodriza húngara, simpatizaba con las diversas nacionalidades de su Imperio. En cuanto al amor, los historiadores de todas las tendencias se han mostrado siempre parcos sobre las aventuras del príncipe heredero, antes que diese con la mujer auténticamente «fatal» de su existencia: veladas noticias epistolares, autobiográficas como de costumbre... «Un recuerdo para las hermosas mujeres de Viena a las que tanto he amado...» Las fuentes son sobrias a este respecto, aunque es fácil adivinar la frecuencia de ocasiones que debieron surgir en la vida de aquel joven, a quien no se impuso ninguna restricción en viajes ni en dinero, cuando hubo terminado su período de educación principesca y de servicio militar. Rodolfo viajó mucho y se le dejó manejar todo el dinero necesario para que lo hiciese principescamente. Ni que decir tiene que practicó con pasión el deporte de la caza. Era aficionado a la botánica, a la zoología; también a la erudición. Dirigió una publicación monumental sobre las antigüedades y bellezas del Imperio astrohúngaro. Liberalismo y liberalidad, irreligiosidad prematura desde los primeros tiempos de la adolescencia; dinero, viajes; tiempo suficiente para ser joven. Rodolfo es, en fin, la más perfecta imagen del siglo XIX occidental, siglo que también acabó sus días con un suicidio.

Mentiríamos sin embargo, si pretendiésemos con estas palabras haber concluido el retrato de Rodolfo. Falta el reverso de la medalla, reverso que para algunos nos enfrenta directamente con el enigma: el Rodolfo consciente de que es un príncipe heredero; el Rodolfo político; el Rodolfo que tiene planes de reforma, casi de revolución; el príncipe que no se contenta egoístamente con gozar, sino que quiere llegar a mandar; el posible oponente de Bismarck; el que desea también hacer «trabajo en carne humana», es decir, diplomacia, y engrandecer a Austria como el otro había engrandecido a Prusia.

Rodolfo había comenzado por ser un *enfant terrible;* no un niño perezoso o caprichoso, sólo atento a sus diversos apetitos, sino un niño crítico e inteligente, de reacciones insospechadas, de personalidad bien definida desde el primer momento. Cuando joven, escoge él mismo a sus amigos. No era enemigo de la disciplina, pues sus mejores recuerdos son para el regimiento n.º 36, *Jungbunzlau,* de Infantería, al que llamaba «mi verdadero hogar». No es un vulgar antigermanista por pereza de hacer la instrucción, como aquellos seres de clase media que se definen antiespartanos por no atreverse a definirse comodones.

Este indiscutible germano, que supo simpatizar con la vida militar y con la erudición –las dos facetas más hondas del germanismo, aparte la música–, carecía no obstante de prejuicios de raza. Se dice que tuvo una aventura sentimental con una muchacha judía.

En el físico, los contemporáneos de Rodolfo le pintan como un hombre agradable. Algunas mujeres de la corte le encontraban «incluso seductor». Para nuestra estética siglo XX sus atractivos tendrían siempre una marcada relatividad. En el álbum de retratos de familia, en que el príncipe aparece con su uniforme de húsar, lleva el cabello casi rapado; su rostro pálido, enfermizo, nos lo presenta ya en la última fase dolorosa de su vida. Se hace difícil juzgar la tragedia por los físicos de los personajes, según este álbum, cuyas imágenes se reprodujeron en varias revistas contemporáneas.

Más de un novelista y de un director de *film*, que viene a ser lo mismo para este caso, ha conjeturado que la tragedia de Mayerling no hubiese existido sin una previa «infelicidad» matrimonial; se nos presenta con demasiada facilidad, en la pantalla, a la amante como una maravillosa belleza y a la mujer legítima como un remedio contra la lujuria. Esto es injusto, por apriorístico. Ni Rodolfo era el galán de cine que se busca, ni su esposa, Estefanía de Coburgo, la princesa belga, fue tan antipática ni desagradable como se ha supuesto. Objetivamente, el contraste entre esposa y amante no soluciona ni explica el problema, ni menos el desenlace inesperado que tuvo. Estefanía no era una mujer vulgar. Rodolfo pidió su mano después de regresar de un largo viaje e interminables cacerías por Europa oriental, al parecer sin coacción de nadie.

Era muy importante que el príncipe heredero se casase, como lo es que se case cualquier otro hombre; pero en ello no mediaron las fuerzas solapadas y odiosas que se quiere conjeturar.

No hubo ningún flechazo. Hubo, en cambio, por parte de ella, una primera desilusión en el viaje de novios. Todo esto es muy vulgar y bastante frecuente. Además, en aquellos tiempos, Rodolfo se portó como un caballero. Ni siquiera torturó a su mujer cuando dio a luz una niña en vez de un niño: él, que hubiese podido alegar razones políticas para hacerlo; pero ni siquiera hubo esto. Al contrario: consoló él mismo a su cónyuge con estas palabras: «Esto no tiene importancia. Una niña puede hacerse querer mucho más».

«Pero Estefanía no comprendía a su marido –arguyen los biógrafos a la caza de excusas–. Era muy mujer de su casa; se pasaba el día entre sus damas, o cuidando de su hija, o con sus labores, y no se metía en política, ni pensaba en los checos, ni en los húngaros, ni en Bismarck, ni en la amenaza rusa sobre Bulgaria...»

Yo creo que si Estefanía hubiese pensado en todas estas cosas en vez de cuidarse de su hogar, hubiera habido entonces serios motivos de divorcio. Toda mujer tiene siempre algo de ministro de Asuntos Exteriores, pero no es bueno que lo sea hasta este punto. El sofisma en que descansa este argumento está precisamente en suponer que el capricho de Rodolfo con la Vetsera –a la cual el príncipe no conocía y no fue a buscar– tenga alguna relación con la política del Imperio austrohúngaro, cuando una cuestión de faldas suele ser casi siempre la cosa menos política que darse puede. Y en este caso los hechos vinieron a demostrarlo.

Antes que Prusia humillase a Francia en la guerra de 1870 había humillado a los austríacos en Sadowa. Bismarck, como todos los buenos políticos, estaba atento a los intereses de su nación y no a los de ninguna otra. Su obra maestra consistió en obtener la neutralidad y hasta la benevolencia de Austria cuando tuvo que atacar a los franceses, a pesar de haber dado antes a los austríacos un bofetón. Es posible que Francisco José comprendiese esto claramente, aunque no pensaba hacer nada con ello. Pero Rodolfo quiso obrar en consecuencia. No intentaba vengarse de Prusia, sino solamente imitarla. No se lo permitieron.

¿Cómo se proponía Rodolfo imitar a Bismarck para los intereses de Austria? Sencillamente: provocando una guerra con Rusia, por el territorio búlgaro, en un momento que todos los políticos consideraban excepcionalmente favorable. Una provocación oportuna, como la derrota francesa, que en el Oeste había ocasionado el famoso telegrama de Ems. Pero Bismarck se retrajo. Nosotros no pretendemos en estas líneas alabar las intenciones de Rodolfo. Sólo sentamos objetivamente un hecho histórico. En aquella época se consideraba como un recurso internacionalmente correcto la provocación. Bismarck era el maestro de escuela en esta doctrina, anatematizada después. Rodolfo, para lo que creía el bien de Austria, se mostraba dispuesto a ser su discípulo. Pero el Canciller no tenía el menor interés en tener discípulos de esta clase.

Para zafarse de secundar a Austria en los proyectos que propugnaba Rodolfo, Bismarck pronunció en el Reichstag un discurso diciendo que los intereses de Alemania eran completamente indiferentes a la suerte de los eslavos y añadió: «¿Intervenir en Bulgaria? ¡Merecería que me llevasen ante los tribunales por alta traición si me atreviese a aconsejar al gobierno semejante tontería!»

Unos días después de este discurso Rodolfo visitó en persona a Bismarck. Esta visita es importante para que conozcamos su temperamento. Austria tenía un ministro de Relaciones Exteriores. Pero el príncipe quería tener su política propia. Bismarck procuró limar ante Rodolfo las aristas de su discurso oficial, que había «provocado» aquella visita no oficial; pero se mantuvo firme en los principios. Si Austria atacaba a Rusia, se encontraría sola. Alemania no pensaba mover un solo dedo.

Francisco José sufría una rabieta cada vez que Rodolfo hacía una de sus salidas por el campo de la política exterior. Aquel mozo comenzaba a actuar como una potencia. Había una pregunta grave, temible, preñada de amenazas: ¿Qué ocurriría cuando Rodolfo llegase a ser emperador?

Lo grave en tal pregunta no era que se la plantease Francisco José, sino que tal vez se la planteaban también los enemigos de Austria.

La melancolía de los Wittelsbach resonaba, como una maldición del nibelungo, en el palacio imperial de Viena. El domingo de Pascua de 1886 el rey Luis II de Baviera había puesto fin a su vida. Discuten los biógrafos, si no el «ejemplo», al menos la resonancia triste, por no decir fatal, que esta tragedia haya podido ejercer sobre el ánimo, ya sombrío, de Rodolfo.

Luis II, más intelectual que rey, tenía una sensibilidad

enfermiza, nietzscheana; poseía la histérica fecundidad del genio. Lo único serio que hizo en su vida fue proteger a Ricardo Wagner y ser su mecenas amparándole después de treinta años de fracasos. Rodolfo tenía de su primo, el Wittelsbach, un recuerdo exquisito, selecto y solitario, cuando ambos hablaban en la intimidad sobre lo divino y lo humano. Ya en aquellos diálogos Rodolfo había podido apreciar el hondo escepticismo, la incurable melancolía que corroía el alma de Luis. Después del entierro, tras la visión dolorosa de su cadáver y del coche fúnebre convertido en un túmulo de flores, Rodolfo vuelve a su existencia... en la política. *El amor no sale a relucir para nada.*

El discurso de Bismarck, la visita de Rodolfo al Canciller y la cuestión de Bulgaria tuvieron lugar en 1877. Austria se quedaba sola. El alemán, una vez solucionado su programa en el continente europeo –mérito particular de Bismarck, aislando a sus enemigos, sin levantar demasiados odios ni formar nubarrones de tormenta–, trataba ahora de consolidar la amistad con Inglaterra. Objetivo perfecto, que tuvo sólo un grave *handicap*: no sobrevivir a su creador. Rodolfo, convencido de que no cabía ya intentar nada del lado de Bulgaria, pasa a otro proyecto, con una tenacidad, una firmeza, una claridad de visión anónimas, porque su muerte, anacrónicamente romántica, nos hace olvidar su pasado de político. Y el contraste entre su muerte y su vida es sin duda el enigma más interesante de toda esta cuestión.

A medida que nos acercamos más al año fatal del suicidio, este desenlace nos parece más absurdo: lo encontramos cada vez más en una «vía muerta», sin conexión, casi sin lógica, sin explicación posible. Un hombre que piensa en aglutinar a húngaros y checos, en vencer el rompecabezas creado por los nacionalismos, en superar barreras idiomáticas, ¿sigue acaso un camino que le conduzca a matarse en brazos de una modistilla? Lo de Mayerling será siempre un enigma si lo planteamos en esta forma. Una incógnita no policíaca, sino psicológica.

Una inconsecuencia. Además la edad del príncipe es otro factor considerable. Cuando murió tenía treinta y seis años; era joven, pero no era ningún niño. Había tenido tiempo suficiente de sentar la cabeza.

Este romántico, este supuesto imitador de Larra, este suicida por amor, en lugar de pasar el día deshojando margaritas redactaba informes técnico-militares –que nadie le había pedido, además; los hacía a regañadientes del emperador– en los que decía cosas como la siguiente: «La infantería austríaca expresa vivamente su deseo de que se adopte el reglamento prusiano en el ejército.» Después de estas palabras, que son a la vez una obsesión bélica y tienen un espíritu *representativo* desconcertante, el príncipe pasa a enumerar al Alto Mando las ventajas del reglamento de los prusianos: es más eficaz, más breve, suprime foralismos inútiles; permite una movilización en veinticuatro horas, mientras el austríaco requiere al menos una semana...

Este «magnate ocioso» tenía un yate de recreo a su disposición, continuas ocasiones e incluso pretextos serios para ausentarse e irse a viajar, de caza, y entregarse a vivir bien. Sin embargo, «sus arreos son las armas», como decía Don Quijote. El informe a que hemos aludido no fue el resultado de una fantasía, sino de un largo viaje de inspección que hizo en los territorios orientales del Imperio, en Bosnia y Herzegovina, donde visitó la fatídica Sarajevo, y allí aquel occidental se esforzaba, con un plan perfectamente claro, en comprender, vivir la vida de aquellos remotos súbditos, entre los cuales había numerosos musulmanes, y en cuyas ciudades, blancas como lechadas de cal, relucían al sol casi asiático las cúpulas y los minaretes.

«That is imperialism!», podrían exclamar ante esto, con indignación, los súbditos del Imperio británico. No lo negamos. Pero nos parece extraño, muy extraño, no que hayan podido existir un Octavio y un Marco Antonio, sino que alguna vez estos dos hombres se hayan podido fundir en una misma persona, con Cleopatra y todo.

Esto es, sin embargo, lo que se supone en el príncipe.

Una biografía detallada de Rodolfo, desde 1877 hasta el año de su muerte, se parece a lo que menos puede esperar el público que lee novelas rosas: recuerda la laboriosa y técnica existencia del general De Gaulle, a quien ya conocía todo el Estado Mayor alemán antes de 1939, no sin cierto recelo, y de quien en Francia, en cambio, sólo sabían que era «un militar». Esta biografía técnica del «Romeo» de Mayerling no se ha hecho. Tal vez diese un poco más de luz sobre la interrogante. En 1883 viaja por Hungría para tratar de conjurar el separatismo. No se limita a visitar el país. Tiene muchos amigos periodistas en Viena y se encierra con ellos, traza planes de campañas de prensa, apoya a los liberales y felicita a los redactores cuando van a parar a la cárcel, conducidos por algún agente de papá.

El patilludo emperador le envía reprimendas por escrito, que quedan sin efecto porque en ellas le llama «Vuestra Alteza...» No se puede regañar a un hijo, téngase o no razón en la regañina, si se le llama «Vuestra Alteza». ¡Y por escrito!

Rodolfo sigue en sus trece. Ama a Hungría. Y hace política unitaria sin saberlo, quizá, cuando se quiere identificar con las costumbres del país, cuyos magnates, tan diferentes de los ahorrativos alemanes, venden sus tierras, sus heredades, sus fincas hasta la última pared, con tal de poderse presentar en una fiesta imperial con una capa de armiño llena de piedras preciosas. Aquel país de estepas inmensas, de jinetes, de gitanos, en que todo el mundo es aristócrata, desde los nobles hasta los mendigos, le cautiva profundamente.

Rodolfo había ido allí a hacer imperialismo; pero el lenguaje de aquellos tiempos decía siempre: «Hungría ha entablado una dura lucha contra las poderosísimas fuerzas reaccionarias a las que el principio liberal ha sucumbido en esta parte del Reich...» Esto es de puño y letra de Rodolfo. Si no hubiese hablado así, nadie le hubiera entendido en aquella época. Además él estaba convencido de que ésta era la única forma posible de hablar. Continuamente hallamos en su vocabulario las palabras «feudal», «absolutismo», «reacción». En ciencia es positivista. Antes de cumplir los veinte años había tenido un profesor de Historia Natural que, como todos los de su tiempo, no podía menos de ser discípulo de Darwin. «To be distinct is indecent.» Aquella corte católica y aquellos profesores materialistas y evolucionistas, que se reservaban para los príncipes porque la moda universal los consideraba máximas eminencias, formaban una dualidad que no podía menos de destruirse a la larga. El ideal de Rodolfo era llegar a ser un emperador constitucional, quizás el primero, el único que lo hubiese sido de todo corazón, como Catalina la Grande decía ser «sinceramente republicana», aunque la necesidad de gobernar a cien millones de rusos y de tártaros no le dejó poner en práctica sus preferencias.

En 1888 se produce en la existencia de Rodolfo una aceleración hacia la muerte. Hace poco que acaba de conocer a la baronesa María Vetsera, hija de unos nuevos ricos ennoblecidos de Viena. Es una belleza morena, «latina» o quizás «húngara» –como su apellido–; es, en fin, para un alemán, una belleza exótica. No se trata, propiamente hablando, de una mujer hermosa, sino de algo nuevo, algo no alemán, y que era «el tipo» de Rodolfo, o al menos podía clasificarse en este grupo, si bien al príncipe no le parecía en realidad nada extraordinario. Fue ella quien le buscó; no él. La Vetsera, de pequeña estatura y precoz en el amor, había tenido ya a los diecisiete años una aventura en Egipto con un oficial británico, «de la que salió convertida en mujer», dice Richter. Su primer amor inglés le había comunicado cierta tendencia a los anglicismos, a hacerse llamar *Mary dear* y cosas por el estilo. Tal vez hoy nos pareciese francamente cursi; pero no rompamos el encanto. Las fotografías ochocentistas, de viejo álbum de familia, tienen una pátina brumosa que nos separa de la imagen como el misterioso cristal de la vitrina del tiempo. Si intentamos ver la imagen sin la pátina, todo se borra, todo desaparece. Es así como debemos considerar la «belleza» de María Vetsera y la «pasión» del archiduque. Encender un reflector demasiado potente carecería de sentido.

El padre de la joven se llamaba Temístocles Baltazzi; era oriundo de la isla de Quíos. Mezcla de griegos y húngaros, con nombre pronunciado en acento inglés, la Vetsera podía ejercer muy bien sobre un provinciano todo el hechizo de esos exotismos de viaje *tout compris* para pequeños burgueses. Es importante destacar este matiz, pues la «pasión» que despertó en Rodolfo no fue el único determinante, ni siquiera quizás en un diez por ciento, de su suicidio. El *presto finale* hacia el cual galopa su existencia tenía otros resortes, y éstos eran sobre todo políticos y de «honor». No olvidemos que estamos en el siglo del duelo, esa última pervivencia de paganismo, que el siglo XIX burgués heredó de la antigua aristocracia, sin pagar impuestos. Por una fruslería se enviaban «los padrinos». Esta costumbre ya había sido censurada por Larra a principios de siglo, a pesar de tratarse de un romántico que acabó también suicidándose por amor.

Rodolfo tenía cuantas mujeres podían interesarle: estaba estragado; pero, más que del amor, de la misma existencia. Es hora de comenzar el inventario de los factores que pudieron haber influido en el suicidio –pues la tesis del suicidio, y no la del asesinato, es la que se da como más verosímil y, no obstante la discreción de la cancillería, la que los médicos de palacio comunicaron al emperador como tesis oficial–.

Rodolfo no había gozado nunca de buena salud. Padecía hipocondría, una melancolía invasora, creciente, que vino a complicarse con el abuso del alcohol y, en los últimos tiempos, de la morfina. El uso de los narcóticos, en una persona inteligente, bien puede deberse a una causa «intelectual»: a la idea de librarse de una obsesión; al deseo de dormir, para no caer en la locura, por ejemplo. No lo justifica, pero lo explica, en unos tiempos en que los médicos no disponían de recursos para alimentar los nervios desgastados, más que aconsejando reposo.

«Estoy loco, mis nervios están en perpetua ebullición; sufro horriblemente», comunica el príncipe a uno de sus familiares de palacio. De esto, sin embargo, a manifestar que Rodolfo se suicidó «en estado de enajenación mental», como dice el parte oficial –sin duda por política–, media un abismo.

Se dice que cierto día, antes de conocer a la Vetsera, Rodolfo había preguntado a una *demi-mondaine* llamada Mizzi Kaspar, que tuvo con él algunas relaciones, si quería acompañarle al centro de recreo llamado «Pabellón de los Húsares» para suicidarse con él. La Kaspar, que había recibido muchas invitaciones, pero ninguna como ésta, la rechazó indignada. En esta indignación se ve la diferencia entre un ser normal y el obsesivo necrófilo que ya entonces había comenzado a ser Rodolfo. Estaba, pues, decidido a abandonar violentamente este mundo, ya antes de conocer a la Vetsera. Lo asombroso es que diese al fin con una mujer lo bastante apasionada por él, es decir, con un desequilibrio gemelo al suyo, para que al hacerle esta proposición funesta se aviniese a ello.

Puesto que el plan del suicidio estaba trazado de antemano, sigue en pie la incógnita de las causas que lo determinaron. Después de haber sido la esperanza del eslavismo, Rodolfo se convirtió en esperanza de los magiares. En su política filohúngara había ido demasiado lejos. Se ha conjeturado que el príncipe heredero estaba a punto de ser procesado por alta traición y que quería huir del castigo. Esto parece desprender de las declaraciones de la condesa Larisch, parienta de la emperatriz y que había servido de medianera en estos amores.

El príncipe estaba *desesperé* –con el matiz que Mauriac da a esta palabra–. Matiz un poco metafísico, no exento de cierto aliento de trágica fatalidad. Nos recuerda aquellas palabras del escritor francés al describirnos una de las magníficas «villas» de la Costa Azul: «Ici, tout est preparé pour le bonheur... Seul le bonheur en est absent.» («Aquí todo está dispuesto para ser feliz... Sólo falta la felicidad.») Esto es lo que podría decirse del *Hofburg,* del yate, de las magníficas salas del palacio imperial, de las fincas de recreo, de los cotos de caza... Todos aquellos espejos, estanques y arroyuelos reflejaban siempre la imagen de un ser cansado, de un viejo decrépito de treinta años, de un paria de sangre azul que sólo pensaba en huir de sí mismo.

La causa de esta desesperación es un misterio. Probablemente estaba, aparte las causa físicas y patológicas que pudiese haber para ello, en un presentimiento del fracaso político de Austria: encerrada entre las nuevas nacionalidades que habían conseguido abrirse paso, el Imperio estaba condenado a desintegrarse, a largo o corto plazo. Rodolfo fue el profeta del fin de su régimen. Sobre él y la doble monarquía se cernía una especie de fatalidad. Este complejo de política e hipocondría habría sido la determinante de la tragedia de Mayerling.

La Vetsera fue sólo, en última instancia, una mera «acompañante» que el príncipe se dignó escoger en su grave determinación; pero no una acompañante imprescindible.

«Es un diablillo..., no me la puedo sacudir...» (Estas palabras son de alguien que se deja querer, y eso aun cuando no tiene demasiado trabajo.) Después añade Rodolfo: «He conocido otras mucho más hermosas; pero nunca he tropezado con un corazón tan fiel.»

Por su parte ella sí experimentaba una pasión violenta, amoral, antifinalista. Una pasión cuyo objeto era la pasión misma. Se la ha acusado de ambiciosa. Es difícil que los ambiciosos se suiciden. Cleopatra se suicidó no después de ver morir a Marco Antonio, sino al ver que no podía seducir a Octavio como había seducido a Marco y a César.

El caso de la Vetsera es distinto. No obstante, se han dado otras versiones de su muerte que, contra toda verosimilitud humana, la tachan de ambiciosa.

Rodolfo no perdía ni un momento su obsesión de

continuar trabajando por el Imperio. A fines de aquel fatal enero de 1889, pocos días antes de la tragedia, el príncipe preguntó al jefe de estado mayor austríaco cuándo comenzarían las maniobras militares en que él pensaba tomar parte. Pero en Hungría se estaban desarrollando otras maniobras mucho más trascendentales: las políticas. Rodolfo había alentado en cierto modo el espíritu rebelde que ahora manifestaban los húngaros. Había trabajado por hacer aceptar el federalismo a los magiares, como una fórmula de compromiso entre sus ideas y las del separatismo. Pero Francisco José no quería oír hablar de una cosa ni de otra. El 29 de enero iba a presentarse el plebiscito sobre el plan de armamentos de Hungría. En el fondo de este acto se ponía en juego el apoyo, decidido o no, del príncipe de los húngaros, su rebelión o su sumisión a su padre. Iba a ponérsele en el disparadero del honor: o la traición a sus antiguos amigos, o la «alta traición política» al Reich.

Rodolfo, desmoralizado y quizás amenazado –no se sabe hasta qué punto se hallaba comprometido con los separatistas–, espiritualmente deshecho, decidió acabar. Entonces se acordó de la Vetsera, que se encontraba a su vez en un estado de ánimo muy especial.

Pero lo curioso es que la tesis política del enigma es muy posterior a los acontecimientos. Todos los papeles políticamente comprometedores del príncipe fueron secuestrados por la cancillería, después del suicidio, y ocultados o destruidos. Los periódicos de la época –en especial los franceses– sólo conjeturan coartadas de vodevil.

La condesa Larisch había sido la iniciadora de los *rendez vous* de los amantes. A ella le fue entregada también, «en la víspera de autos», una cajita misteriosa que contenía ciertos documentos del príncipe, con la consigna de no entregarla a nadie más que a quien se presentase mostrándole las iniciales R.I.U.O. (Tal vez significasen *Rudolf Imperator Ungarn Oesterreich.)* Iniciales de escasa pureza idiomática; tal vez una patraña de la Larisch. Pero no es la primera vez que se trata de documentos desaparecidos, secretos o encerrados en cajas, y relacionados con este complejo asunto, que de haber sido puramente sentimental no constituiría ningún enigma.

Al día siguiente, a las ocho de la mañana, Rodolfo se presentó a sus «dos» invitados, que estaban tomando el desayuno en la sala de billar del pabellón de Mayerling. Había llegado allí en el coche conducido por el auriga Bratfisch, hombre que tenía una gracia especial para cantar canciones populares, tirolesas y de otros estilos: era un álbum de turismo viviente. Los dos huéspedes –el príncipe Felipe de Coburgo y Josl Hoyos– sabían que con Rodolfo había llegado a Mayerling una dama, que permanecía escondida en las habitaciones de dormir. Había caído una nevada que aislaba completamente el pequeño castillo del resto del mundo. Es, pues, inverosímil que pudiesen llegar hasta allí los padres, o los hermanos, o los maridos ultrajados que, según la prensa parisiense, dieron muerte a Rodolfo y hasta le hundieron el cráneo con un candelabro o con una botella.

Se dijo después que el príncipe estaba allí con unos cuantos amigotes y sus respectivas parejas *non sanctas*. En plena comida, como el vino había corrido demasiado, mediaron irracionales provocaciones, la Vetsera hirió a su amante con una copa rota y él echó mano al revólver apuntando a la sien de ella. Después, al ver que había cometido un crimen irreparable y comprendiendo que no podría vivir sin ella, se habría saltado la tapa de los sesos...

Lo que estaba sucediendo en el pabellón, antes de la noche fatal del suicidio, era muy distinto. La sala de billar donde estaban Rodolfo y sus amigos tenía por la tarde el aspecto de una oficina, no de una *garconnière*. Se recibían continuamente telegramas de Budapest. Aquel *séjour* en Mayerling no tenía por lo visto el carácter de una escapatoria inesperada, fugaz y secreta, y menos aún romántica, puesto que el conde Pista Karoli, desde Budapest, sabía adónde debían enviarse los telegramas para que llegasen a poder del archiduque. Se seguía algo así como una jugada de Bolsa, una gran batalla, unos instantes decisivos. A cada hora un telegrama. El ejército austríaco ocupaba las calles de la capital húngara. Los magiares que habían confiado en el príncipe hasta el último instante comenzaban a sospechar que era un traidor...

Pero Francisco José no estaba tampoco dispuesto a premiar la «traición» de su hijo. Para él Rodolfo era quizás «otro» traidor contra el Imperio y sus fórmulas tradicionales. No es probable que todo aquel día Rodolfo permaneciese encerrado en Mayerling. Debió pasear por los bosques inmediatos lo suficiente para percatarse de que el pabellón de caza estaba rodeado de policías... Estaba cogido, o en todo caso estaba en una situación insoportable para un hombre de sus planes y de su orgullo...

Tiempo atrás, en una de sus excursiones, había estado a punto de emprenderla a tiros con los campesinos que le seguían de lejos, pues sabía que eran policías disfrazados. A sus acompañantes les cortó mucho trabajo contenerle.

Ahora no sucedió nada de esto; pero el príncipe regresó al pabellón cansado, deshecho, hundido más que nunca en las últimas heces de la desesperación. Continuaban llegando telegramas. El último fue como una puñalada: en él el conde Karoly «felicitaba» a Su Alteza por el éxito de su actitud: la nueva ley de armamentos del reino húngaro había sido aprobada. Pero el ejército ocupaba las calles.

En lo que resta, las últimas doce horas de la existencia de Rodolfo, entramos de lleno en el terreno de la fantasía. Guiándose por la carta que María Vetsera dirigió a su madre momentos antes de morir, el biógrafo Richter concluye que a las siete de la tarde, después de partir el príncipe de Coburgo, Rodolfo invitó a Josl Hoyos a quedarse a cenar con él. Terminada la cena, Hoyos se retiró discretamente y el príncipe heredero se encerró en sus habitaciones, en las que no estaba solo. Sonó la campanilla y apareció el cochero, Bratfisch, que había sido llamado por Rodolfo. Al cabo de un rato resonaron unas canciones tirolesas. Bratfisch había sido invitado por la pareja a darles una última muestra de su arte, aunque el fiel lacayo no sabía que fuese aquélla la última vez que vería vivo al príncipe heredero.

A las once Bratfisch fue despedido. Ningún matiz trascendental retrata, en las últimas líneas escritas por la Vetsera, la vacilación hamlética, el temor ante el umbral de la muerte. Un barniz de frivolidad tal vez demasiado «voluntaria» lo cubre todo, como los polvos de arroz el rostro de una *prima donna* del ochocientos: «Tenemos mucha curiosidad por ver qué aspecto tiene el otro mundo...» Y unas palabras de un infantilismo increíble en aquel caso: «Vigilaré desde el más allá, porque te quiero mucho...» Pero también le dice a su madre: «¡Perdóname! No pude resistir el amor...»

La versión más normal, la que admiten los biógrafos de acuerdo con el documento médico forense, es que –hubiese o no retrasos en la hora, debidos a la «pereza» de morir– bien fuese a las tres, o a las seis de la mañana, Rodolfo descargó primero el arma contra la sien de su amada, hallándose ésta tendida en la cama boca arriba; hecho esto cubrió el cadáver con una manta; después se dirigió, con aplomo siniestro, a la puerta de la alcoba, ordenó a la servidumbre que se retirase a descansar y dijo a su ayuda de cámara «que le llamase al día siguiente a las siete» (!). Luego volvió junto a la cama, se sentó al borde de ésta, y apuntándose a la sien derecha, disparó el segundo tiro.

Al llegar las siete de la mañana el criado le llamó puntualmente. Una hora más tarde, como no se había levantado ni respondido, se decidieron a *despertarle.* Al no poderle despertar de modo alguno optaron por echar la puerta abajo.

Encontraron a Rodolfo medio sentado, medio caído en la cama. A sus pies había un gran charco de sangre. La Vetsera, boca arriba, tenía el rostro desfigurado, a diferencia del archiduque, que sólo presentaba estropeada la parte superior del cráneo. Los ayudantes, al ver que la puerta estaba atrancada, habían presentido ya algo siniestro y ordenado callar a los cazadores, que tocaban diana en el exterior, siguiendo una costumbre semiguerrera, semideportiva. El parte médico oficial, que no fue publicado, pero sí entregado a Francisco José después del testifical forense, certificaba que se trataba de un suicidio; pero añadía que «la anquilosis prematura de las suturas sagital y coronal, la profundidad extraordinaria de la cavidad craneana y la depresión digitiforme de las superficies interiores de los huesos del cráneo, con el sensible aplastamiento de las circunvoluciones cerebrales, con dilatación de los ventrículos del cerebro, son otros tantos fenómenos patológicos que, según la experiencia, acompañan de ordinario a un estado mental anormal y permiten, por consiguiente, admitir que el acto se ha cumplido en estado de enajenación mental». (Firmado: Dr. Hoffmann, consejero áulico, profesor de medicina legal; Dr. Hans Kundrat, jefe del Instituto anatómico patológico, etc.; Dr. Hermann Wiederhofer, médico ordinario, etc.).

Este certificado de locura oficial del príncipe tiene más valor político que científico, y no es difícil adivinar las profundas razones, no tanto anatómicas como protocolarias y hasta diplomáticas, que lo habían determinado.

Se hizo un silencio absoluto sobre el hecho de que un segundo cadáver había sido hallado junto al del príncipe. Se dice que los familiares de la Vetsera fueron obligados a transportarla en un coche de caballos, como si se tratase de una persona simplemente desmayada, y como detalle siniestro se cuenta el de la caña o palo que le ataron a la espalda para evitar que se desplomara con los traqueteos del vehículo. Hoyos descendió en alocada y arriesgada carrera, a pesar de que la montaña estaba llena de nieve, hasta la estación de Baden, donde consiguió parar el expreso Trieste-Viena para que fuera llevado en él el cadáver de Rodolfo, que llegó a la capital a altas horas de la noche, en un coche reglamentario para pompas fúnebres. Pero como el jefe de estación tuvo que enterarse de la causa que determinaba la detención del expreso y el ferrocarril dependía de la Banca Rothschild, telefoneó a sus jefes lo ocurrido. Así los vieneses se enteraron al mismo tiempo que la imperial familia de la terrible noticia.

El día 6 de febrero tuvieron lugar los responsos en la capilla de Hofburg. Nada se adivinaba bajo el rostro impenetrable de Francisco José. Sin duda su alma de militar consideraba aquel acto de su hijo como una deserción, como una cobardía. La emperatriz ocultó lo mejor que pudo su negra desesperación; pero estalló de un modo siniestro, novelesco, al anochecer de aquel día, cuando se presentó en el convento de los capuchinos con la pretensión de que «la dejasen a solas con su hijo» bajo las sombrías bóvedas del panteón imperial. Los frailes no pudieron menos de complacerla; pero apenas se habían retirado, dejando tras sí la reja que daba entrada a la fúnebre sala, oyeron gritar dos veces a la emperatriz el nombre de Rodolfo. Luego no se oyó ni un sollozo. Silencio, el silencio de la tumba, en cuyo seno tal vez la madre pudiese escuchar, ella sola, una respuesta misteriosa, inaudible, «las palabras sin sonido» a que alude Heine, esa sutil y secreta respuesta de los muertos. Momentos después la emperatriz salió y se retiró por el claustro, juvenil todavía, con su paso rápido y elástico de amazona.

En las versiones truculentas, que circularon especialmente por Francia, se dijo que Rodolfo había sido hallado con el cráneo destrozado; que su muerte había tenido lugar en una riña. Se inventaron incluso nombres de «maridos», de «padres» ofendidos y de «antiguos novios». Esto es debido a que de momento la opinión no había podido conectar la muerte del príncipe con la de la Vetsera, que se consiguió tener largo tiempo en el más riguroso secreto. Estos comadreos no eran propiamente «el enigma»; pero contribuyeron a complicar las cosas y engendraron una numerosa literatura. Se dijo también que Rodolfo, al tratar de huir de Mayerling disfrazado, fue muerto a tiros por los policías, que le tomaron por un espía o un indeseable. ¿Qué no se llegó a decir y a imaginar? Díjose así mismo que la baronesa se había envenenado luego de matar a Rodolfo, por haberle dicho éste que pensaba abandonarla; es decir, que primero murió él y después ella.

Esto aparte las afirmaciones desconcertantes, como la que se encuentra en los *Recuerdos* de María Larisch *(Sunday Herald,* 17 de febrero de 1924), según la cual la Vetsera vivía aún en 1919. Por su parte Oskar Mitis, uno de los biógrafos del *Kronprinz* Rodolfo, niega la tesis política y afirma que el príncipe no tenía ninguna de las cualidades requeridas para suceder a Francisco José.

EL «MAINE» UNA EXPLOSIÓN QUE VOLÓ UN IMPERIO

Las guerras y revoluciones caminan largo tiempo invisibles, antes que un pretexto más o menos fútil las haga estallar a la luz del día. Y los dogmas de la independencia de América, el «monroísmo», venían de antiguo. Hasta el fatídico año 1898, en que se operó nuestro desastre colonial, los países de América latina, bajo la iniciativa de la América no latina, hacía casi un siglo que estaban en efervescencia frente a la dominación de sus metrópolis. No es éste lugar indicado para relatar –pero sí para recordar– la gran emancipación sudamericana en la primera mitad del siglo XIX, operada por héroes nacionales, pero también apoyada por agentes extranjeros, que, desde una distancia mucho mayor que la que media entre Cuba y Washington, habían auxiliado en sus empresas a Bolívar y Aranda. Si aquello sucedió en Venezuela y en los Andes, ¿cómo no iba a repetirse en las Antillas, mucho menos remotas, mucho más accesibles a los influjos del idioma, de la política y de los intereses estadounidenses? No diremos que sucedió porque tenía que suceder. Los desastres nunca son obra exclusiva de la fatalidad. Pero sí diremos que lo que aconteció en 1898 era mucho más fácil que lo que había ocurrido antes en Méjico, Venezuela, Perú, Uruguay y Argentina. Lo difícil, lo gigantescamente desastroso, ya había tenido lugar. Más tarde la pérdida de unas islas, cuando ya no había continente que perder, cayó sobre una generación inmensamente más sensible, más preparada, por motivos literarios y de civilización, al resentimiento, al dolor, a la introspección. Y ésa fue la llamada «generación del 98» y su ambiente, que existió, llámese como se quiera. Además de la pérdida material era una pérdida jurídico-simbólica; una pérdida en el terreno de los principios, pues no se renunciaba por ella a tales o cuales tierras del Imperio, sino al Imperio como tal; y ahí estaba lo que haría época.

Muchos historiadores –ello depende del punto de vista que se adopte– remontan la historia de la sublevación cubana contra España a la misma fecha que las del resto de América: a la invasión napoleónica de 1808. Si no la sublevación, puede adscribirse a esta fecha el malestar, la división cada vez menos conciliable entre liberales y absolutistas. La sublevación de Riego repercutió también en la isla y las tropas españolas en La Habana se sublevaron, obligando al general Cajigal a jurar la Constitución (1820). Como en el sur, comenzaron a establecerse en Cuba gran número de sociedades secretas y logias masónicas que mantuvieron a la isla en constante agitación política. Mientras vivió Bolívar sus hazañas excitaban los espíritus, y cuando éste hubo muerto la inquietud continuó bajo el general Tacón y a pesar de las medidas dictatoriales de éste. Las medidas de O'Donnell contra el antiesclavismo fueron igualmente duras, pero, como apunta Navarro Lamarca, no sospechoso de españolismo, eficaces y «evitaron un levantamiento general de hombres de color, que hubiera reproducido en Cuba los horrores haitianos».

No deja de ser significativo el hecho de que el primer propugnador de la independencia cubana, el general Narciso López, hubiese nacido en Venezuela, no en Cuba, y además propusiese *como medio o recurso* anexionar la isla a los Estados Unidos para llegar a la revolución deseada. En 1850 sus tropas hicieron ondear por vez primera la estrella solitaria. Ningún cubano respondió, sin embargo, al llamamiento de aquel venezolano que llegaba con tropas desde Nueva Orleans. Sería, pues, prematuro hablar de separatismo cubano auténtico en 1850. Había, no obstante, un foco isleño de insurrección, porque en 1862 el general Serrano tuvo que llevar una hábil política y prometer reformas para acallar a los revoltosos; pero su mediación con el gobierno de Madrid fracasó. No siendo nuestro objeto hacer una historia de la guerra de Cuba, o mejor dicho, de las guerras, pues la isla llevaba todo el siglo XIX en insurrección discontinua, no haremos más que citar los nombres de Martínez Campos, que en 1878 firmó con los cubanos el Convenio de Zanjón; de los rebeldes Calixto García, que intentó nuevas sublevaciones hasta 1883, y de José Martí, que reunió en un bloque a todos los revolucionarios de la isla y cuya política pudo fructificar gracias a haber sido desoídas en España las iniciativas del ministro de Ultramar, don Antonio Maura. La guerra definitiva estallo el día 24 de febrero de 1895 y los Estados Unidos servían ya sin tapujos de base para los planes y concentraciones de tropas de los rebeldes.

Muchos padecimientos morales y físicos tuvieron las tropas españolas en aquella lucha inexplicable, que se eternizaba. Pero junto a lo heroico, a las virtudes *espartanas* del soldado español, como no vacilan en llamarlas los mismo oponentes de nuestra causa, brota también algo muy ibérico: la anécdota humorística y quevedesca del «¿Viva quién?», grito que en las noches insoportablemente cálidas de la *trocha,* tantas veces regada con sangre, había sustituido al «¿Quién vive?» por ser más rápido, más práctico y más representativo del momento. El hijo de un veterano de la guerra de Cuba, hoy profesor numerario en la Universidad de Madrid, me contó que, según recordaba por datos familiares, los transportes de agua para beber y los pequeños recados corrían durante la guerra a cargo de *coolis* chinos, emigrados: esa raza paciente que ha mostrado siempre su capacidad de adaptación a todos los climas. Uno de estos recaderos, un infeliz, enclenque pero ingenuamente listo, había caído precisamente en la zona de «tierra de nadie» recorrida por patrullas de ambos ejércitos. Cierta noche, mientras atravesaba un claro del palmeral, tropezó con una patrulla que gritó:

–¿Quién anda ahí?

–Pobre chino bolacho, mozo de cuelda... –respondió el otro, con voz lastimera.

–Y... ¿viva quién? –insistió el cabo de la patrulla.

–¡Viva España!

El chino había tenido mala suerte, porque la escuadra era de los separatistas. Arremetieron con él y le dieron una paliza que le dejaron por muerto. Cuando se hubo repuesto del molimiento no le quedó más remedio que reanudar su trabajo de aguador y no tardó en encontrarse en otra situación parecida. Al «¡Alto!» imperativo, temible, de los hombres que atravesaban la *trocha*, el chino se detuvo y se dio a conocer con su voz lastimera. Pero no se hizo esperar el fatídico «¿Viva quién?» Había que decidirse: era imposible echar a correr por entre las raíces y las lianas espesas del matorral. La suerte estaba echada.

–¡Viva Cuba libre! –dijo el chino.

Pero tampoco esta vez había acertado. Era una patrulla de Weyle, y no se pudo librar de la consiguiente tanda de golpes. Desde aquel día, no sabemos con qué resultado, es fama que el pobre chino contestaba siempre al «¿Viva quién?» con un diplomático: «Dilo tú plimelo».

El gobierno de los Estados Unidos, respondiendo al llamamiento que le hizo el general Lee, cónsul yanqui en La Habana, en demanda de protección para los yanquis residentes en Cuba –y para él mismo, declarado favorecedor de la causa separatista–, debió enviar al puerto cubano el acorazado *Maine,* de nacionalidad norteamericana. La llegada del crucero fue anunciada al general Blanco, que, después de la sorda lucha de la propaganda enemiga, había sustituido a Weyler. Se anunciaba la llegada el 24 de enero de 1898; pero el *Maine* entraba ya en aguas de La Habana el 22, como un gran personaje que no se cree inferior al huésped para esperar a ser anunciado. El asesinato de Cánovas del Castillo era aún un hecho reciente, y el ilustre político no tuvo el dolor de ver las consecuencias de la siniestra explosión del *Maine*, en todos sus efectos. El presidente de los Estados Unidos, Mac-Kinley, después de tratar oficialmente a España de país incivilizado –en su famosa proclama en que se pedía modificación de los procedimientos bélicos–, pedía, con el derecho a que tanta cortesía le hacía acreedor, que se concediera un armisticio a los sublevados. España transigió con lo de los «procedimientos militares» y anunció la concesión de una autonomía a Cuba. Pero no podía ceder en lo del armisticio, porque ello equivaldría a reconocer beligerancia a los rebeldes.

El *Maine* desplazaba 5.600 toneladas. Veintiún días después de su llegada a La Habana, el 15 de febrero, a las 9,40 de la noche, se hundió a vista de los muelles, a consecuencia de una o varias explosiones. Perecieron en el siniestro dos oficiales y doscientos setenta tripulantes. La catástrofe tuvo lugar en el preciso momento en que la dotación, por ordenanza, estaba obligada a permanecer a bordo. Esta circunstancia agravaba de modo especial los hechos, porque si se sostenía o se demostraba que eran premeditados, era un horrendo asesinato colectivo, aparte las consecuencias diplomáticas y militares que pudiese tener. Este complejo de gravedades se sintetizaba en una palabra: gran tema para la propaganda. Esta propaganda era ya muy vieja. Hacía tiempo, por ejemplo, que en Norteamérica se hablaba de Weyler como un monstruo, y en estos términos hemos leído, con referencia a su persona, las alusiones de novelistas americanos actuales, que aún no habían nacido en aquellos tiempos, lo cual prueba que los tópicos iban enconadamente dirigidos y que fructificaron.

Esta persistencia del tópico es una prueba indirecta que debe figurar en el proceso del *Maine;* pero no es la única: hay también la necesidad financiera, propagandística, de imperialismo económico, que impulsaba a la política de Mac-Kinley hacia una ruptura con España. La valoración de estos hechos no tiene nada que ver con la inspección técnica que más tarde –demasiado tarde ya– se hizo con el casco del buque hundido. Pero ambas clases de hechos, repetimos, forman parte de un mismo problema. Cuando ocurrió el siniestro estaba en gran actividad el partido *jingoísta*, que deseaba a toda costa la intervención norteamericana en Cuba. El propio Mac-Kinley ha sido calificado de jingoísta acérrimo. Los norteamericanos nombraron una comisión formada por los técnicos militares Sampson, Sigsbee, Chadwick, Potter y Marix, mientras España, en salvaguarda de su honor, enviaba otra comisión, bajo la presidencia del comandante Peral, que no halló en el puerto de La Habana rastro alguno de cables, ni minas, ni cosa por el estilo que pudiese justificar la tesis de una explosión provocada desde el exterior del buque. Pero la comisión norteamericana había actuado ya, y más de prisa que la española. Sin que mediase polémica ni confrontación, antes que los españoles diesen por terminados sus trabajos, los norteamericanos habían enviado ya su informe a su gobierno declarando que la explosión había sido provocada *desde el exterior* del buque (documento de 25 de marzo).

Este dictamen había sido elaborado tan de prisa que no se tenían en cuenta todas sus posibles interpretaciones jurídicas, de una gravedad extrema para los mismos norteamericanos y, sobre todo, para su gobierno. En primer lugar, al constituirse los yanquis en juez y parte, actuaban de una manera irresponsable, pues de haber existido jueces distintos de ambas partes, la tesis de que la explosión fue exterior hubiese podido perjudicar tanto a los yanquis como a los españoles. En este aspecto de la cuestión no se trata de acusar ni de excusar a nadie, sino sólo considerar el dictamen de la comisión yanqui objetivamente. Admitiendo que la explosión hubiese sido de origen exterior, faltaba demostrar después a qué nacionalidad pertenecían los causantes de ella, cosa que no se debatió porque era hacer castillos en el aire. Aparte que la comisión yanqui de 25 de marzo dictaminó sin pruebas o a espaldas de ellas –porque el *Maine* estâba hundido a ciento veintisiete brazas de profundidad y nadie había pensado aún en sacarlo a flote para examinar su casco–, faltaba suministrar las pruebas complementarias que demostrasen –indirectamente lo diremos– que nunca se ha dado el caso de que un asegurado haya incendiado su propio inmueble para cobrar el seguro, aun ocasionando muertes, lesiones y perjuicios de tercero. ¿Por qué razón una puerta abierta para calumniar a España no había de dejar otra puerta abierta para calumniar al gobierno de los Estados Unidos? ¿Había pruebas de que los yanquis aborreciesen mayoritariamente la intervención en Cuba? Había pruebas, sí, de lo contrario. Y los hechos iban a demostrarlo. La tesis de la mina colocada secreta y criminalmente por una mano misteriosa... ¡Alto! No tanto misterio. No se trataba aquí de misterio alguno. Para la opinión norteamericana, si la explosión había sido externa, tenía que ser automáticamente provocada por los españoles. Era dar en una sola afirmación dos cosas por ciertas, ninguna de las cuales podía afirmarse por falta de datos.

La declaración de guerra de los yanquis a España tiene su prehistoria. En 1895 el presidente Cleveland declaraba oficialmente la simpatía yanqui hacia los insurrectos. En 1897 el embajador Taylor calificaba la autonomía dada por Cánovas a los cubanos de «golpe teatral para distraer a la opinión». El 26 de junio de 1897 fue cuando tuvo lugar la nota de Mac-Kinley pidiendo que España hiciera la guerra «de acuerdo con el código militar de los países civilizados». El 1 de enero de 1898, aunque había comenzado a funcionar la autonomía cubana, las campañas de prensa arreciaban contra el dimisionario Weyler provocando la consiguiente reacción antiautonomista de los peninsulares, que ocasionó graves incidentes de orden público en La Habana, hábilmente manejados por los Estados Unidos para acusar de fracaso la nueva política que se pretendía seguir con Cuba. La explosión fatídica tuvo lugar, como hemos dicho, el 15 de febrero, y tres días más tarde Estados Unidos exigían la venta inmediata de Cuba a Norteamérica por trescientos millones de dólares, exigencia que no se compaginaba con la soberanía que los «pueblos libres» suelen exigir, pues lo que se vende y se compra es objeto de derecho, no sujeto de él. Con esta fecha comenzaba la primavera en que iba a gestarse la aventura. Lo más elocuente es seguir en los periódicos de la época la evolución de las noticias y, sobre todo, el acento con que aparecían en el papel, reflejo del acento de la opinión. En *La Ilustración Española y Americana* (número de 22 de febrero) se dan por primera vez detalles de la explosión del *Maine* y se comenta que, a pesar del peligro, los botes del crucero español *Alfonso XII* y de diversos buques mercantes acudieron a prestar auxilio, salvando la vida de cerca de un centenar de oficiales, marineros y soldados. «La impresión unánime –dice la revista– achacó de momento la catástrofe a un accidente de la dínamo, que obró sobre un depósito de algodón pólvora u otra materia fulminante...» «Hay que atribuir la pérdida del buque al exceso de material de guerra que llevaba el *Maine* en esta visita amistosa».

La bahía de La Habana estaba plagada de tiburones. Se comenta en aquellos días los infundios de la prensa yanqui al afirmar que la explosión había sido provocada, «total, para obligarnos a nosotros mismos a maniobrar en auxilio del buque siniestrado en una bahía llena de tiburones». Se dice a continuación que «un periódico yanqui ha ofrecido cincuenta mil duros –es traducción castiza– al que probase que la pérdida del *Maine* fue intencionada».

Son las primeras habladurías. España no se imagina aún, no puede imaginarse las consecuencias de lo que ha ocurrido. En el mismo número de 22 de febrero vemos un escalofriante «a otra cosa»: se trata del proceso Dreyfus y de los discursos de Zola, que conmueven a la opinión europea y a la española de paso. En este primer número, del *Maine* se habla en ocho líneas. A Dreyfus se le dedica toda una columna. Al volver la hoja hay un bonito cromo: «Uniformes de oficiales de la marina de los Estados Unidos». En un halago, como un desagravio... sin agravio a los valientes marinos estadounidenses por la pérdida que han sufrido en el *Maine.* Y allí aparecen, guapos, con esa belleza arquetípica de figurín ochocentista, con su pulcritud y sus bigotes. ¡Oh los figurines, que no conocen la obesidad, ni la vejez, ni el origen de *l'inegalité parmi les hommes!* Véanse: «de lluvia» «de media gala», «de invierno», «de verano», «de etiqueta», «de servicio», «de diario» y «de desembarco». ¿No estáis contentos, *gentlement?*

Número de la misma revista, de 28 de febrero de 1989: doce líneas al carnaval; una columna a Dreyfus; pero se sigue hablando del *Maine*, aunque poco. Se comenta un nuevo infundio americano: alguien dijo que el buque había sido hundido por el abordaje de unos torpederos españoles. Es el buque fantasma, en plural. ¿Qué torpederos? ¿Quién los ha visto? ¿Hay niebla en el puerto de La Habana? No. En esto tenemos razón. Pero además se dicen unas cosas lastimosas, imperdonables, para que la gente se reanime: «Hace diez años los yanquis no tenían marina... Su marina es improvisada... ¿Qué entienden esos choriceros, esos tenderos, de marina?» En estas palabras una mentira pueril envuelve una verdad velada y amenazadora: la opinión pública estadounidense se ha tragado el bulo de los cruceros misteriosos abordando al *Maine* y hundiéndolo. El periodista ha dado en el blanco y la opinión ha declarado ya la guerra. Que los oficiales yanquis «no entiendan» de marina es absurdo, es falso. Pero que la opinión yanqui «no quiera entender» de nada que no sea excitarse a la guerra es peligroso... y muy real.

Número de 8 de marzo: del *Maine*, nada. En cambio se publican unos bonitos grabados para excitar a la risa: vean ustedes el aspecto que ofrece el llamado gobierno cubano «a la intemperie». (Llamábase así a los insurrectos). Un cuartel general en cuatro chozas. Es cómico.

Número de 15 de marzo: el asunto del *Maine* va tomando proporciones. Aparece ya con titular y a dos columnas, fotografía, esquema, etc., y los retratos de los capitanes de la comisión que tan mal juzga. En primera página, pues, con cortesía, las barbudas efigies de Dgwin, de Sigsbee y de Fitz-Hugh Lee. Al dorso, un retrato de Frascuelo. ¡Aquello era torear!

Número de 22 de marzo: unos versos dedicados a los pajarracos jingos:

> *Sólo con el fogonazo vuela toda la bandada.*
> *¡No hace falta un cañonazo! Basta una perdigonada.*

Optimismo. Sin embargo, al *Maine* se le dedica una columna entera: esa columna que persiste, como la de un termómetro fatal, que se obstina en no bajar. Optimismo y fiebre de treinta y nueve, persistente. Se aproxima el ruido. Se habla de que los yanquis compran buques, fortifican puertos. Sentimos latir el pulso de la Historia. Estamos aún en unos tiempos heroicos... Si hubiésemos podido inyectar a aquel siglo agonizante un poco de sangre actual... Pero las cosas sucedieron así.

Número de 30 de marzo: un dato interesante para la solución del caso: el gobierno de Estados Unidos se niega a que el casco del *Maine* sea reconocido por una comisión mixta yanqui-española. Se dice también que el capitán del buque hundido pretendía que el casco se volara del todo. Esto subleva a nuestros periodistas, a pesar de toda su cortesía. ¿Se trata de hacer desaparecer las pruebas? Cabe la hipótesis, cabe el contraataque de calumnia. Uno de aquellos señores, pulcros, con su bigote, se atreve a comentar: «¿A quién le interesaba de verdad la voladura del *Maine?* Lo positivo es que a España no le interesaba.»

Número de 8 de abril: la opinión entra en estado comatoso, en una fase histérica, poco edificante: «La guerra es inevitable». «Los energúmenos del Capitolio...» Párrafos más abajo: «Ya no habrá guerra: mediará Su Santidad.» En la misma página: «Todo ha concluido: no hay mediación. Vamos a la guerra.»

15 de abril: «Un periódico cubano asegura que fue el señor Lee el instigador de la voladura». 22 de abril: suena un clarín. El retrato del almirante Cervera, a página entera, en la portada de la revista. Lo que aquello significaba y lo que sucedió después lo sabe de sobra el lector español. Pasó todo, y cuando hubo pasado como un sueño imposible el esqueleto medio hundido del *Maine* continuaba como un testimonio molesto, inexcusable, proyectando su silueta siniestra al trasluz del crepúsculo de un Imperio. Y así transcurrieron trece años. ¡Qué torpeza, señores de la Comisión condenatoria! Trece años sin enterrar el cadáver que constituía, o se decía constituir el cuerpo de un delito. Trece años sin preocuparse de si existía. Aquello era ya una prueba más, una prueba de que de aquella chatarra se había sacado ya todo el provecho que se podía desear, provocada y ganada la guerra hubiera sido decoroso investigar, demostrar al mundo, en el acto, si se había provocado con motivo. Al menos por la forma. ¿Por qué dejar pasar trece años?

Ya T.B. Reed opinaba que se debía haber confiado el dictamen a países no interesados directamente en el asunto. En 29 de enero de 1902 el almirante Melville emitió un informe personal en que pone de relieve la no participación de España en el hecho (carta publicada en junio de 1912 en *The North American Review)*. Pero aún no había terminado la cosa. Un reconocimiento unánime y claro de inocencia habría sido perjudicial para los Estados Unidos. Por esto se siguió la comedia hasta el fin y hubo dos dictámenes: uno en favor, otro en contra. Cuando en 1911 se sacó a flote el casco averiado, oxidado, cubierto de algas, irreconocible, del *Maine*, el general Bixley, encargado de la inspección, declaró que la destrucción fue debida a la explosión de los depósitos de municiones y «que ninguna otra explosión externa hubiese podido producir los mismos resultados».

Sin embargo, una nueva comisión presidida por Vreeland volvió a dictaminar, el 20 de noviembre del mismo año, que la voladura era exterior. Entonces uno de los miembros de la antigua comisión acusatoria, Sigsbee, antiguo comandante del buque, publicó una verdadera rectificación afirmando que no había pruebas de que la explosión hubiese sido externa; que no vio jamás trozo alguno de ninguna supuesta mina, ni cables, ni otros elementos que hubiesen flotado después de la catástrofe. Por fin Melville, en 1912, publicaba una carta poniendo de relieve la no participación de España en el hecho. Era un viejo asunto, una cuestión del pasado, de algo que entre los lectores en busca de nuevos sensacionalismos no podía interesar por su falta de actualidad; un desagravio platónico y tardío, en el terreno del honor, lo único que no se había perdido.

¿QUIÉN ASESINÓ A JOHN FITZGERALD KENNEDY?

Elementos rabiosamente anticomunistas de la división de operaciones de la CIA, moviéndose a menudo a través de canales extragubernamentales, estuvieron profundamente involucrados en la cúpula del planeamiento del asesinato y del proceso de su ejecución. Al parecer, fueron quienes tomaron la decisión de matar al presidente.

La consideración tuvo un motivo político. Su objetivo era detener el movimiento de John Fitzgerald Kennedy hacia la distensión en la Guerra Fría, y en ello tuvo éxito. Por tanto, debe contemplarse como un golpe de Estado palaciego.

Oswald fue un hombre inocente, reclutado para cargar con la culpa. Como él puntualizó: «Yo soy un señuelo.»

Carl Oglesby (1)

(1). Carl Oglesby es fundador y director de la Oficina de Información de Asesinatos, ampliamente acreditado por su ayuda durante los años setenta a la demanda popular que exigía una investigación del Congreso sobre el asesinato de Kennedy. Es autor de varios libros, entre ellos *The Yankee and Cowboy War* (1976), un intento de explicar el contexto político subyacente a la conspiración contra John Fitzgerald Kennedy y la caída de Richard Nixon en el Watergate diez años después. (Nota del autor).

JOHN FITZGERALD KENNEDY. Político norteamericano, trigésimo quinto presidente de los Estados Unidos, nacido el año 1917 en Brookline, Massachussets. Durante la II Guerra Mundial sirvió en la Armada como teniente de navío, distinguiéndose en intervenciones bélicas efectuadas en el Pacífico (1943). Asistió como periodista de la cadena Hearst a las conferencias de San Francisco y Postdam. Miembro de la Cámara de Representantes en 1947 y del Senado en 1952, derrotó al republicano Richard Nixon en las elecciones presidenciales de 1960, con lo que pasó a ser el primer presidente católico, y el más joven de la historia de los Estados Unidos. En 1962, con su bloqueo militar a Cuba para impedir la expansión comunista, provocó una grave crisis mundial. Sin embargo se mostró repetidas veces partidario de una política de acercamiento a los soviéticos. Visitó Francia, Gran Bretaña, Austria, Canadá, Venezuela y Colombia. En el apogeo de su carrera política murió asesinado en Dallas, Texas, el 22 de noviembre de 1963.

Esta síntesis que acabamos de transcribir no pasa de ser una simple biografía de diccionario en la que, a grandes rasgos, se glosan un pequeño número de los actos más significados del extinto presidente Kennedy. Quizá los únicos datos escritos acerca de ese hombre controvertido y carismático que se ajustan a la realidad. Porque el resto, en verdad, es otra historia.

Durante algunos años –sobre todo a raíz del asesinato– los americanos le vendieron al mundo una «película» intencionadamente equivocada (como hacen siempre, porque al parecer es marca de la casa, *made in Usa),* acerca de la vida y milagros de John Fitzgerald Kennedy. Cierto que no hay nada más fácil que pontificar sobre las virtudes –muchas veces supuestas, que no reales– de los muertos, ya que al parecer existe una especie de tradición consistente en olvidarse de los defectos, hecho este que nace del gravísimo error de suponer que la muerte purifica de las malas obras cometidas en vida. Pero en el caso concreto de Kennedy, tras su asesinato, interesó más que nunca a ciertos sectores del poder –y a ciertos grupúsculos que ejercían (y ejercen) poderes de *facto*–, poco menos que beatificar la imagen y memoria del desaparecido *leader* católico.

Kennedy era, realmente, un hombre inestable e inmaduro, tanto a nivel personal como político. Puede que ambas circunstancias le vinieran dadas a John Fitzgerald de las presiones ejercidas sobre su persona desde el poderoso clan cuyos hilos manejaba su propio padre. Cabría decir incluso que no fue otra cosa que el producto de las ambiciones y la frustración vividas en sus carnes por su progenitor, que vio en John la manera de cristalizar las primeras y abortar la segunda.

Todas esas presiones estallaron dentro de la insegura personalidad de J.F. Kennedy de manera contradictoria, aflorando en una actuación a nivel íntimo tan reprobable como disoluta, impropia de un católico practicante, impropia de un político –sobre todo en América, donde tanto se cuestiona la actividad privada cuando el personaje se desenvuelve en el área política–, y más impropia todavía en un padre de familia supuestamente responsable.

Dicha actuación privada, que aún hoy en día se silencia o trata de paliarse, alcanzó en algunos momentos cotas francamente denigrantes: desde la necesidad de los auxilios de prostitutas experimentadas antes de aparecer en público para pronunciar discursos (para que aquellas le librasen de tensiones y canalizaran su adrenalina) hasta su escandaloso *affaire* con la también desaparecida Marilyn Monroe.

Pero si el pueblo norteamericano se mostró generosamente permisivo –quizá por aquello de que toda regla tiene su excepción– con las promiscuas y voluptuosas andanzas de su presidente, no así lo hizo John Edgar Hoover, el eterno director del *Federal Bureau of Investigation* (FBI) –del que se dijo *sotto voce* se trataba de un homosexual fuera de ejercicio, al menos jamás se le conoció un solo escándalo al respecto–, que inició una persecución poco menos que obsesiva acerca de la singladura íntima y privada del entonces huésped de la Casa Blanca.

Cierto que el hombre fuerte del FBI nunca trató directamente con John Fitzgerald de este espinoso asunto, pero no menos cierto que en todas las conversaciones que mantuvo con el hermano de aquel, Bob Kennedy –a la sazón fiscal general del Estado– Hoover advirtió reiteradamente de la ineludible necesidad de que el *number one* del país cortase de manera rápida y definitiva sus relaciones con «esa mujer». Por otra parte, el mandamás de los federales desencadenó una ofensiva de vigilancia en torno a la figura de Marilyn, hasta el extremo de que ésta, en un diálogo telefónico con el presidente, se expresó más o menos en estos términos: «Por Dios, John, ¡quítame esos hombres de encima! Me tropiezo con agentes del FBI hasta en el baño».

En realidad no pretendemos analizar aquí la vida sentimental (o erótica) del extinto presidente, por no considerarla además una cuestión determinante. Y si hemos apuntado las explicaciones que preceden ha sido a título de comentario y para reforzar nuestra teoría acerca de la inmadurez e inestabilidad de John Fitzgerald. De lo que no nos cabe la menor duda es de que los devenires licenciosos de este protagonista de la historia nada tuvieron que ver en su trágico desenlace. Como tampoco nos cabe duda alguna acerca del hecho de que Lee Harvey Oswald no fue el autor material de la muerte de John Fitzgerald Kennedy. Pero sobre este particular ya hablaremos más adelante.

EL FATÍDICO SUCESO QUE CONMOCIONÓ AL MUNDO ENTERO

El camino que hemos elegido está erizado de riesgos, pero éste es el más coherente con nuestro carácter y nuestro ánimo como nación y con nuestros compromisos establecidos en todo el Mundo. El precio de la libertad siempre es alto, pero los norteamericanos siempre lo han pagado. Y el camino que nunca elegiremos es el de la rendición y la sumisión.

Discurso del Presidente Kennedy
(22 de octubre de 1962)

Recopilaremos acto seguido a modo de síntesis el impacto mundial reproducido a través de la prensa al saberse la siniestra noticia.

Dallas, 22.– El presidente Kennedy falleció a las veinte, hora española, víctima de un atentado. Malcom Kinduff, ayudante del secretario de Prensa de la Casa Blanca ha anunciado oficialmente la muerte del presidente de los Estados Unidos.

COMO SE PRODUJO EL ATENTADO.– El atentado contra el presidente se produjo cuando se dirigía, en automóvil descubierto acompañado del gobernador del Estado de Texas, John B. Connoly, a un almuerzo ofrecido en su honor, por el Consejo de los Ciudadanos de Dallas, donde debería pronunciar un discurso. Cuando pasaba por el centro de la ciudad, el Presidente cayó abatido por tres disparos que le alcanzaron en la cabeza. Testigos presenciales afirmaron que la sangre manaba abundantemente de la cabeza del Presidente, mientras que su esposa, que estaba a su lado, se inclinaba sobre él, gritando: *¡Oh, no!* Un fotógrafo del séquito presidencial manifestó, por su parte, que el presidente Kennedy sangraba por la cabeza. Anunció que había escuchado varios disparos y que, en seguida, vio sangrar al Presidente.

TRASLADO AL HOSPITAL.– El presidente Kennedy fue trasladado inmediatamente al Hospital Parkland, de Dallas, en una ambulancia. Entre el momento de los disparos y la llegada al hospital, pasó un período de tiempo de cinco minutos. Los locos reporteros que se hallaban en las proximidades del vehículo presidencial, manifestaron que el Presidente se encontraba tendido sobre el asiento trasero del coche. El representante demócrata de Texas, ha declarado que el estado del Presidente era «muy crítico». Dos sacerdotes católicos han sido llamados especialmente a la cabecera del Presidente, según ha indicado la secretaría de Prensa de la Casa Blanca.

RECIBE LA EXTREMAUNCIÓN.– A última hora, se afirma que el Presidente ha recibido los postreros sacramentos. El presidente Kennedy ha sobrevivido unos treinta minutos al atentado del que ha sido víctima. Los disparos fueron hechos a las 12.30 hora local (siete y media de la tarde, hora española). Según anuncia la agencia *Reuter* el magnicidio ha sido perpetuado con un rifle.

ENTEREZA DE LA SEÑORA KENNEDY.– La señora Kennedy ha demostrado gran entereza y dominio de sus nervios al entrar en el hospital con su moribundo esposo. Sus vestidos estaban manchados con la sangre de su marido. Al producirse el atentado *mistress* Kennedy lanzó un grito desesperado mientras su cónyuge caía sobre sus rodillas. No se sabe actualmente donde se encuentra ni cual es su estado.

HAN FALLECIDO DOS POLICÍAS.– Los dos miembros del servicio de seguridad del Presidente –un agente secreto y un policía de Dallas–, que han sido alcanzados por los disparos efectuados contra Kennedy, han muerto. Según las primeras estimaciones, el Presidente fue alcanzado en la sien derecha. Al producirse el atentado, que de acuerdo con primeras manifestaciones no confirmadas, ha sido perpetrado por un hombre de raza blanca armado con un rifle, un agente de policía de Dallas ha sido abatido y muerto a balazos cuando perseguía de cerca a un sujeto sobre el que recaían sospechas en relación con el atentado mortal que ha sufrido el Presidente de los Estados Unidos. El policía muerto seguía la pista del sospechoso en un cine de la ciudad de Dallas. Poco después los agentes de la autoridad procedían a arrestar a un hombre de veinticuatro años de edad, llamado Lee Harvey Oswald, acusado de haber causado la muerte al policía. Oswald fue detenido cuando salía de un cine. La policía está procediendo ahora a su interrogatorio por si tuviera alguna relación con el asesinato del presidente Kennedy. La policía le ocupó una pistola automática, y al prenderlo, el detenido dijo: *Bien, todo ha pasado ya.* La policía ha conducido a este sospechoso, esposado, a la prisión de Fort-Knox.

Visto este breve flash noticiable tras el asesinato de John Fitzgerald Kennedy, cabe agregar que posteriormente Lee Harvey Oswald fue acusado, de manera formal, como único autor del magnicidio. Y es curioso reseñar como en aquel entonces, la mayoría de los estadounidenses aceptó sin más la aseveración del Gobierno acerca de que el crimen había sido un acto de violencia casual. Un joven solitario, con la mente impregnada de ideas marxistas, aparentemente frustrado por su incapacidad para hacer nada correctamente, se agazapó tras la ventana de un almacén y, en seis segundos, mediante una acción propia de un tirador de primera, acabó con el presidente de los Estados Unidos.

Tristes y escandalizados, los estadounidenses esperaban una respuesta. Y la tuvieron. La policía de Dallas cerró el caso prácticamente de inmediato, al declarar convicto de asesinato a Lee Harvey Oswald sin juicio alguno. En el colmo de la barbarie, el atrevimiento y los despropósitos, y hasta de la mofa nos atreveríamos a decir, pocas fechas después se produjo un segundo acontecimiento, un segundo crimen, estrictamente vinculado al que le costara la vida a John Fitzgerald Kennedy: Lee Harvey

Oswald debía de ser trasladado desde el sótano de la comisaría de policía de Dallas a la prisión del condado; las medidas de seguridad se habían extremado al máximo. Oswald, flanqueado por dos policías al mejor estilo del cine negro americano, tenía que recorrer una corta distancia hasta el furgón policial; sus movimientos eran vigilados atentamente por unos setenta agentes y un centenar de periodistas; y de súbito, Jack Ruby, el corpulento y oscuro propietario de varios cabarets de Dallas, se precipitó, revólver en mano, contra el detenido, que, con el miedo y el dolor en el rostro, quedó inmortalizado en una fotografía similar a un fotograma de un filme de la serie B.

La investigación oficial concluye afirmando que el magnicida fue Lee Oswald, que actuó solo, sin mediar complot alguno, y que a su vez fue asesinado por Jack Ruby (que tiempo después moriría en *razonables y extrañas circunstancias*), también solo.

¿Quién podía dar crédito a semejante y tan burda patraña?

Los americanos de buena (demasiados) fe, por ejemplo.

El FBI, sin ir más lejos, que estuvo de completo acuerdo con la versión oficial –en la que naturalmente había intervenido–, y prácticamente cerró el caso en cuestión de semanas. La Comisión Warren –presidida por Earl Warren, aquel jurista y humanista que cobrara fama a raíz de un fallo trascendental en favor de los derechos de los negros de Georgia–, nombrada poco después del asesinato, le colocó el sello senatorial de aprobación en menos de diez meses, y aquí se acabó la historia.

Todos los títeres prefabricados por los instigadores y promotores del magnicidio, habían muerto. Las conexiones, pues, estaban definitivamente (?) cortadas.

Pero, ¿podrá admitirse que un exacerbado comunista, en solitario, hubiese tenido la capacidad de maniobra suficiente para planear y ejecutar un acto tan complejo y de tan magna trascendencia?

¿Podían admitirse la serie de absurdas coincidencias acaecidas en el momento y después del asesinato?

Un grupo de norteamericanos menos confiados que la gran mayoría de sus compatriotas empezaron a plantearse dudas, serias dudas, y muchos interrogantes. Soviéticos, castristas, anticastristas, racistas, mafiosos, integristas, protestantes y petroleros, fueron barajados como hipótesis por una minoría de cerebros privilegiados que se preguntaban, con estupor y asombro, ¿por qué el 22 de noviembre de 1963 había sido asesinado John Fitzgerald Kennedy, anticomunista, liberal, amigo de la integración racial, adversario de mafiosos, católico y partidario de una reforma fiscal contraria a los intereses de los petroleros?

AL CORRER DEL TIEMPO...

Pero el tiempo ha anulado la explicación oficial que la mayoría de los norteamericanos creyó en un principio. Había demasiadas contradicciones, demasiados testigos, demasiados fotógrafos y películas de la escena, demasiados escépticos. Con el tiempo, fueron localizados testigos a quienes previamente nadie prestó atención; fueron considerados falsos informes sobre la investigación del asesinato; se supo que otras pruebas habían sido alteradas o simplemente destruidas. El secreto oficial que el Gobierno federal decretó sobre las pruebas del magnicidio, no puede evitar críticas independientes e investigaciones para descubrir lagunas en el informe de la Comisión Warren. Ya en 1967, dos tercios de los ciudadanos estadounidenses no aceptaban la conclusión de que Lee Harvey Oswald hubiese sido el asesino en solitario de John Fitzgerald Kennedy.

En 1970 la nueva Ley de Libertad de Información *(Freedom of Information Act)* abrió más puertas. Se pudo consultar material que las agencias federal habían almacenado en sus archivos, esperando que se mantuviera en secreto para siempre. Desde entonces, los críticos de la versión oficial han realizado importantes investigaciones. Varios libros han planteado incisivas preguntas sobre la historia oficial y han revelado nuevas e inquietantes pruebas. En la actualidad, la mayoría de los estadounidenses desconoce aún gran parte de esta información.

Por ejemplo:

–Cinco días antes del asesinato, la oficina del FBI de Nueva Orleans recibió un télex advirtiendo que se preparaba un atentado contra el Presidente durante el fin de semana en Dallas. El FBI no transmitió esta advertencia al Servicio Secreto ni a otras autoridades.

–Poco después del asesinato, el mensaje de télex desapareció del archivo de la oficina del FBI de Nueva Orleans.

–La gran mayoría de los testigos de la plaza Dealey, en Dallas, oyó varios disparos de rifle que venían del montículo de hierba situado frente a Kennedy. En la persecución que siguió al atentado, la policía de Dallas detuvo a tres hombres y se los llevó arrestados a punta de pistola. Sin embargo, muchas fotos de prensa de esta detención jamás se publicaron y no queda constancia de sus caras, de sus huellas dactilares o de sus nombres.

–En el día de su detención, Lee Harvey Oswald fue sometido a la prueba del nitrato, cuyo resultado indicó que no había disparado un rifle en las veinticuatro horas anteriores. Este hecho fue mantenido en secreto por el Gobierno Federal y por la policía de Dallas durante diez meses.

–Durante más de cinco años, la película del asesinato filmada por el testigo presencial Abraham Zapruder fue ocultada al público y guardada bajo llave en un baúl de la revista «Life». Esta imagen en movimiento muestra cómo Kennedy sufre un violento impacto que lo lanza hacia atrás, prueba evidente de que fue atacado por un rifle disparado desde delante.

–Aproximadamente una hora antes de la llegada de la comitiva de Kennedy, Jack Ruby, el hombre que después había de asesinar a Lee Oswald, fue visto en el montículo de hierba dejando a un individuo que llevaba un rifle en una maleta. La declaración de Julia Ann Mercer, testigo de estos hechos, fue desvirtuada por el FBI para que pareciese que ella no pudo identificar a Ruby como el sujeto en cuestión. La manipulación fraudulenta no ha sido jamás corroborada o desmentida por el Gobierno federal.

–Después de que médicos militantes realizaran la autopsia al cadáver del Presidente, desapareció su cerebro. El cerebro, que permanece en paradero desconocido veintiocho años después, fue sumergido en formalina para endurecerlo y poder averiguar de qué dirección provenían los disparos que recibió. La Comisión Warren jamás examinó fotografías y radiografías de la autopsia, las cuales podrían haber ayudado a resolver la cuestión.

–El patólogo encargado de realizar la autopsia a Kennedy en el Hospital Naval de Bethesda quemó en el incinerador de su casa el borrador del informe (1).

1. La información vertida en este apartado que lleva por título «Al correr del tiempo...», procede de la obra-estudio-investigación del juez Jim Garrison: *Tras la pista de los asesinos*. En este libro-denuncia se ha basado el realizador cinematográfico Oliver Stone para filmar su obra más polémica: *JFK*. Una película que al parecer está levantando ampollas en la opinión pública norteamericana y creando fuertes controversias acerca de la actitud mantenida por el Gobierno federal en 1963 con respecto al magnicidio, al tiempo que son muchas las voces que se alzan pidiendo nuevas investigaciones y también responsabilidades. Jim Garrison, en el momento de producirse el asesinato, era fiscal de distrito en Nueva Orleans, punto de residencia de Oswald durante el verano anterior al crimen. De ahí que Garrison se viera de inmediato inmerso en el caso, y de ahí que por completo disconforme con las versiones oficiales, haya dedicado muchos años de su vida a desentrañar el misterio que envolvió desde el principio el asesinato de John Fitzgerald Kennedy. (*Nota del autor.*)

EPÍLOGO

¿Quién planeó y decretó el asesinato de John Fitzgerald Kennedy?

¿La mafia... sintiéndose traicionada por la familia Kennedy? Porque aunque no se ajustaría del todo a la verdad calificar de mafioso al patriarca de la dinastía, tampoco podemos olvidar que Joseph Kennedy amasó su fortuna con la importación de licores en plena vigencia de la ley Volstead (época de la Prohibición), un terreno abonado al gangsterismo. Y debe tenerse muy en cuenta que el crimen organizado había visto con buenos ojos el ascenso del joven Jack a la Casa Blanca; al fin y al cabo, era íntimo de «uno de nuestros chicos», el divo Frank Sinatra («la voz»). El propio Sinatra le presentó a John Kennedy a una muchacha, Judith Campbell, que literalmente saltaba de la cama del presidente a la de un reputado capo mafioso, *Son* Sam Giancana.

¿La CIA, para abortar lo que en ciertos poderes fácticos se consideraba sumamente peligroso, dada la tendencia de Kennedy a limar asperezas con el Kremlin?

¿Los intereses del petróleo? Debe considerarse el hecho de que Lyndon B. Johnson, el hombre que había de suceder a Kennedy en la Casa Blanca, estaba vinculado a esos intereses de una forma más o menos indirecta.

¿Los radicales segregacionistas? Evidentemente molestos e inquietos por las «alegrías» presidenciales en favor de las gentes de piel oscura.

¿Los castristas..., o los anticastristas?

¿O fue un solitario demente con paranoia marxista llamado Lee Harvey Oswald?

Las especulaciones surgidas en torno a la desaparición del presidente Kennedy han alcanzado, con el paso de los años, cotas verdaderamente demenciales, ya que se han llegado a contemplar dos posibilidades en verdad alucinantes:

Primera. – Los hay que están convencidos de que John Fitzgerald Kennedy sigue con vida en un lugar ultrasecreto que bien pudiera ser una olvidada isla del mar Egeo; circunstancia esta que se derivó del hecho de que al presidente le plantearon con toda claridad la retirada o la muerte. John aceptó someterse a una intervención de cirugía plástica que cambiaría su rostro y la consiguiente huida, mientras que en Dallas había de hallar la muerte un doble suyo perfectamente conseguido.

Segunda. – Se dice que el patriarca del clan, Joseph Kennedy, cuando en sus años de ambición y poder andaba involucrado en operaciones ilegales, traicionó a su socio y mejor amigo, el cual, antes de suicidarse, maldijo la dinastía de Joseph hasta la séptima generación. Dicha posibilidad se vio potenciada tras el asesinato en Chicago de Robert Francis Kennedy, hermano del desaparecido John, y de la interminable lista de tragedias que desde hace muchos años ha venido envolviendo a la familia Kennedy.

Ya lo ven, hipótesis las hay para todos los gustos.

Pero, llegado el momento de poner punto final a este resumen, creemos honradamente que dos cosas si parecen realmente ciertas: Una, que Lee Harvey Oswald fue tan víctima propiciatoria como el propio Presidente sacrificado. Otra, que la muerte (asesinato) de *JFK,* seguirá siendo, por ahora, uno de los grandes enigmas de la historia contemporánea.

LA MISTERIOSA MUERTE DE JUAN PABLO I

(Albino Luciani, el Papa de los 33 días)

No hemos sido llamados –ni tan siquiera nos anima ese propósito– a establecer juicios de valor sobre el *modus operandi* de la Iglesia Católica, como institución, entre otras razones porque reconocemos implícitamente nuestras limitaciones y de que otros, más documentados y calificados, lo hacen, sirviéndose de rigores y apreciaciones más o menos estrictos, y en función de la propia ética y/o razón.

De todas formas no nos produce el más mínimo rubor asegurar que desde nuestra óptica personal consideramos que la Iglesia –siempre como institución– se nos antoja el poder fáctico por antonomasia, y también un organismo oscuro, complejo, inquietante, inexpugnable –aunque en la actualidad ya no lo sea tanto–, contraventor descarado de sus propios dogmas, reaccionario de acuerdo con sus estrictas necesidades, que lleva cientos de años permitiéndose la libertad –que le otorga su propia patente de corso– de insultar la inteligencia humana, cuando no de manipularla con el más sublime de los cinismos. Pero pensamos al mismo tiempo que todo ello es fruto del simple y elemental hecho de estar compuesta y dirigida por hombres; hombres de hábitos, rojos, blancos o negros, ¡que más da!, pero hombres al fin y a la postre.

Hombres en cuya intimidad –no todos, pero sí muchos– se gestan idénticas debilidades y flaquezas (a las que luego sucumben) que en los demás humanos. Hombres asequibles a la ambición, al protagonismo personal y/o político, al egocentrismo, a la hoy denominada «erótica del poder», a la melodía financiera... A todas esas lindezas terrenales que cautivan a los hombres independientemente de calzarse sotana o pantalones.

Pero al margen de las opiniones arriesgadas, que son nuestras –y tenemos la certeza de que ampliamente compartidas–, y como tales opiniones merecen de entrada el respeto (al margen de la aprobación o censura, según criterios) que se debe a todo punto de vista expresado con nobleza, de forma abierta y sin doblez... Al margen de todo esto, decíamos, seguimos insistiendo en inhibirnos a críticas, elogios o mayores juicios de valor acerca de los aciertos e imperfecciones que jalonan la historia de la Iglesia, centrándonos en el hecho concreto de exponer y comentar uno de los sucesos más extraños y confusos en que se ha visto envuelta esa institución religiosa (¿) en su contemporáneo devenir: *la muerte de Juan Pablo I.*

Como no estamos en poder de elementos objetivos –ni tan siquiera subjetivos– con que alimentar, en principio, teorías, posibilidades, hipótesis o especulaciones, nos ceñiremos a los textos de un famoso y credible historiador, Ricardo de la Cierva, y más concretamente al prólogo de su obra, *Diario secreto de Juan Pablo I,* del que extraeremos algunos fragmentos; significativos fragmentos, que algunos podrán considerar altamente reveladores, mientras que a otros puede que los suma todavía más en la vorágine inconcreta y alucinante que rodeó –y rodea– la desaparición de Albino Luciani:

> *A las siete cuarenta de la mañana del sábado 29 de septiembre de 1978 saltaron casi al unísono, desde una emisora romana a los teletipos de todo el mundo, el estupor y la mentira. El estupor ante la noticia más inesperada que*

cabía imaginar: la muerte del papa Juan Pablo I cuando se acababan de cumplir los treinta y tres días de su pontificado; era la primera vez, en siglos, que un papa moría solo en su dormitorio. Pero el estupor nació, envuelto en la mentira. En virtud de acuerdos que nunca se revelaron, todo el mundo se puso a mentir sobre la muerte del papa. Personas de proximidad, responsabilidad y rango semejantes comunicaron, desde los primeros instantes del estupor y durante los días, semanas y meses siguientes, hasta la actualidad, informaciones divergentes y aún contradictorias. Una monja de la pequeña comunidad que cuidaba al papa declaró que el cadáver fue descubierto por el secretario irlandés; luego dijo que fue ella misma. Nadie reveló entonces indisposición alguna del papa en vísperas de su muerte; pero diez años después, el secretario irlandés, ya obispo, se acuerda de un extraño dolor de cabeza, mientras el secretario italiano, que estaba también presente en aquel momento, explica que el papa sintió tan aguda opresión en el pecho que hubo de apoyarse en la pared. Ante una indisposición menor del papa Pablo VI, a quien también había servido, el secretario irlandés, según él mismo refiere, se pasó toda la noche velando el sueño de aquel pontífice; pero no se le ocurrió hacer lo mismo durante la postrera noche de Juan Pablo I. Todos los testigos afirman que el Papa, al morir, aferraba unos misteriosos papeles, pero nadie dice cuáles. La monja, y Radio Vaticana, dijeron al principio que se trataba de la «Imitación de Cristo», libro predilecto de Juan Pablo..., que según otros testigos ni se hallaba en el dormitorio papal; un biógrafo piadoso afirma que los papeles eran un borrador para la breve alocución del domingo siguiente después del ángelus; un cardenal testigo cree que se trataba de una homilía veneciana del Papa que quería adaptar en Roma; otros creen estar seguros de que era el discurso-ultimátum que Juan Pablo I estaba a punto de dirigir a los jesuitas para volverlos al buen camino; otros aluden a ciertas listas y secretos proyectos.

Existen pruebas claras de varias preocupaciones gravísimas del papa Luciani sobre los problemas financieros de la Santa Sede durante aquellos últimos años, y sobre su disconformidad con determinados dignatarios de la curia romana y de la Iglesia universal, de quienes había completado y perfilado su ya excelente información anterior a lo largo de sus treinta y tres días de pontificado; pero un cualificado testigo jesuita, amigo personal del papa, se atreve a mentir rotundamente cuando afirma: «No se había ocupado de finanzas ni de nombramientos». Por el contrario, consta su absorbente preocupación por uno y otro problema hasta unas horas antes de su muerte solitaria y secreta. Había decidido y promulgado, durante los treinta y tres días, nombramientos muy importantes y significativos; poseía ideas muy claras sobre la equívoca situación financiera de la Santa Sede –a punto de reventar– y prácticamente había anunciado con firmeza y claridad que estaba a punto de tomar decisiones de suma importancia para el gobierno de la Iglesia en cuanto completase la exhaustiva información que ya tenía muy avanzada en varios campos..., que como sabía muy bien eran campos de minas. Sobre su salud corrieron versiones igualmente contradictorias: excelente para unos, desastrosa para otros...

Antes de proseguir queremos dedicar un breve inciso a un hecho que puede considerarse importante. Parece ser que Albino Luciani, siendo todavía cardenal de Venecia, tuvo una premonición acerca de su muerte. Fue en el invierno anterior a su elección como Sumo pontífice cuando, desde su cátedra de San Marcos, durante la homilía de la Natividad, dijo textualmente: «Que tengamos todos un feliz año 1978, *o al menos los meses que Dios nos conceda de él*».

Al día siguiente toda Venecia comentaba el significado, entre misterioso y esotérico, de aquellas palabras del cardenal Luciani.

Seguidamente y como suele decirse en el argot periodístico, vamos a aportar y transcribir un grupo de «sueltos», muchos de ellos posteriores a la muerte de Juan Pablo I, en los que se citan una serie de sucesos y nombres que, más tarde, al reencontrarnos con lo que podríamos llamar hilo cronológico (que se interrumpe en el presente apartado) de este cuaderno-crónica, veremos mencionados en uno de los pasajes del Diario Secreto de Albino Luciani, sacado a la luz merced a los excelentes servicios del historiador Ricardo de la Cierva.

«El viernes 18 de junio de 1982, Anthony Huntley, un empleado de Fleet Street, se dirigía a su trabajo recorriendo la margen del río Támesis en Londres. Al echar una ojeada sobre el parapeto, vio, entre las sombras del puente de Blackfriars, el cuerpo sin vida de un hombre de mediana edad colgado de un andamio, a pocos pasos de distancia.

A las ocho de la mañana, media hora después del macabro descubrimiento, los policías desataron los dos nudos dobles que unían al andamio la cuerda de un metro de longitud y depositaron el cuerpo en una lancha. Los policías sacaron seis ladrillos de los bolsillos del cadáver que yacía ahora en el muelle de Waterloo, y un ladrillo más del interior de los pantalones. Nada sugería juego sucio. El cuerpo no presentaba heridas y ni la actitud ni la situación del cadáver daban motivos para levantar sospechas.

Emprendieron la tarea de identificar al suicida. El ligero y elegante traje gris fabricado en Milán indicaba que podía tratarse de un hombre de negocios extranjero. Dos costosos relojes Patek Philippe reforzaban esta teoría, que fue confirmada cuando descubrieron que el muerto llevaba encima casi 7.400 libras. La suma estaba compuesta por dólares americanos y franços suizos, además de 47 libras esterlinas y el equivalente a veinticuatro en liras italianas. Faltaba la página "F" de su agenda, que apareció arrugada en el bolsillo del pantalón. En ella figuraban una serie de conocidos nombres italianos. Como se supo más tarde, muchos de aquellos nombres pertenecían a personajes influyentes y poderosos como Rino Formica, ministro de finanzas, y Albert Ferrari, miembro de la Logia masónica conocida como P2 (Propaganda 2). En el bolsillo interior de la americana del muerto estaba el pasaporte. Se trataba de un italiano: el señor Gian Roberto Calvini, más conocido por Roberto Calvi».

«La caída y muerte de Roberto Calvi siguió a un ascenso espectacular en los ambientes italianos del poder. Como le consumía la ambición, se introdujo en una enmarañada trama financiera extendida a través del globo, donde se enredaron muy ilustres personalidades. Aunque en muchos aspectos, el caso sigue siendo un misterio, lo que se ha llegado a saber parece una espeluznante historia de terror al más puro estilo cinematográfico. Dentro de ella aparece la extraña implicación que Calvi trató de crear en torno a la Banca Vaticana, o IOR. La historia comenzó en los años sesenta, cuando el banquero Michele Sindona se relacionó con el arzobispo Montini de Milán.

En 1963 Montini fue elegido papa con el nombre de Pablo VI. Sindona intervino en asuntos relacionados directamente con las finanzas del Vaticano y estableció una fuerte amistad con su dirigente, el arzobispo Marzinkus.

Sindona era miembro de la masonería y un cargo importante de la Logia P2.

Calvi y Marzinkus se conocieron a través de Sindona, comenzando así la fatídica relación entre el IOR y el Banco Ambrosiano. En 1974 quebró el banco de Sindona en Milán, cuando había depositados en él VEINTISEIS MILLONES DE DOLARES PROPIEDAD DEL VATICANO. A continuación se produjo la quiebra del banco de Nueva York. En el momento de la muerte del papa Pablo VI, las finanzas del Vaticano atravesaban por un momento delicadísimo.

Las pérdidas sufridas por el Vaticano tras su relación con Sindona se estiman en un valor comprendido entre los TREINTA y los TRESCIENTOS millones de dólares, aunque el obispo Marzinkus insistió en que, si se tomaban en cuenta los resultados de su asociación anterior con Sindona, el balance arrojaba unos beneficios increíbles.

En los años setenta se estrecharon las relaciones entre el Banco Ambrosiano y la Banca Vaticana, llegando Calvi a la presidencia del Ambrosiano en 1975, poniendo de inmediato en marcha la expansión de la entidad bancaria, uniendo el patronazgo de Sindona a su propia experiencia financiera. Cuando quiebra el banco de Sindona, el Ambrosiano evita lo peor del escándalo.

Aprovechándose del prestigio de la Iglesia para dar credibilidad a sus resultados, Calvi se sitúa al frente de la mayor banca privada italiana. Es en esta época cuando entra a formar parte de la P2 y llega a tesorero bajo el control de Sindona y Licio Gelli, Gran Maestre de la P2. Calvi deseaba asegurarse el acceso a sumas elevadas en metálico sin levantar las sospechas de las autoridades italianas o de sus propios empleados. Consiguió eludir su detección fundando un banco subsidiario en Luxemburgo, lejos de los ojos inquisidores del Banco de Italia. La Banca Vaticana recuperó VEINTE MILLONES de dólares de los que, en otras operaciones, Calvi había derrochado. Al mismo tiempo, éste aumentó su participación accionarial en el Banco Ambrosiano hasta un 20%, aunque, al hacerlo, actuaba en contra de las reglas del propio banco. La opinión pública estaba admirada por el auge experimentado por el banco bajo la dirección de su presidente, Roberto Calvi. En los Consejos de Administración su palabra era ley. La autoridad de Calvi no se cuestionó hasta casi el momento de su muerte. El estilo retórico que empleaba durante las reuniones era comparable al sermón de un predicador. Las hojas de balance del Banco Ambrosiano iban encabezadas con la frase: *Demos gracias a Dios.*

A través del banco subsidiario de Luxemburgo, Calvi llegó a disfrazar sumas enormes tras la «fachada» de compañías en América Central y en Sudamérica. Este dinero aparecía en forma de préstamos de bancos europeos, incluido el Midland y el National Westminster Bank. Aquellas sumas se canalizaban a través de Luxemburgo y de unas compañías fantasmas en Panamá, vía Nassau, en Las Bahamas, y en Lima, Perú. No parece nada seguro que el Vaticano conociese el destino final de su dinero. Lo cierto es que el IOR sabía que los préstamos no existían. El arzobispo Marzinkus formaba parte del Consejo de Administración del Banco Ambrosiano de Nassau –quizá para reforzar aquella frase tan suya de que: *No se puede dirigir un banco a base de Avemarías*– lo que hace pensar que quizás él sí lo sabía, aunque el modo de administrar de Calvi, a veces con carta blanca para todo, hace dudar de la transparencia informativa.

Algunas empresas de Panamá eran supervisadas personalmente por el arzobispo Marzinkus en 1981, como consta en dos cartas a compañías interpuestas. Estas «cartas de aliento» se empleaban para acentuar la reputación de las compañías y asegurarse futuros préstamos, aunque el Vaticano no reconocía su responsabilidad en caso de pérdidas. Este dinero desapareció justamente antes de la quiebra del banco Ambrosiano. La suma alcanzaba un valor total de OCHOCIENTOS MILLONES de libras esterlinas, de las que una gran parte no se ha recuperado. Se desconoce el destino del dinero o la identidad del «hombre de paja» de Calvi.

Ciertas teorías indican que la P2, con Gelli a la cabeza, empleaba el dinero para financiar varios proyectos relacionados con la guerra. Entre ellos, el apoyo a ciertos regímenes militares de tendencia derechista, como los de Perú, Paraguay, Uruguay y la «contra» nicaragüense. Otras teorías apuntan a que parte de esa suma se usó para ayudar al ejército argentino durante la guerra de las Malvinas.

De 1970 a 1980, Calvi edificó un imperio cuajado de trampas y fraudes que terminó por destruir a su propio arquitecto. Sus contactos a alto nivel, tanto con el Vaticano como con la Masonería, indican que conocía muchos secretos en el campo de la vida eclesiástica y política italiana. Fue inevitable que empezara a ganarse enemigos. El primero de ellos y uno de los más poderosos, fue Michele Sindona, precisamente «el padrino» que le introdujo en los ambientes del poder.»

BREVE DICCIONARIO ACLARATORIO

(sobre nombres y entidades aparecidos en este resumen)

BANCO AMBROSIANO – Fundado por el sacerdote italiano Monseñor Giuseppe Tovini el 27 de agosto de 1894. Tenía el propósito de utilizarse como contrapeso de la gran banca «laica», es decir, de la que se encontraba en manos de la Masonería. Tovini dio a su banco el nombre de San Ambrosio, el santo arzobispo de Milán que en el siglo IV luchó con denuedo por la libertad de la Iglesia Católica frente a las interferencias del poder secular. Pronto se le conoció como «el banco de los curas». En los orígenes, y durante su larga historia, su situación era muy distinta de aquella a la que le llevó Roberto Calvi con sus conexiones con la Masonería.

BANCO/A ITALIANA – El Vaticano, como Estado soberano que es, tiene su propia bandera, moneda, pasaporte y funcionariado, así como un reducido territorio en Roma. De los asuntos financieros se encarga el IOR (Instituto para las Obras Religiosas), cuya precaria situación es de todos conocida. El IOR resultó involucrado, a través del que fuera su presidente, el arzobispo Marzinkus, por las relaciones financieras mantenidas con Roberto Calvi, Michele Sindona y Licio Gelli. El IOR se asoció directamente al banco Ambrosiano de Calvi con 1,6% del accionariado y también indirectamente a través de la propiedad de sociedades interpuestas. Calvi usó al IOR como escudo de sus actividades delictivas. Las sospechas de ilegalidad disminuyeron cuando Marzinkus, en 1981, declaró que el Banco Ambrosiano era «una inversión excelente». Al quebrar dicho banco, el IOR resultó implicado en el escándalo. Posteriormente declinó toda responsabilidad en el pago de la deuda contraída con los acreedores, que alcanzaba la suma de CIENTO SESENTA Y CUATRO MILLONES de libras esterlinas.

GELLI, LICIO («el organizador») – Fue el desafortunado Gran Maestre de la Logia Masónica P2, actualmente disuelta. Militó durante la guerra junto al fascismo, pero cambió de partido justamente antes de que aquella terminase, con el fin de salvar el pellejo. En los años cincuenta amasó una fortuna considerable vendiendo armas a los argentinos. Junto con Calvi y Sindona fue uno de los asesores financieros del Vaticano a lo largo de los setenta.

IOR – Instituto de le Opere di Religione (Instituto para las Obras Religiosas).

MARZINKUS, PAUL – Arzobispo estadounidense,

nacido en Chicago. Fue presidente de la IOR a partir de 1971. Actualmente está retirado. Se dice que salvó la vida de Pablo VI en el intento de asesinato que éste sufrió en Filipinas. Sin embargo Marzinkus fue conocido por las relaciones con banqueros del tipo de Calvi, y por los escándalos que siguieron. Mientras duró su asociación con Calvi, Sindona y Gelli, el Vaticano perdió cientos de millones en libras. En 1987, Marzinkus recibió una orden de arresto de la Magistratura italiana por fraude bancario, aunque el tema fue sobreseído al disfrutar de inmunidad diplomática como miembro del Estado Vaticano.

SINDONA, MICHELE – Siciliano, convicto de estafa y asesinato, era miembro de la P2 y antiguo amigo y protector de Roberto Calvi. Aunque a nivel internacional era tenido por un banquero respetable, actuaba tambien para la Mafia como blanqueador de dinero. Conocido de Pablo VI, el Vaticano le encargó algunas de sus inversiones y él fue quien presentó a Roberto Calvi al arzobispo Marzinkus. Su falso secuestro en 1979 condujo al descubrimiento de una lista de nombres de la P2 en casa de su amigo Licio Gelli. En 1980 se confesó culpable de fraude y perjurio ante un tribunal de Nueva York. Internado en la cárcel italiana de alta seguridad de Volgera, tuvo el misterioso final que sufrieron otros muchos miembros de la P2. Aparentemente se suicidó con una taza de café en la que había vertido cianuro sódico. La mayoría opina que fue asesinado para cerrarle la boca. Empezaba entonces a cumplir una condena de cadena perpetua por asesinato.

UNAS PÁGINAS DEL DIARIO SECRETO DE JUAN PABLO I

correspondientes al día 2 de septiembre de 1978 (1)

El día anterior, Su Santidad había despachado asuntos importantes con la colaboración del Cardenal Prionio; asuntos la mayor parte, relacionados con los problemas que planteaba la Compañía de Jesús (jesuitas), tema éste en el que Eduardo Pironio estaba documentadísimo.

El 25, Albino Luciani acusaba la fatiga y el cansancio vividos el dia anterior. Pese a ello despachó por la mañana con dos congregaciones (con la de los obispos, aceptando la renuncia del prelado español Antonio Añoveros, obispo de Bilbao), recibiendo posteriormente la visita del arzobispo de Caracas, cardenal Humberto Quintero. En su ronda habitual de trabajo con los dicasterios recibió al prefecto y el secretario de la Congregación para la Evangelización de los Pueblos...

La mañana discurría plácidamente, en medio de tan intenso trabajo de gobierno, cuando Diego Lorenzi entró radiante en el estudio donde Juan Pablo I despedía ya al cardenal brasileño, Agnelo Rossi, prefecto de la Congregación para la Evangelización de los Pueblos; Lorenzi, exclamó:

«–¡Han liberado a Luca, santidad! Y la madre dice que es por su intervención del domingo.

Una banda de secuestradores que retenía desde hacía tres meses al pobre chiquillo Luca Locci se conmovió, al parecer, con la alocución pronunciada por Juan Pablo I

1. Ahora tendremos ocasión de comprobar, tal como ha quedado dicho en el apartado anterior, la presencia en el Diario del papa Luciani de la mayoría (por no decir todos) de nombres de personajes y entidades que citábamos en el referido apartado. (Nota del autor)

durante el ángelus. El papa estaba convencido de que habían sido las madres o las hermanas de los secuestradores quienes al oír sus palabras por radio habían incitado a aquellos a realizar tal gesto humanitario.

Después hizo acto de presencia monseñor Giuseppe Caprio para comunicar al pontífice las últimas impresiones sobre los problemas financieros, cuando a la media hora volvió a entrar don Lorenzi, pálido, demudado, para anunciar:

«–Santo padre, algo terrible. Acaba de llamarme por el teléfono reservado que dimos a nuestro amigo secreto de Venecia, Aldo Manucio, el hijo del impresor, para decirme que acaban de encontrar a su padre ahogado en el canal de los Apóstoles, con un montón de cascotes en los bolsillos del traje.

Quedé aplastado por la noticia. Expliqué al «sostituto» que Aldo junior, muchacho vivísimo de catorce años, exacto a su padre, se había entregado a la Iglesia junto a él, había recibido con él mi instrucción religiosa y la comunión, y ya nos había servido de enlace varias veces. Dije a don Lorenzi que le trajese inmediatamente a Roma, para tenerle cerca y en lugar seguro; y me contestó que ya venía para acá, pero que le había adelantado por teléfono el último mensaje de su padre: «Estoy acosado. Que sepa el jefe que corre tanto peligro como yo. Están desesperados y van a atacar esta misma semana».

Pobre Aldo, que ha muerto por mí, mártir de mi amistad y de la Iglesia, porque el plan no es contra el pobre papa sino contra la Iglesia. No hay mayor amor que dar la vida por el amigo. Llegó el muchacho al anochecer y se le ha preparado alojamiento vigilado aquí mismo en el Colegio Etiópico.

Llamamos inmediatamente al cardenal Villot que, apenas informado, procede con su fría eficacia habitual. Antes de acabar la mañana estaba detenido «el Minutante», y los servicios secretos italianos capturaron también a sus dos contactos en Roma; un agente siciliano de comercio exterior y un abogado joven de Venecia que di-

rigía un próspero bufete de asesoramiento, que como supimos esta misma tarde mantenía conexión con varios afiliados a la logia Propaganda Due (P2) y con varios agregados comerciales del Este, como los de Polonia y Bulgaria. Se descubrieron también extrañas relaciones comerciales del primer contacto con una empresa de servicios e instalaciones que tenía varias contratas en la Ciudad del Vaticano, que fueron rescindidas fulminantemente tanto más que a esa empresa pertenecían los obreros que habían penetrado y robado hace poco en el apartamento de Pablo VI. Cuando los servicios secretos trataron de localizar en Venecia al personaje a quien Aldo Manucio llamaba siempre «el Coordinador», resultó que acababa de salir a mediodía de hoy, precisamente, hacia Suiza. No sé si se logrará averiguar mucho más en los interrogatorios en curso, pero en todo caso la pequeña conjura contra mí que se había montado en Roma queda desarticulada. Lucrecia de Borja no volverá al pasadizo de Santo Angelo.

Mientras íbamos recibiendo estas noticias, monseñor Caprio resumía con su claridad característica la situación de nuestra crisis financiera, y llegábamos a la conclusión de que todo estaba a punto de reventar...

Monseñor Caprio me resumía el informe final sobre las actividades del IOR recién completado por mi gabinete de crisis, coordinado por el propio «sostituto», y con la intervención preferente de los cardenales Felice y Benelli. Por fin Estados Unidos había concedido a Italia la extradición de Michele Sindona. banquero de la mafia y socio del IOR por la imprudencia especulativa de Spada, Mennini y Marzinkus. Estaban llegando a una clara convergencia acusatoria contra este trío del Vaticano el informe encargado por el servicio de vigilancia fiscal del abogado Ambrosoli, en combinación con la policía de Palermo; los informes del banco de Italia que se centraban en la investigación de las actividades del Banco Ambrosiano de Milán, dirigido por Roberto Calvi, a quien también había elegido el IOR como socio después de la quiebra de Sin-

dona; y el sumario incoado por el juez Emilio Alessandrini... Tanto el informe Ambrosoli, como los del Banco de Italia, que llegaron a poder del juez Alessandrini, coincidían en el diagnóstico: el IOR estaba inextricablemente implicado en las operaciones fraudulentas del Banco Ambrosiano de Calvi, como los había estado en las operaciones equívocas de Sindona...

Abrumado por estos informes, comunicados secretamente por las autoridades italianas a mis colaboradores seguros para que pudiéramos encontrar ante todos la mejor solución, antes de que la prensa mundial se nos echara encima y organizase uno de los grandes escándalos de la Historia, recordé a Caprio una reciente conversación del cardenal Silvio Oddi con los directivos del IOR. El cardenal acababa de abrir en el IOR varias cuentas importantes que provenían de aportaciones de diversos santuarios y dijo a Luigi Mennini en presencia del presidente del IOR (Paul Marzinkus): «Cuidado con los dólares, no nos ocurra como a Sindona». Oddi le contó extrañado la respuesta de los banqueros del Vaticano: «Con Sindona sólo obtuvimos beneficios». Esta era, por lo visto, la justificación oficial de Marzinkus, que reaccionaba como un banquero, y no como un prelado de la Iglesia, ante el escándalo que ya se cernía sobre nosotros.

Caprio predice que el escándalo saltará inevitablemente a la prensa mundial, dentro de pocas semanas...

Por eso me resulta intolerable que una alucinación especulativa de dos o tres personajes esté a punto de arrojar sobre nosotros toda una cloaca de acusaciones y trampas, en buena parte por nuestra culpa. El único remedio tiene que ser la luz a raudales, la claridad informativa, el reconocimiento de nuestros errores. Y en un plano técnico la unificación rigurosa de nuestras administraciones, previo el apartamiento fulminante de quienes nos han llevado a tan triste y absurda situación. Pido a Caprio que consulte a nuestros amigos de la administración y la justicia italiana, en pago por su gesto de amistad y cooperación, sobre la conveniencia de que yo me adelante al vertido de esa cloaca con una declaración solemne y concreta, dando la cara ante todo el mundo, y pidiendo ayuda a todos para sacar a la Iglesia de este mal paso. Esto siento que debo hacerlo no más tarde de la semana próxima. Todo el mundo sabe que a mí personalmente no me alcanza una brizna de este escándalo. Precisamente por eso voy a hacerme responsable ante el mundo entero, en un gesto supremo de solidaridad con la propia Iglesia de Cristo. Y todo se resolverá, estoy seguro, como una aparatosa tormenta de otoño. Ya ha corrido, entre el primer cieno, la primera sangre y hay que evitar, junto a la avalancha, el torrente.

Esta noche, sin embargo, mi firme decisión no ahuyenta, como otras veces, a la opresión que no ha dejado de atenazarme en toda la jornada. Es igual. Porque mi paz interior desborda a esa opresión agravada. Y me deja abierto claramente el camino, sin esperar a la mañana.

EPÍLOGO

¿Fueron causas naturales las que produjeron la muerte de Albino Luciani, o el producto de una siniestra conspiración concluída en bochornoso asesinato?

Ha quedado en evidencia que Juan Pablo I tenía hombres de confianza trabajando para él en el esclarecimiento de las interminables irregularidades financieras protagonizadas por personajes del Vaticano conectados a miembros de la Mafia y la Masonería. Uno de esos hombres leales al Sumo Pontífice, era Aldo Manucio, *oportunamente* asesinado en Venecia, el cual, antes de su muerte, había pronunciado unas palabras altamente reveladoras: *Estoy acosado. Que sepa el jefe que corre tanto peligro como yo. Están desesperados y van a atacar esta misma semana.* Cuando mencionaba al JEFE, ¿estaba Manucio refiriéndose a Juan Pablo I?, ¿estaba advirtiéndole de que la conspiración para asesinarle era todo un hecho?

¿Por qué, de ser cierto que su Santidad manifestó molestias la noche de su muerte, nadie se quedó velándole? Máxime si se tiene en cuenta que, en idénticas circunstancias, no se había abandonado a la soledad a otros pontífices.

Albino Luciani había hablado el lunes, 25 de septiembre, trigésimo día de su pontificado de... *el único remedio tiene que ser la luz a raudales, la claridad informativa, el reconocimiento de nuestros errores. Y en un plano técnico la unificación rigurosa de nuestras administraciones, previo el APARTAMIENTO FULMINANTE DE QUIENES nos han llevado a tan triste y absurda situación.* Si Juan Pablo I llevaba a la práctica tales planteamientos, y parecía irrevocablemente decidido a hacerlo, ¿qué hubiese significado la valentía y sinceridad del pontífice para Calvi y, sobre todo, para Paul Marzinkus, el aciago protagonista de las finanzas vaticanas?

Ni Mario Puzzo ni Francis Ford Coppola, escritor y productor uno y otro de «El Padrino III», se han mostrado en absoluto ruborosos a la hora de evidenciar en la película protagonizada por Al Pacino (en el cual Raf Vallone interpreta el papel de Albino Luciani), que la desaparición de Juan Pablo I se debió a un execrable asesinato. Y tampoco se molestan en esconder el dedo acusador de ambos apuntando como a uno de los principales miembros de la criminal conspiración, al arzobispo Paul Marzinkus.

Por triste que se nos antoje queda clara, demasiado clara, la implicación de Marzinkus en el conciliábulo conspiratorio. Porque Marzinkus jamás pasó de ser uno de esos personajes zafios, retorcidos y siniestros, muy capaces de enmendarle la papeleta al propio Jesucristo si éste decidiera volver por segunda vez al mundo.

¿Y Calvi, Roberto Calvi?

¿Amenazó, para escapar a la ruina que le desbordaba y las consecuencias de ésta, con revelar los muchos secretos de que era poseedor... *entre ellos el relacionado con la muerte del papa Luciani?*

Demasiadas incógnitas y ni una sola respuesta concreta. Hipótesis, conjeturas, teorías, posibilidades... Todo ello, barajado, se resume en el hecho de que el súbito fallecimiento de Juan Pablo I, a los treinta y tres días de su exaltación al solio pontificio, siga siendo uno de los grandes enigmas de la historia del presente siglo.

Indice